古漢字字形表系列

黃德寬 主編

徐在國 副主編

戰國文字字形表

下

徐在國
程　燕
張振謙 編著

水

齊	晉		楚	秦			戰國文字字形表 卷十一
 璽彙 3508  陶録 3・24・6  齊幣 444	 魚顛匕 集成 980  璽彙 4061  陶録 5・13・4  貨系 1519	 清華四 筮法 52  清華五 厚父 12	 郭店 太一 6  左塚漆梮  郭店 尊德 7  清華二 繫年 068  九 A27  包山 248	 陶録 6・259・6 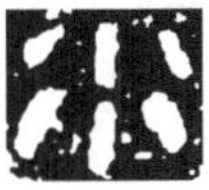 陶録 6・214・5  里耶 8-738 正  北大・白囊  北大・道里			

5143 涪　　　　　　　　5142 河

秦	燕	齊	晉	楚	秦	燕
 里耶 8-1206	 集拓 2・1	 陶録 3・96・2	 璽彙 0124	 上博一 孔 29	 陶録 6・422・4	 燕王職壺 新收 1483
		 陶録 3・96・4		 上博三 中 2	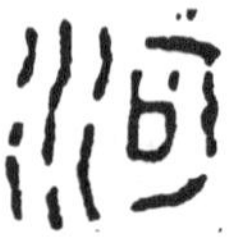 地理 4	 璽彙 1598
		 陶録 3・97・4		 清華二 繫年 094	 雲夢 秦律 7	
		 陶録 3・99・1			 里耶 8-2061	

5144 潼

秦

里耶 8-1445 正

5145 江

秦

秦風 155

珍秦 28

珍秦 306

里耶 8-2056

北大・祓除

北大・道里

楚

曾侯𦡱鐘 江漢考古 2014.4

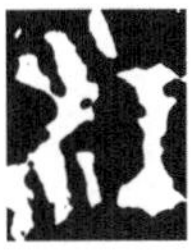
璽彙 0101

郭店 老甲 20

上博二 容 26

新蔡甲三 180

上博七 吳 5

晉

璽彙 2590

5146 沱

秦

秦風 29

里耶 8-454

雲夢 爲吏 34

楚

郭店 五行 17

包山 170

上博四 曹 6

清華二 繫年 130

	5150 温	5149 沫	5148 湔	5147 浙		
楚	秦	楚	晋	秦	齊	晋
 新蔡甲三 322	 集粹 686  陝西 775  里耶 8-669 背  里耶 8-1221  關沮 317	 郭店 尊德 35	 璽考 125  貨系 2464	 上博 29	 曹公子沱戈 集成 11120	 趙孟庎壺 集成 9679  二十九年戈 集成 11216  璽彙 2583  璽彙 1086  陶録 5・45・5

5151 沮

秦
 集粹 549
 十鐘 3・19 下
 里耶 8-140 正
 嶽麓叁 169
 北大・道里
 北大・道里

5152 涂

秦	楚	晉	齊
 雲夢 爲吏 33	 上博二 容 25	 陶彙 4・158	 陶録 3・479・6
 嶽麓一 爲吏 76	 上博九 陳 4		
 關沮 372			

5153 沅

秦	楚
 里耶 8-855	 鄂君啓舟節 集成 12113
 里耶 8-1722	 璽考 173

5155 涇 | 5154 溺

楚	秦	晉			楚	秦
 清華二繫年 090	 秦風 27  陶録 6·5·3	 陶彙 6·81	 郭店語二 36  清華四筮法 48  郭店語二 36	 清華三祝辭 1	 包山 177  包山 246  郭店老甲 33  左塚漆梮  上博七武 8	 珍秦 266  珍秦 99

5158 漢			5157 漾	5156 渭		
	楚	秦	楚	齊	楚	秦
	灘					
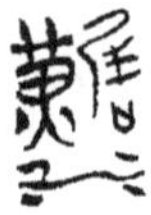 新蔡甲三 268	 鄂君啟舟節 集成 12113	 六年漢中守戈 集成 11367	 曾姬無卹壺 集成 9710	 陶彙 9·3	 上博二 容 27	 雲夢 封診 71
	 盛世 11	 里耶 8-135 正	 包山 13		 清華一 楚居 3	 里耶 8-1632
	 上博一 孔 11	 里耶 8-1555 正	 包山 126		 清華一 楚居 8	
	 清華二 繫年 012				 清華三 赤鵠 9	

	5162 洛	5161 漆		5160 汧	5159 沔	
楚	秦	秦	楚	秦	齊	齊
 上博二 容 26  上博六 天乙 5  清華二 繫年 017	 集粹 569  傅 1437	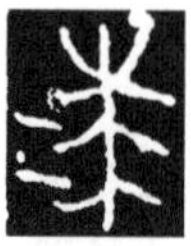 上郡守戈 集成 11363  陶録 6・311・1  傅 1318  秦風 32	 清華二 繫年 122	 秦陶 1251  陶録 6・316・1	 璽彙 2599  璽彙 3651	 陶録 3・493・1

5166 澮	5165 汾	5164 汝	5163 湇

楚	秦	秦	楚	秦	齊	晉
 信陽 2・8  信陽 2・9  包山 260 或釋爲「渫」。	 里耶 8-533	 廿二年臨汾守戈 集成 11331	 清華二 繫年 029  清華二 繫年 100	 北大・道里	 璽彙 0322	 二十八年上洛左庫戈 新收 1183

5172 灌	5171 沆	5170 淇		5169 漳	5168 沾	5167 沁
秦	楚	晉	楚	楚	楚	楚
		沂	沂			
 雲夢 日甲 51 反  龍崗 1  里耶 8-162	 清華一 尹至 2	 步黟堂 311	 清華二 繫年 018	 上博九 陳 4	 上博九 卜 3	 清華一 祭公 15

5175		5174		5173		
深		湘		漸		
楚	秦	楚	齊			楚
				⿱⿰奠斤水	淛	⿱斬水
 郭店 性自 23	 雲夢 雜抄 15	 鄂君啓舟節 集成 12113	 陶録 2・164・1	 上博三 周 50	 清華三 説命中 2	 清華一 楚居 6
 郭店 老甲 8	 里耶 8-2088	 包山 83		 上博三 周 50	 清華三 説命下 8	 包山 140
 郭店 尊德 19	 嶽麓一 爲吏 60					 上博九 成甲 2
 曾乙 171						
 上博一 孔 2						

5177 淮　　　　5176 油

楚	秦	晋	楚	齊	晋	
						宊
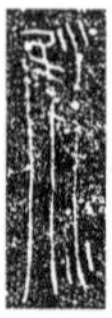 曾侯𦢊鐘 江漢考古 2014.4  上博二 容 25	 秦集二 二 34·1  于京 72	 六年襄城 令戈 新收 1900	 鄂君啓舟節 集成 12113	 璽彙 0603  璽彙 1947  澂秋 29	 中山王方壺 集成 9735	 上博六 用 20  郭店 五行 46

5182	5181	5180	5179	5178		
濼	淩	洧	涄	澧		
晉	秦	齊	齊	楚	齊	晉
		汉				
 璽彙 1286	 嶽麓一 爲吏 57	 齊城戈 新收 1167  齊城戈 新收 1167	 □涄□散戈 集成 11065	 鄂君啓舟節 集成 12113	 陶録 3・492・3	 二十九年戈 集成 11216

5187 沂		5186 灉		5185 洹	5184 泗	5183 濕
秦	晉	楚	燕	楚	楚	秦
	[illegible]	[illegible]				
 里耶 8-741背  里耶 8-882	 灉之田戈 集成 11019	 上博五 三 10  清華二 繫年 044  清華二 繫年 077	 燕侯載作 戎戈 集成 11383.2	 曾侯乙鐘 集成 321  清華二 繫年 003  清華二 繫年 127  清華五 厚父 11	 上博二 容 37  上博二 容 37	 嶽麓一 爲吏 11

5191 治	5190 漑		5189 濁			5188 洋
秦	秦		楚	秦	齊	秦
 璽彙 4875  璽彙 4887  珍秦 370  珍秦 374  里耶 8-265	 雲夢 爲吏 6	 曾乙石磬  郭店 老甲 9	 曾侯乙鐘  曾侯乙鐘  曾侯乙鐘  曾乙石磬  曾侯乙鐘	 珍展 43	 陶彙 3・784	 秦風 69  嶽麓叁 148

晉					楚	
汨	緍				緍	
 貨系 551	 上博三 亙 8	 郭店 老乙 1	 上博八 命 6  上博二 從乙 1  上博二 從甲 16	 上博九 舉 29  上博五 姑 4  清華一 皇門 8  清華三 琴舞 13  上博二 從乙 3	 包山 278 反  郭店 性自 58  郭店 語一 49  上博六 天甲 5  清華五 啻門 08	 里耶 8-528 正  嶽麓叁 168  嶽麓一 質三 16  北大・從政

5194 渚　　5193 滮　　5192 寖

楚	秦	楚			楚	秦
			浸	⿱⿰帚戈水		
 璽彙 0343  新蔡乙四 9  上博四 逸・交 2	 里 J1B169 正  里耶 8-1797	 上博六 用 6	 上博一 性 18  郭店 語二 17	 郭店 性自 30	 郭店 語四 12	 二年寺工壺 集成 9673  秦風 23  傅 875

5199	5198	5197	5196			5195
沽	灃	濡	濟			洨
秦	楚	秦	晉	楚	齊	楚
 秦風 66  秦印  陶録 6·320·2	 鄂君啓舟節 集成 12113	  雲夢 日甲 2	 中山王方壺 集成 9735	 清華二 繫年 112	 洨陽戈 新收 1498	 上博三 周 11

5203 泥	5202 洓	5201 瀤	5200 沛			
秦	晉	楚	秦	齊	晉	楚
	氵逨					
 里耶 8-1466 正	 璽彙 1915	 新蔡甲三 268	 嶽麓叁 115	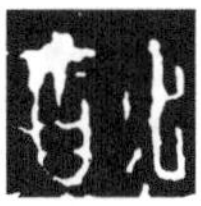 璽彙 0216	 璽彙 1776	 上博八 蘭 2
 陶録 6・465・1		讀「淮」。	 嶽麓叁 115	 陶彙 3・785	 璽彙 2978	 郭店 語四 10
				 陶録 3・330・3	 珍戰 35	 上博二 魯 5
				 陶録 3・330・1		 上博六 用 6

5206	5205	5204
海	洍	滳

燕	晉		楚	秦	楚	楚
海	海		海			
 璽彙 0362	 吉大 43	 清華二繫年 112	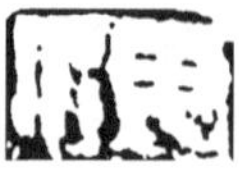 璽考 187	 秦風 20	 上博三周 24	 清華五厚父 06
		 上博二民 7	 郭店窮達 10		 新蔡零 103	
		 上博二民 12	 上博二容 19		 新蔡乙一 18	
			 上博七吳 5			

5209 潮					5208 衍	5207 溥
楚	晉			楚	秦	秦
淖		⿱⿰言欠心	⿰氵⿰齒舀	漕		
 璽考 186	 璽彙 1979  璽考 338	 包山 137 反	 包山 96  包山 96  郭店老甲 22  上博九靈 4  包山 139 反	 曾侯乙鐘	 秦風 101  傅 1432  里耶 8-1450 正	 傅 1413 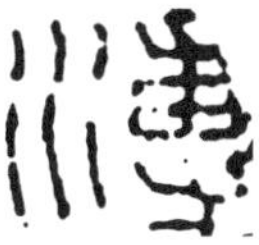 傅 1414

5211 涓　　5210 滔

晉	秦	晉	楚		齊	
泹					淳	淵
 璽彙 2595 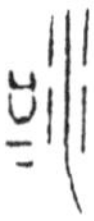 鴨雄 029	 陶録 6·190·2  里耶 8-141 正  里耶 8-682 正	 璽彙 1009  璽彙 1775	 上博五三 7  清華三琴舞 1	 陶録 3·194·3  陶録 3·194·5	 陳侯因資敦集成 4649  陶録 2·412·4  陶録 3·191·1  陶録 3·191·3  齊陶 0435	 上博五三 16

5212	5213	5214	5215	5216	5217	
潒	渙	湝	泫	滂	汪	
楚	秦	楚	晉	秦	秦	晉
					㳹	㳹
 新蔡甲三 14	 秦風 142	 上博二容 24	 璽彙 1777	 里耶 8-63 正	 珍秦 81  秦風 64  秦風 87  陝西 720	 三年汪匋令戈 集成 11354  璽彙 0091

5218	5219	5220	5221		5222	5223
況	沖	沄	浩		濞	滕
晉	晉	晉	楚	晉	秦	秦
 長信侯鼎 集成 2304	 璽彙 2591  璽彙 2592  璽彙 2593	 璽彙 1010  璽彙 1416  璽彙 1632	 璽彙 1559  包山 67	 璽彙 1537	 十鐘 3.39 下	 陶録 6・295・1

5225 波　　5224 滳

晉	楚	秦	秦	齊		晉
				滕		湔
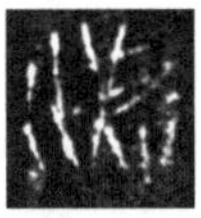 十五年守相杢波鈹 集成 11701	 包山 110	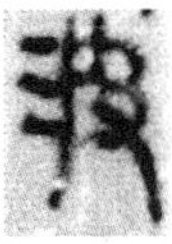 雲夢日甲 142 反	 陶録 6・56・1	 滕侯昃戈 集成 11079	 璽彙 1691	 十年洱陽令戈 文物 1990.7
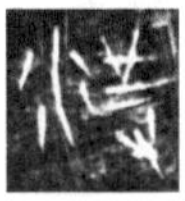 十五年守相杢波鈹 集成 11702	 上博二容 24	 關沮 339				 璽彙 1667
 璽彙 2485	 清華一楚居 1	 里耶 8-1290				
	 清華一楚居 8					

5229 測	5228 氾	5227 濫	5226 浮			
楚	秦	楚	晉	楚	秦	齊
 上博七凡甲 20	 里 J1⑨981 正	 信陽 2・9	 璽彙 1006	 新蔡甲三 317	 傅 1346	 陶録 3・273・1
 清華一保訓 5	 嶽麓一爲吏 23			 上博五鮑 3	 雲夢日甲 81 反	 陶録 3・273・3
 清華五厚父 09					 里耶 8-550	

5230 湍

秦

商鞅鈹

楚

郭店老甲38

清華三祝辭1

5231 洞

秦

里J1⑨7背

里耶8-29

里耶8-1826

5232 涌

秦

關沮54

5233 汋

晉

中山王鼎集成2840

璽彙1011

璽彙3002

5234 淑

楚

沜

清華一祭公2

5235 清

秦

秦駰玉版

秦風84

雲夢日乙233

楚

郭店老乙15

郭店五行11

上博一孔21

清華三琴舞10

5236

淵

晋			楚	燕	齊	
囦	宎					
 中山王鼎 集成 2840	 上博七 武 8	 清華三 芮良夫 26	 上博五 君 3	 璽彙 0215	 璽彙 0156	 郭店 尊德 13
 珍戰 68		 清華五 厚父 12	 上博三 彭 4			 郭店 老甲 10
		 清華五 湯丘 18	 上博七 凡甲 15			 清華五 啻門 02
		 清華三 琴舞 5	 郭店 性自 62			
		 上博八 蘭 2	 上博八 顏 1			

	5239 滿		5238 澮	5237 潰		
楚	秦	齊	楚	秦	燕	齊
					囦	囦
 璽彙 3223	 集粹 843	 陶録 3・294・1	 郭店 語一 107	 雲夢 封診 54	 淵行還戈 集成 10980	 子淵聾戟 集成 11105
 清華三 説命中 5	 陶録 6・439・3					
 清華三 芮良夫 4	 陶録 6・439・1					

5241 澤　　5240 滑

	楚	秦	晉	秦	燕	齊
溴						
 包山 100	 郭店 性自 23	 秦風 110	 滑游子鼎 集成 1947	 秦風 87	 燕侯載簋 集成 10583	 陶録 2・643・3
 郭店 語四 7	 上博四 曹 2	 關沮 88		 里耶 8-1259 正	 璽彙 3514	
	 上博二 容 3	 里耶 8-681 正			 璽彙 3410	

淫

		楚	秦	燕	晉	
⿱壬心						
 郭店 尊德 34  清華三 説命中 4  清華五 三壽 17  清華五 三壽 25	 郭店 尊德 16  上博一 緇 4  清華一 保訓 4  清華一 保訓 11	 郭店 緇衣 6  郭店 唐虞 12	 詛楚文 湫淵  雲夢 語書 3	 璽彙 0362  陶 考古 1989.4	 邙皮戟 文物季刊 1992.3  璽彙 2370  璽彙 1064	 上博三 彭 6

5246 沙	5245 滋	5244 涅				5243 淺
秦	秦	晉	晉		楚	秦
				⿰氵丵		
 陶録 6・3・1  陶録 6・3・4  陶録 6・3・2	  雲夢 日甲 34	 三晉 97  先秦編 281  貨系 1897 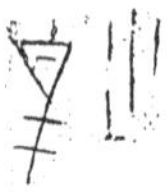 三晉 97	 璽彙 3982	 郭店 五行 46  上博六 用 20	 越王句踐劍 集成 11621  帛書乙  信陽 2・14	 十鐘 3・9 上  珍秦 305  里耶 8-66 正  里耶 8-1184

		5251	5250	5249	5248	5247
		滎	汜	浦	浒	澬
晉	楚	秦	晉	秦	楚	秦
⿱火水	⿱炏水				⿰氵⿸虍口	
 陶録 5·47·1  陶録 5·47·2  陶録 5·47·3	 上博二 容 23	 秦印  陶録 6·3·3	 璽彙 2745	 秦風 33  陝西 11	 璽考 172  新蔡乙三 7  上博四 昭 1  上博九 陳 4	 雲夢 日甲 62 反  雲夢 日甲 50 反

		5254 瀆	5253 溝			5252 沼
楚		秦	秦	齊	楚	秦
滰	瀆			⿱卲木	⿱卲木	
 新蔡甲三 403	 雲夢 日甲 16 反	 里耶 8-1407	 雲夢 爲吏 16	 陶録 2・55・3	 包山 179	 里耶 8-538
 上博八 成 4	 雲夢 爲吏 32		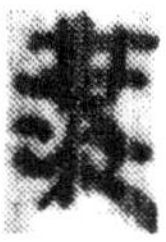 嶽麓一 占夢 22			
 上博九 舉 30						
 上博九 舉 31						
 上博九 卜 4						

5257 決				5256 淵	5255 渠	
秦	齊	晉		楚	秦	晉
			[illegible]	[illegible]		[illegible]
 集粹 732  雲夢日乙 24  里耶 8-1832  里耶 8-2317  北大・泰原	 陶録 3・350・4  陶録 3・520・1	 聳肩空首布 內蒙 1998.1	 清華二繫年 133	 包山 10  上博三周 50  上博五三 12	 秦風 212  陶録 6・304・3  里耶 8-1123  嶽麓叁 18 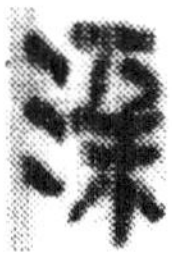 嶽麓一占夢 22  北大・道里	 璽彙 2594

5260 渡				5259 津	5258 注	
秦	晉		楚	秦	秦	楚
		瀳				
 雲夢日甲83反	 璽彙1616	 郭店窮達4	 清華二繫年132	 秦風23	 雲夢日甲31反	 上博二容24
 嶽麓一爲吏14	 璽彙2408	 上博二容51		 陶録6·288·6	 里耶8-1369	
				 里耶8-651正		
				 嶽麓一質二47		

5265		5264	5263		5262	5261
湛		砯	泛		淦	潛
楚	齊	楚	秦	晉	楚	晉
	泵	濿				
 包山 169  清華五厚父 13	 陶録 3・613・1	 清華一楚居 14  清華二繫年 98 讀「賴」。  上博八王 1  上博五競 6  上博四昭 5	 雲夢雜抄 25	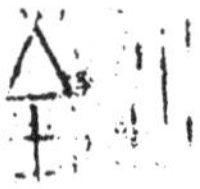 錢典 242	 上博六用 4  上博六用 4  清華五三壽 17 讀「陰」。	 璽彙 2585  璽彙 2584

5270 澍		5269 淒	5268 泱	5267 渨		5266 沒
秦		楚	秦	齊	楚	秦
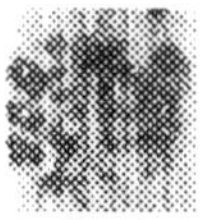  雲夢 日甲 124  里耶 8-682 正	 上博三 周 58	 清華一 皇門 13  清華五 湯丘 18  九 A39  郭店 六德 16  上博四 曹 43	 秦印	 陶録 3・547・6	 清華一 祭公 19	 雲夢 秦律 103  里耶 8-2274

5276 滈	5275 瀧	5274 涿		5273 濩	5272 潦	5271 濱
秦	楚	秦	楚	秦	秦	楚
			⿱⿰月隹水			⿱⿰月穴水
 十二年上郡守戈 集成 11404	 帛書甲	 秦風 222	 郭店 尊德 1	 印典 7318 頁  于京 47	 秦集二 二 14・1  雲夢 秦律 2	 鄂君啓舟節 集成 12113

5280 渴	5279 濂	5278 瀆				5277 沈
楚	秦	秦			楚	秦
			郕		沓	
 清華五 厚父 05	 十鐘 3.46 下	 新見 111  關沮 315	 包山 186  包山 193  新蔡甲三 322  上博九 卜 3 「沈」地之專字。	 沈口玉圭	 郭店 窮達 9  上博五 鬼 7  清華一 金縢 11  清華三 琴舞 9  清華一 皇門 1	 陶録 6・275・4  里耶 8-1214

5284 湯	5283 湫			5282 汙	5281 涇	
秦	秦	晉	楚	秦	楚	晉
		⿰氵吁				
 珍秦 170  珍秦 212	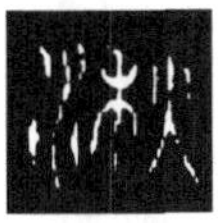 詛楚文 湫淵	 好蚉壺 集成 9734	 九 A47  上博五 三 12	 雲夢 封診 57	 郭店 太一 4  郭店 太一 3	 中山王方壺 集成 9735  璽彙 0816  璽彙 1303

5286 涫　5285 涚

晉	秦	燕	晉		楚	
涫						瀁
 璽彙 2586	 珍展 92	 陶録 4·18·1	 璽彙 1160  璽彙 4077	 清華五 三壽 23  包山 265  包山 184  上博一 孔 17	 郭店 尊德 6  上博六 競 6  清華一 尹至 4  上博五 鬼 1  清華五 湯丘 16	 珍展 36

5287 浚	5288 溲	5289 活	5290 潘		5291 泔	5292 滫
秦	秦	秦	秦	楚	秦	秦
 關沮 367	 陝西 736  里耶 8-793	 珍秦 208	 珍秦 246  陝西 814  嶽麓叁 18	 璽彙 1470	 北大・醫方	 雲夢 日甲 26 反

5299	5298	5297	5296	5295	5294	5293
灑	洒	溢	涒	淡	湎	湑
秦	秦	楚	燕	楚	楚	楚
						浧
 里耶 8-529 正  嶽麓一 占夢 31	 雲夢 日甲 58 反	 左塚漆梮	 璽彙 1598	 郭店 老丙 5	 清華五 厚父 06	 包山 46  包山 55  新蔡乙四 9  上博四 昭 1

5300 滄	5301 沐	5302 沬				5303 浴
楚	秦	楚	晉	齊		秦
		釁		湏	釁	
 郭店 緇衣 10  上博四 柬 1  上博二 從甲 19	 雲夢 日甲 104  關沮 314	 書也缶 集成 10008 讀「眉」。 釁  曾侯𦚢鐘 江漢考古 2014.4  新蔡甲三 310  清華二 繫年 011  清華二 繫年 012	 郘黛鐘 集成 235  眉厨鼎 集成 2103  長子□臣簠 集成 4625	 陳逆簠 新收 1781  陳逆簋 集成 4096 《説文》古文。	 公孫竈壺 集成 9709	 秦風 23  傳 656  雲夢 日甲 104  關沮 368

		5306 汲		5305 洗	5304 澡	
		楚	秦	秦	楚	楚
粱	澄					
 上博六 競 2	 信陽 2・14	 上博五 競 2	 關沮 340	 秦風 234	 郭店 太一 4	 信陽 1・5
		 上博三 周 45	 嶽麓一 占夢 42	 嶽麓一 爲吏 64	 郭店 太一 4	 郭店 老乙 11
		 上博五 競 5	 北大・白囊		 上博八 成 5	 郭店 老甲 3
						 郭店 老甲 2
						 上博一 孔 26

5309 （浣）澣　　5308 渫　　5307 淳

齊	楚	秦	楚		秦	燕
	浂					
 陶録 2・554・2  陶録 2・554・4	 信陽 2・8  信陽 2・9  曾乙 212	 陶録 6・233・2  陶録 6・233・1  雲夢 日甲 122	 郭店 成之 4	 關沮 313	 秦風 211  秦風 221  陝西 730  秦風 215  雲夢 日甲 39 反	 璽彙 4113

		5313 泰	5312 染	5311 涑		5310 濯
楚		秦	秦	晉	齊	秦
太						
 包山 227	 北大・泰原	 秦 2003	 關沮 315	 涑縣戈 集成 11213	 右濯戈 集成 10978	 北大・醫方
 上博九 成乙 2		 傳 397		 二十七年 涑縣戈 古研 27		
		 陶録 6・275・1				
		 里耶 8-772 正				
		 里耶 8-1438				

5315　　5314

潜　　湩

晋	燕					
霖		汏	柭	祅	袄	
 好蚉壺 集成 9734	 大司馬鐓 集成 11910  璽彙 0054  璽彙 5552  璽彙 0287	 左塚漆梮  清華四 筮法 53	 上博九 成甲 2	 包山 243	 包山 210  包山 218  新蔡甲一 7  新蔡甲三 146	 包山 213  包山 215

5318 涕				5317 泣		5316 汗
晋	楚	晋		楚	楚	秦
[illegible]			[illegible]			
 好蚉壺 集成 9734	 郭店 五行 17	 璽彙 1417	 郭店 五行 17  清華二 繫年 080  清華二 繫年 099  上博八 有 4	 上博四 柬 14	 上博八 蘭 4  上博八 蘭 2	 關沮 316

5319 涑	5320 瀻	5321 減	5322 滅			
秦	秦	秦	秦	楚		燕
				[illegible]	[illegible]	
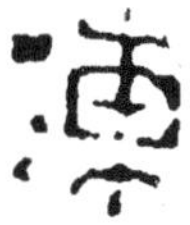 秦集一五 27・1	 雲夢答問 190 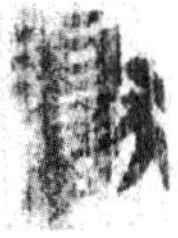 雲夢答問 53  嶽麓叁 40  嶽麓叁 135	 雲夢秦律 44  雲夢日甲 139 反	 集粹 688	 郭店唐虞 28  清華一尹誥 2  清華三說命中 3  清華二繫年 132	 上博三周 45 讀「洌」。	 燕王職壺新收 1483

5327	5326		5325	5324		5323
泝	泯		汩	瀐		漕
	楚	齊	楚	秦	晉	秦
舮					漕	
 璽彙 1856	 上博六用 19	 齊陶 0578  陶録 2・408・1  陶録 3・520・3	 帛書甲  帛書甲 从「曲」聲。	 平庵 1 233	 璽彙 0501	 里耶 8-2191 背

5328	5329	5330			5331	5332
瀘	潔	沃*			汧	沶*
楚	秦	秦	楚		秦	秦
瀘				淽		
 鄂君啓舟節 集成 12113	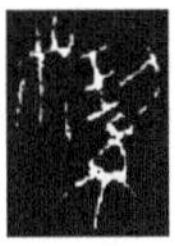 秦駰玉版	 塔圖 139  關沮 348  嶽麓一 質三 6  北大・泰原  北大・泰原	 清華三 説命中 3 或讀「渋」。	 曾侯𦉫鐘 江漢考古 2014.4	 雲夢 效律 45	 陶録 6・251・2

5333	5334	5335		5336	5337	5338
溙*	涘*	滐*		隊*	瀝*	灖*
秦	秦	秦	齊		秦	秦
 陶録 6・22・4	 陶録 6・280・3	 陶録 6・43・3	 陶録 3・186・2  陶録 3・186・1	 璽彙 0628	 嶽麓一爲吏 76  嶽麓一爲吏 21 讀「壓」。	 雲夢爲吏 33 讀「壓」。

5339 凼*	5340 汵*	5341 汸*	5341 汸*	5341 汸*	5342 洢*	5343 泊*
楚	楚	楚	晉	齊	楚	楚
 帛書甲	 新蔡甲三 21	 清華三琴舞 9	 㚸盗壺集成 9734	 陶録 2・393・1	 清華二繫年 102	 郭店性自 63
	 新蔡甲三 23	讀「滂」。	讀「騯」。	 齊陶 0658	讀「伊」。	 上博四柬 1
		《説文》「方」或體。				或讀「祓」、「雩」、「酺」。
						 上博四曹 54

5344 泳*

	楚	
		淋
 信陽2·10	 清華二繫年130	 清華一楚居13
	 清華二繫年85	 清華一楚居14
	「沈」字或體，讀「氾」。	 清華一楚居9

5345 洀*

燕	楚	晉	
 黍囗睘小器集成10426	 清華三赤鵠5	 貨系2289	 璽彙2136
 璽彙0018	或讀「調」。	 先秦編234	 貨系2288
		 三晉127	 聚珍265
			 貨系2289

5346	5347	5348	5349			
洓*	⿱死水*	⿰氵忘*	浧*			
楚	楚	楚	楚		晋	燕
 上博二子 7 或讀「仕」。	 上博二容 26 讀「伊」。	 曾乙 174	 包山 149  郭店語一 100  郭店老甲 16  郭店老甲 38  上博七武 11 讀「盈」。	 清華一楚居 8  上博八蘭 2	 六年代相鈹 文博 1987.2  璽彙 0815  先秦編 225  集粹 93  鴨雄 042	 燕侯載器 集成 10583  永用析浧壺 集成 9607

	5354 浟*	5353 泾*	5352 滑*		5351 浗*	5350 湶*
燕	楚	楚	楚	燕	楚	楚
氵彡						
 璽彙 4120	 曾乙 166	 上博五 弟 8 讀「啜」。	 上博五 競 4 讀「給」。	 璽彙 3688	 郭店 唐虞 17 讀「求」。	 郭店 緇衣 6 讀「禦」。

5355	5356	5357		5358	5359	5360
漻*	潩*	湯*		淏*	涀*	淠*
楚	楚	楚	晉	楚	楚	楚
			滠			
 上博五 季 4	 包山 85	 上博二 容 25	 妤盗壺 集成 9734	 清華二 繫年 123  清華二 繫年 137	 清華三 芮良夫 4	 新蔡乙四 146
讀「繆」。			讀「易」。		讀「倪」。	

5367	5366	5365	5364	5363	5362	5361
潽*	潑*	澃*	滐*	澀*	溋*	潒*
楚	楚	楚	楚	楚	楚	楚
		澒				
 上博五 季 4	 郭店 性自 30 讀「殺」。	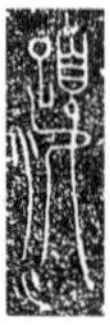 江漢考古 2014.4 讀「夏」。	 上博二 容 25  上博三 中 20 讀「竭」。	 清華五 啻門 14 讀「瀆」。	 清華二 繫年 123 或讀「雍」。	 包山 149

5368	5369	5370	5371	5372	5373	5374
⿰氵戚*	⿰氵族*	⿰氵⿹戊亦*	⿰氵恖*	⿰氵⿱𣥠正*	⿰氵⿱艹𠦝*	⿰氵琵*
楚	楚	楚	楚	楚	楚	楚
 上博三 亙 2 讀「寂」。	 上博七 凡甲 14  上博七 凡乙 9 讀「族」。	 曾乙 138	 清華五 厚父 09	 清華一 金縢 11 讀「泣」。	 上博四 柬 18  上博四 柬 11  上博四 柬 12 讀「旱」。	 上博二 容 24

字號	字頭	國別		字形	出處	備註
5375	澅*	楚			清華三芮良夫 10	讀「害」。
5376	澰*	楚			左塚漆梮	
5377	㶇*	楚			上博二容 21	讀「熊」。
5378	瀫*	楚			清華二繫年 82	讀「壑」。
5379	瀿*	楚			鄂君啓舟節集成 12113	讀「油」。
5380	濯*	楚			新蔡甲三 343-1	
5381	氿*	晉			璽彙 1581	
					璽彙 2032	

5386 洱*	5385 浵*			5384 洕*	5383 浧*	5382 泆*
晋	晋			晋	晋	晋
 十年洱陽令戈 文物 1990.7  璽彙 1085	 港印 38	 璽彙 2544	 璽彙 2588	 程訓義 1-140	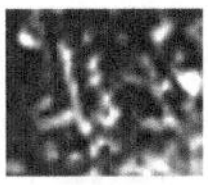  二茉戈	 十七年春平侯鈹 集成 11689

5393	5392	5391	5390	5389	5388	5387
馮*	涵*	溞*	湶*	淴*	涪*	涚*
晋	晋	晋	晋	晋	晋	晋
			深			
 璽彙 2437	 三十三年 鄭令鈹 集成 11693  三十一年 鄭令戈 集成 11398  璽彙 2488	 璽彙 3334	 七年鈹 集成 11657	 港續 46	 涪陽戈 古研 27  涪陽戈 九州第三輯  珍戰 72 讀「涪」。	 貨系 555

5394	5395	5396	5397	5398	5399	5400
溋*	潹*	瀫*	灊*	洵*	洗*	凊*
晋	晋	晋	晋	齊	齊	齊
 璽彙 0818 讀「脈」。	 港續 116  陶彙 4・160	 璽彙 2878	 璽彙 3266	 陶録 3・334・1  陶録 3・334・3  陶録 3・334・4	 齊陶 1361	 璽彙 2598

5407	5406	5405	5404	5403	5402	5401
⿰氵⿱自八 *	⿰氵⿱⺮女 *	涘 *	泃 *	⿰氵⿱亠冃 *	⿰氵⿱亠目 *	⿰氵⿱𠔉心 *
燕	燕	燕	齊	齊	齊	齊
 璽彙 1886  璽考 317	 璽彙 0626	 璽彙 3413	 泃都小器 集成 10461  璽彙 0119  璽彙 5551  璽考 91	 璽彙 0259  山璽 016	 璽考 43  璽考 43  陶録 2・23・1 或釋「滙」。	 陶録 2・547・4

5409 涉						5408 流
楚	晉				楚	秦
 郭店 老甲 8  清華二 繫年 130  上博三 周 54  上博一 孔 29  清華二 繫年 21	 妤盗壺 集成 9734	 上博七 凡乙 1  上博九 舉 23  上博七 凡甲 10	 璽彙 0212  上博二 從甲 19  清華一 楚居 3  上博八 有 4	 上博六 孔 24  郭店 成之 11  郭店 緇衣 30	 璽彙 3201  郭店 尊德 28  郭店 語四 7  上博二 容 24  清華三 琴舞 9	 里 J1⑨981 正  里 J1⑨9 正

5412 鄰		5411 く		5410 瀕		
秦		楚	楚	秦		
粼	畎	甽				
 雲夢 雜抄 10  雲夢 秦律 61  里耶 8-260  里耶 8-1047	 上博六 慎 5 《說文》篆文。	 上博二 子 8 《說文》古文。	 清華一 皇門 5	 陶録 6・309・4  秦集二 三 1・2	 璽彙 2758	 上博三 周 25  上博四 柬 11  上博七 鄭乙 6

5413 川

秦	楚	
		州
 秦駰玉版	 郭店老甲8	 上博九舉30
 秦集二二3·1	 上博一緇7	 上博九舉31
	 清華一程寤3	 清華一楚居1
	 上博七凡甲7	
	 清華五厚父02	

晉
 貨系567
 貨系577

5414 坙

楚	齊
 信陽2·10	 陶録3·552·5
 郭店尊德13	 陶録2·242·2
 郭店性自65	 陶録3·655·5
 郭店唐虞19	

5415 巟

楚
 郭店唐虞8
 上博四曹61
 清華三琴舞11
 清華三赤鵠4
 左塚漆梮

5417 州　　5416 侃

齊	晉		楚	秦	晉	楚
 豫州戈 集成 11074	 二十四年 𣅀令戈 商周 17229	 上博二 容 25	 集粹 6	 湖南 89	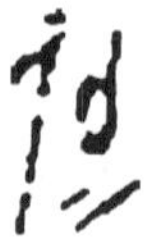 璽彙 1174	 郭店 緇衣 32
	 璽彙 0046	 清華二 繫年 082	 璽彙 0184	 珍秦 246		 上博一 緇 16
	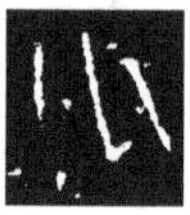 二十九年戈 集成 11216		 璽考 172	 里耶 8-63 正		 清華三 琴舞 13
	 先秦編 321		 包山 95	 嶽麓一 質一 34		 清華二 繫年 120
			 包山 42			

泉

晉			楚	秦		燕
湶	⿰氵⿱艹泉	湶			坐	
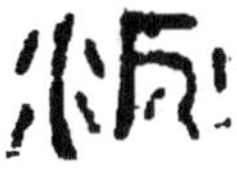 璽彙 2316	 郭店成之 11	 上博三周 45	 包山 86	 商鞅方升集成 10372	 燕王職矛集成 11304	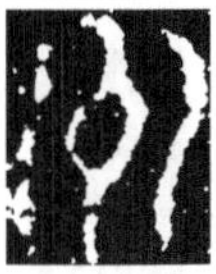 右泉州還矛集成 11503
		 郭店成之 14	 包山 143	 秦集二三 2・2	 歷博燕 26	
		 包山 3	 上博二容 33	 北大・白囊	 歷博燕 40	
			 清華二繫年 103	 北大・白囊		
				 北大・白囊		

5420 永

楚	秦	齊
		瀝
 酓璋鐘	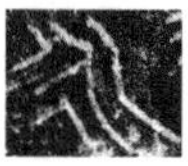 秦駰玉版	 陶録 3・483・4
 清華五厚父 03	 傅 569	
 清華五厚父 04	 日本 15	
 清華五厚父 04		
 清華五封許 08		

5419 原

楚	秦	燕	齊
		淭	
 上博六用 6	 陝西 739	 璽彙 0363	 考古 1973.1
	 珍展 194	 璽彙 2508	
	 塔圖 141		
	 里耶 8-92		
	 北大・泰原		

5421

羕

齊			楚	燕	齊	晉
 陳逆簋 集成 4096	 清華一 祭公 13	 新蔡甲三 193	 競孫旟也鬲 商周 3036	 燕侯載簋 集成 10583	 齊陳曼簠 集成 4595	 長子□臣簠 集成 4625
 陳逆簠 新收 1781	 清華一 保訓 11	 上博三 周 47	 鄴陵君鑒 集成 10297	 永用析涅壺 集成 9607	 十四年 陳侯午敦 集成 4646	 中山王鼎 集成 2840
 公孫竈壺 集成 9709		 左塚漆梮	 包山 176			 哀成叔鼎 集成 2782
		 上博四 柬 23	 包山 221			
		 清華三 芮良夫 18	 郭店 尊德 39			

5422 谷

秦	楚	
 雲夢日乙 189	 郭店成之 17	 上博一緇 5
 陝西 709	 郭店老甲 5	
	 上博一孔 9	
	 上博七武 4	

5423 谿

晉	秦	楚	
		溪	涂
 璽彙 3549	 秦風 37	 上博二容 31	 上博七君甲 9
 璽彙 3141	 里 J1⑨11 正	 包山 182	 上博七君乙 9
	 里耶 8-519	 郭店語四 17	
	 放馬灘地圖	 新蔡甲三 355	
		 清華一楚居 12	
		 上博四柬 3	

5424 ⿰谷賣*	5425 睿	5426 冰		5427 凌	5428 冬
楚	楚	秦	楚	齊	秦	秦
	濬					
  曾乙 77	 郭店 性自 31  上博一 性 19  清華五 湯丘 19  清華五 啻門 13 《説文》古文。	 集粹 428  里耶 8-2137	 上博八 成 5  清華三 説命下 7	 陳逆簋 集成 4096	 珍秦 328  珍秦 288	 陶彙 5・384  秦風 192  秦駰玉版  雲夢 日乙 177  里耶 8-1022

5429

冶

	晉	楚	秦	齊		楚
 十一年閔 令趙狽矛 集成 11561	 七年邦 司寇矛 集成 11545  信安君鼎 集成 2773  十三年 上官鼎 集成 2590  六年冢子 戟刺 文物 2015.2	 冶紹匕 集成 977  羕陵公戈 集成 11358  包山 80	 關沮 372  里耶 8-1221	 陳璋方壺 集成 9703.2B  璽彙 2207 《說文》古文。	 包山 2  清華四 筮法 31  清華五 啻門 20	 郭店 緇衣 10  新蔡甲三 107  上博六 平 5  上博一 性 2  上博二 子 12

5430

雨

齊	晉	楚	秦	齊		
 陶録 3・319・1	 好蚉壺 集成 9734	 郭店 緇衣 9	 雲夢 日乙 107	 洹左戈 新收 1097	 二十三年 郚令戈 集成 11299	 七年相邦鈹 集成 11712
 陶録 3・319・2	 貨系 289	 上博四 柬 16	 里耶 8-1786	 齊幣 331	 公朱左官鼎 集成 2701	 二十八年 晉陽戟 珍吴 199
	 貨系 287	 郭店 五行 17	 嶽麓一 占夢 40	 陶録 3・399・4	 貨系 259	 十二年少 曲令戈 集成 11355
		 上博八 蘭 2	 北大・日乙	 齊城左戟 新收 1983	 璽彙 3258	 七年侖氏戈 集成 11322
		 清華四 筮法 49	 北大・日乙			

	5433 雪	5432 震				5431 靁
	楚	秦	晉		楚	秦
䨮				靊		
 上博四 采 3	 清華四 筮法 59	 雲夢 日甲 7 反	 温縣 T1K1-3724	 上博二 容 13	 璽彙 3694	 雲夢 日甲 42 反
 清華一 楚居 6				 包山 85	 包山 175	
 郭店 老甲 25					 上博七 凡甲 11	
 上博九 陳 3					 清華一 金縢 9	
					 清華四 筮法 46	

			5436	5435		5434
			霝	雹		霰
晉		楚	秦	楚		楚
				⿱雨⿵冂雨	⿱雨見	⿱雨殽
 璽彙 2636	 包山 277	 清華二 繫年 051	 北大・祓除	 帛書甲	 清華四 筮法 59	 包山 91
 璽彙 2638	 包山 272	 包山 42	 北大・祓除			
 璽彙 2639	 包山 276	 上博一 緇 14	 北大・祓除			
		 清華一 程寤 2	 北大・祓除			
		 清華二 繫年 075				

5440 扁	5439 零			5438 零	5437 靈	
秦	秦		晉	楚	楚	齊
					靈	
 雲夢效律 37  北大・醫方	 里耶 8-375	 貨系 1931 省「各」聲。	 九年鄭令矛 集成 11551  璽彙 2641  先秦編 284  先秦編 285	 郭店老甲 19  上博一孔 21  清華一皇門 10  上博九陳 19  清華四筮法 59	 清華五命訓 12 讀「臨」。	 陶録 2・735・2  陶録 2・735・5

		5445 雩	5444 霚	5443 霜	5442 露	5441 霽
		楚	楚	楚	秦	秦
𦐔			雺			
 曾侯乙鐘 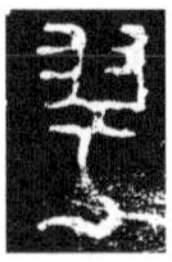 曾侯乙鐘  曾乙 6  包山 141  郭店 五行 17 《説文》或體，讀「羽」。	 上博一 緇 20  清華三 良臣 7	 包山 69  上博五 鮑 8  清華五 封許 02	 上博三 周 38  帛書乙	 上博九 陳 19	 故宫 443	 集粹 650

5448 雯*	5447 雲*	5446 需				
楚	楚	晉	楚	秦	齊	晉
 曾乙 97	 帛書乙 讀「霜」。	 貨系 291	 上博三周 57  上博二容 2  清華一金縢 7  清華三琴舞 7	 里耶 8-1361	 陶録 8・78・1  陶録 8・78・4  陶録 8・78・5	 中山王鼎集成 2840  璽彙 3043  新鄭圖 432  步黟堂 316  貨系 290

5449	5450	5451	5452	5453	5454	5455
⿱雨氏*	⿱雨豕*	⿱雨乇*	霞*	⿱雨⿰火犬*	霣*	⿱雨⿸厂豆*
楚	楚	楚	楚	楚	楚	楚
 上博二容41 讀「略」。	 曾乙18	 帛書甲	 包山174	 璽彙3217	 郭店語三31 讀「寡」。	 新蔡乙二14

5456

雲

燕	晉		楚			秦
			云	云		
 燕王畧戈 集成 11241B  燕王職戈 集成 11227	 錢典 794	 上博七 凡甲 14  上博七 凡乙 9	 郭店 緇衣 35  上博三 亙 4  上博七 君甲 9  帛書丙 《說文》古文。	 陶録 6・391・2  璽彙 4876  璽彙 4877  雲夢 答問 20  里耶 8-754 正  嶽麓一 爲吏 68	 陶録 6・388・2	 珍秦 121  陶彙 5・294

5458 魚				5457 霒		
楚	秦	燕	晉			楚
				[illegible]		侌
 璽彙 0347	 秦風 176	 陶録 4・160・3	 璽彙 0068	 九 A33	 清華一保訓 6	 郭店語四 16
 包山 256	 里耶 8-1705		 璽彙 0067	 九 A29	 清華二繫年 092	 郭店太一 8
 新蔡甲三 321	 雲夢日乙 174		 璽彙 3162		 清華四筮法 17	 包山 134
 上博二魯 5			 程訓義 1-123		 清華五三壽 28	 上博六天乙 4
 上博五姑 9						 上博七凡甲 2

雲部　魚部

5460 鰥	5459 鯀					
楚	楚	燕		齊	晉	
 上博六用16	 郭店語一3  郭店語一5  郭店語二44	 璽彙2727	 璽彙3275  陶録2·470·3  陶録2·264·2  陶録2·264·3	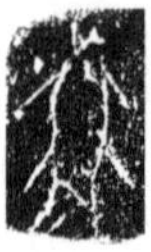 齊幣458  齊明刀背文考古1973.1	 魚顛匕集成980	 包山259  上博五姑8  上博五姑10  上博九邦8  清華四筮法53

		5463	5462		5461	
		鮮	鮑		魴	
晉	楚	秦	楚	燕	晉	齊
 好蚉壺 集成 9734	 郭店 成之 9	 秦風 225	 包山 194	 璽彙 2728	 璽彙 2729	 司馬楙編鎛 山東 104
 私庫嗇夫 鑲金銀泡飾 集成 11863	 上博四 逸・多 1	 雲夢 日乙 174				 司馬楙編鎛 山東 104
 璽彙 1305	 清華三 芮良夫 26	 里耶 8-145 正				
 璽彙 3227	 清華五 厚父 11					

	5468 鱻	5467 鯛	5466 魿	5465 鮭	5464 鮫	
齊	楚	楚	秦	齊	秦	
						魠
 陶録 3・513・4  陶録 3・513・5	 左塚漆梮	 包山 190  包山 165	 里耶 8-1022 楚  上博九 舉 31	 璽彙 1143  陶録 2・470・1  陶録 2・472・1  陶録 3・603・5  齊陶 1363	 里耶 8-769 正	 璽彙 4019  璽彙 4020

5474 鰖*	5473 鮒*	5472 鱸*		5471 鯖*	5470 鮭*	5469 魟*
楚	楚	秦	楚	秦	秦	秦
 上博二容 24 讀「粗」。  上博九舉 31	 包山 170	 里耶 8-1705	 郭店忠信 6 讀「爭」。	 關沮 341 讀「清」。	 故宮 454	 珍秦 298

5479 瀲		5478 鱈*	5477 鱥*	5476 鰻*	5475 鮁*	
楚	秦	楚	楚	楚	楚	晉
魰	漁					鮓
 璽考 169  包山 121  上博六 競 8  上博二 容 3	 雲夢 日甲 138  嶽麓叁 52  嶽麓叁 75 《說文》篆文。	 曾大沈 尹壺乙 商周 12226	 清華二 繫年 080 讀「蹶」。	 包山 183	 包山 166  包山 185	 璽彙 1022  璽彙 3006  陶録 5・30・4

5481 龍　　5480 燕

	楚	秦	楚	秦	楚	
			鬏			
 包山 138	 璽彙 0278	 鐵續	 包山 85	 里耶 8-534	 曾侯鵬鐘 江漢考古 2014.4	 楚王孫漁戈 集成 11153 或釋「潮」。
 清華五 封許 07	 郭店 性自 28	 珍秦 75	 上博二 子 11	 里耶 8-1017		
 清華二 繫年 085	 新蔡甲三 346—2	 雲夢 日乙 32	 上博一 孔 16			
 清華二 繫年 086	 上博四 柬 15	 里耶 8-1496 正				
	 上博七 君乙 5					

	5483 飛		5482 龔*			
	楚	晉	楚	晉		
					⿰龍見	⿰⿱立月見
清華三 說命下 3 清華二 繫年 014	曾乙 171 上博三 周 56 上博六 用 5 清華二 繫年 014 上博八 鷂 1	璽彙 1422 璽考 322	龍陽庶子燈 文物 2004.1 「龍」「文」雙聲。	邵黛鐘 集成 2261 集粹 159 璽彙 1050 璽彙 1822	清華五 厚父 01 清華五 厚父 04	璽彙 3615 上博一 緇 13 清華二 繫年 087 上博六 用 16

5485 非　　　　　　　　　　　　5484 翼

楚	秦	齊	晉		楚	秦
		翼			翼	翼
 上博八 命 5  郭店 成之 11  上博五 鬼 6  清華一 程寤 8  清華五 三壽 05	 雲夢 爲吏 32  里耶 8-190 正  北大・從政  北大・從政  北大・從政	 陳子翼戈 集成 11086  陶録 3・630・4	 中山王方壺 集成 9735	 吉陶 15	 曾乙 20  曾乙 80  清華一 保訓 7  曾乙 E66 衣箱	 雲夢 日乙 94  雲夢 日甲 58  關沮 239  北大・祓除 《説文》篆文。

5488 卂　　5487 㭜*　　5486 靡

		秦	齊	楚	齊	晉
		 里耶 8-231  里耶 8-1832	 陶録 3・327・3  陶録 3・327・1	 秦駰玉版  雲夢 秦律 86  里耶 8-28  關沮 316  嶽麓一 爲吏 71	 司馬楙編鎛 山東 104  璽彙 3080	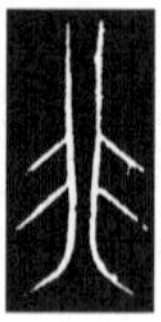 中山王鼎 集成 2840  貨系 498

5489

孔

齊	晉	楚		秦
  陳璋方壺 集成 9703.2A	 子孔戈 集成 11290  璽彙 0627	 上博五 三 3  上博二 民 1  清華三 良臣 8  清華五 厚父 06	 秦都圖 519  雲夢 日甲 69 反	 璽彙 2722  秦風 212  陝西 661  秦風 170

5491 不　　5490 乳

			楚		秦	秦
 郭店五行 10	 上博二民 6	 包山 239	 郭店老甲 5	 北大・九策	 陶録 6・369・1	 鑒印 96
 郭店語一 75	 上博六孔 14	 上博四曹 38	 郭店老甲 2	 北大・日丙	 珍秦 35	 雲夢日甲 29 反
 上博一緇 4	 上博七凡甲 22	 上博五姑 3	 郭店唐虞 18	 北大・從政	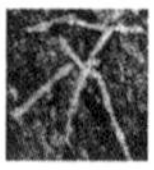 秦駰玉版	 關沮 314
 上博一緇 3	 上博八顏 12	 清華五命訓 13	 郭店尊德 35	 北大・算甲	 里耶 8-41	
 上博三周 50 「不」之譌。	 上博八鶹 2	 上博七武 6	 郭店五行 10			

5492

至

晉		楚	秦	燕	齊	晉
 安邑下官鍾 集成9707  中山王鼎 集成2840	 上博一 緇7  清華一 保訓9  上博八 成7  清華三 赤鵠10  清華四 筮法12	 郭店 老甲34  包山205  郭店 語三26  上博二 民4  清華五 命訓13	 里J1⑨5正  里J1⑨7背  雲夢 日乙135  里耶 8-301	 不降矛 集成11470  璽彙5692  璽彙0864	 陶録 2・429・4  璽考58  齊陶0208  陶録 3・524・2  齊陶0209  齊陶0291	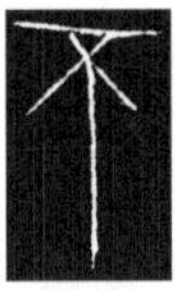 妤盗壺 集成9734  璽彙2472  璽彙0560  陶録 5・25・4

5495 臸		5494 臺			5493 到	
晉	楚	晉	楚	秦	秦	齊
 璽彙 5370	 鑄客匜 集成 10199	 貨系 2479	 郭店 老甲 26	 秦風 186	 雲夢 日乙 141	 陶録 2・650・3
 璽彙 5371	 郭店 緇衣 26		 上博二 子 11	 陶録 6・29・4	 里耶 8-155	
 璽彙 5372	上博本作「霝」，今本作「命」。		 上博二 容 38	 傅 986	 嶽麓一 質一 34	
			 上博二 容 44	 里耶 8-2137	 嶽麓叁 56	
			 清華五 湯丘 04		 北大・道里	

西

	晋		楚			秦
				棲		
 璽彙 0079	 長信侯鼎 集成 2304	 上博三 周 35	 西林匠 集成 4503	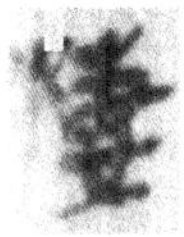 雲夢 雜抄 35	 雲夢 日乙 178	 秦公簋 集成 4315
 貨系 59	 璽彙 3216	 包山 154	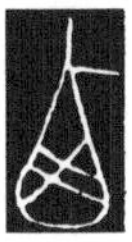 酓章鎛 集成 00085	《說文》或體。	 里耶 8-34	 珍秦 247
 貨系 60	 錢典 241 頁	 清華四 筮法 42	 璽彙 0316		 北大・道里	 塔圖 141
 貨系 1045			 左冢 M1 椁板			 陶録 6・313・1
 貨系 61			 清華二 繫年 005			 秦集二 四 8・5

	5499		5498	5497		
	鹽		鹹	鹵		
	楚	秦	楚	秦	燕	齊
⿰氵𥂁	𥂁					
 上博五 鮑 5	 包山 147	 傅 409	 帛書殘片 源流圖版六	 十鐘 3・18 下	 西年車害 集成 12018	 銅柱 録遺 6・132
	 上博二 容 3	 傅 412	 清華二 繫年 103	 文物 1991.5 陶	 璽彙 3964	 陶録 2・564・3
	 幣編 228	 陜西 14			 璽彙 3966	 陶録 2・544・4
		 里 J1⑨5 正				
		 里耶 8-650 正				

5501 韽

5500 鹽

楚		楚		齊		
		盬		瀘	醬	滷
 上博八命6	 包山212	 璽彙3558	 璽彙0200	 亡鹽右戈集成10975	 新蔡甲三8、18	 上博二從甲8
讀「黔」。	 包山238	 包山267	 璽彙0201			
	 包山3	 新蔡甲三215	 璽彙5275			
	 包山170	 包山215	 璽彙0202			
	 包山189	 包山236	 璽彙0198			
			或釋「盟」，讀「礦」。			

5502

戶

	齊	晉		楚	秦	齊
宊			宊			
 陳胎戈 集成 11127  後李 圖六 1  録遺 6 132 銅柱  齊陶 0384	 璽考 301	 右冢子鼎 文物 2004.9  貨系 425  貨系 426	 上博三 周 52  璽考 178 《説文》古文。 **庢**  包山 260	 上博三 周 5  新蔡乙一 28  新蔡零 325  清華四 筮法 49  上博七 武 7	 雲夢 答問 150  里耶 8-156  里耶 8-65 背  嶽麓叁 115  嶽麓一 質一 31	 陶録 3・442・1  陶録 3・443・2

5506 庫			5505 戹		5504 房	5503 扇
楚	燕	楚	秦	楚	秦	秦
 清華五 封許 02 讀「肈」。	 璽彙 1240	 望山 2・6  曾乙 7  曾乙 64	 雲夢 答問 179  里耶 8-361  里耶 8-1237	 信陽 2・8  望山 2・45  包山 266  清華二 繫年 067  包山 149	 關沮 134  雲夢 封診 74	 雲夢 答問 150  里耶 8-1386

5512	5511	5510	5509	5508	5507	
⿸戶叀*	⿸戶𠂢*	⿸戶巠*	⿸戶酉*	⿸戶臣*	扃	
晉	楚	楚	楚	楚	楚	齊
 璽彙 2865  璽彙 2866	 左塚漆梮	 清華三芮良夫 20 讀「扃」。	 曾乙 62  曾乙 14  曾乙 60	 曾乙 6  曾乙 88	 左塚漆梮	 司馬楙編鎛山東 104

5513 厝*	5514 廱*	5515 門				
晉	齊	秦	楚		晉	
				閩		⿵門二
 春成左庫戈 珍吴 259	 璽彙 0647	 雲夢 日乙 97	 璽彙 0168	 上博二 容 38	 璽彙 0169	 璽彙 0170
 十四年 鄭令戈 集成 11387		 關沮 211	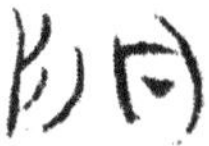 包山 53	「玉門」之「門」專字。	 璽彙 2656	 璽考 122
 聳肩尖足 空首布 内蒙 2000.1		 里耶 8-66 正	 郭店 六德 31		 貨系 2477	
			 清華一 皇門 1			
			 上博五 姑 10			
			 清華二 繫年 121			

	5516	5517	5518	5519	5520	
	閨	閤	闔	閈	閭	
齊	楚	楚	秦	晉	秦	楚
		[illegible]				[illegible]
 璽彙 0325  陶録 2・5・1  山大 6  陶録 2・7・2	 上博四 昭 3  上博三 周 52  上博四 柬 9	 上博二 昔 2 「閤門」合文。	 里耶 8-1386	 中山王鼎 集成 2840	 秦風 168	 馬山絹書

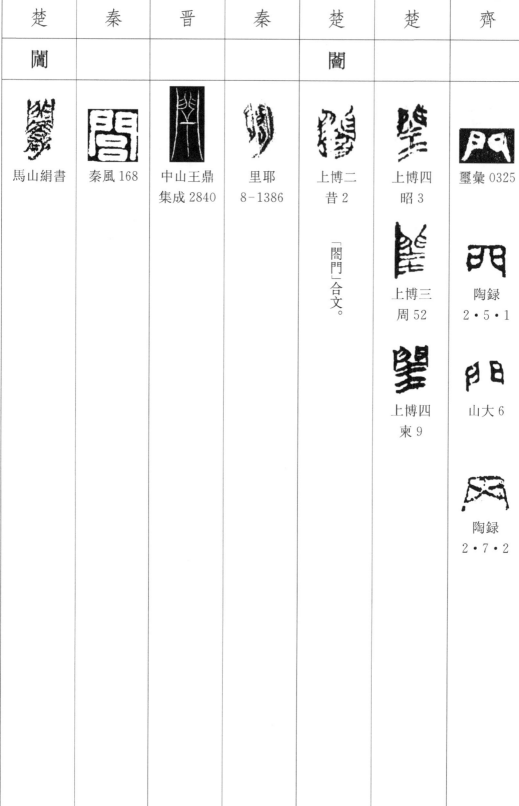

5522 闠　　5521 閭

秦	秦				齊	晉
		閅	闆	閸	闠	
 雲夢 秦律 147	 珍秦 183  珍秦 284  里耶 8-92	 璽彙 5330	 陶録 2・432・1 聲符繁化。	 璽彙 4013  陶録 2・417・2  陶録 2・425・3  陶録 2・431・1	 閭丘爲 鵑造戈 集成 11073  陶録 2・414・1  齊陶 0987  陶録 2・429・2	 五年刑令戟 珍吴 164

5525 闢　5524 閬　5523 闕

齊	晉			楚	秦	秦
		閔	閔	閔		
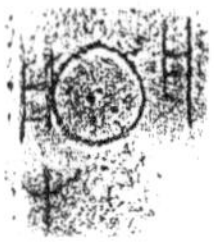 齊幣 038	 中山王鼎 集成 2840	 璽彙 0188	 郭店 忠信 9	 郭店 語三 42	 集粹 803	 珍秦 185
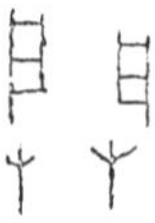 齊幣 36	 璽考 132			 上博九 卜 1	 雲夢 語書 12	
 先秦編 397	 璽考 109			 太武闢兵戈 集成 11063	 關沮 354	
 陶録 3・137・4					 嶽麓叁 41	
					 北大・道里	

5528 閒　　5527 閟　　5526 開

楚	秦		楚	楚	秦	燕
閉		閔				
 璽彙 5559  新蔡甲一 22  上博六用 9  清華一程寤 1  清華五湯丘 05	 珍展 112  秦駰玉版  陶録 6・297・2  珍秦 206  里耶 8-798	 郭店老甲 27 訛省。	 郭店語四 4  九 A71  上博六用 3  清華三芮良夫 20	 上博九陳 16	 雲夢日甲 128  雲夢日乙 134	 璽彙 4091

	齊	晉				
閒	⿵門刃	⿵門刃	⿵門刃	刅	⿵門刅	⿵門刅
 齊陶 0081	 璽彙 0650	 七年邦司寇矛 集成 11545	 郭店語三 27	 郭店老甲 23	 清華三芮良夫 3	 曾姬無卹壺 集成 9711
 齊陶 0082		 四年春平侯鈹 集成 11707		 清華二繫年 127	 上博九陳 4	 上博四曹 26
 齊陶 0083		 璽彙 2063				 清華二繫年 099
						 清華二繫年 104

5529 閭

秦

印典 2419頁

晉

璽彙 1206

5530 闟

秦

文博 1998.1

5531 闌

秦

珍秦 73

秦風 198

里耶 8-1716

雲夢答問 139

5532 閉

秦

雲夢日乙 177

關沮 144

5533 關

楚 㡯

左塚漆梮

齊

子禾子釜集成 10374

秦

集粹 735

雲夢答問 140

嶽麓一質三 10

5536 閱　5535 闍　5534 閹

秦	齊	秦	齊	晉		楚
				門		⿵門串
 雲夢答問 164	 璽彙 1316	 集粹 788	 陳純釜集成 10371	 璽彙 0340	 上博八王 1	 鄂君啓舟節集成 12113
 雲夢爲吏 22		 秦風 145	 璽彙 0175	 錢典 333	 上博六競 8	 璽彙 0295
 里耶 8-269		 陶録 6・232・4	 陶録 2・349・2	 集粹 165	 清華五三壽 17	 包山 91
			 陶録 2・348・1			 上博一孔 11
			 陶録 2・348・3			 清華二繫年 126

5538 閔　　5537 闊

燕	晉				楚	晉
					旻	
 璽彙 3514	 兆域圖版 集成 10478	 清華三 良臣 5	 郭店 語一 97	 上博一 孔 28	 郭店 尊德 17	 兆域圖版 集成 10478
 璽彙 3498	 璽彙 1674	 新蔡零 234	 郭店 語三 10	 郭店 語三 44	 上博二 子 5	
 陶録 4・199・4	 璽彙 2563	與《汗簡》「閔」字古文𢘓同，多讀「文」。	 包山 190	 郭店 語三 41	 郭店 語一 88	
	 珍戰 35		 郭店 性自 17	 郭店 語三 71	 上博四 曹 11	
	 璽考 122		 郭店 語四 6	 郭店 殘片 18	 郭店 語二 5	

	5544	5543	5542	5541	5540	5539
	⿵門師*	闈*	関*	閈*	閇*	闖
晋	秦	秦	秦	秦	秦	晋
 元年埒令戈 集成 11360  三年馬師鈹 集成 11675  璽彙 0483  珍戰 39	 璽彙 1362  陝西 697  雲夢 爲吏 23 讀「旅」。	 尊古 316	 鑒印 130  嶽麓一 占夢 43	 雲夢 日乙 30 「閉」字誤書。	 吉大 137	 輯存 66  輯存 68

5550 閰*	5549 閞*	5548 閏*	5547 閍*		5546 閔*	5545 闟*
晋	晋	晋	晋	晋	楚	秦
 閰右庫戈 集成 10974	 璽彙 2660  鴨雄 011	 璽彙 2662	 璽彙 2625	 璽彙 0734	 包山 233  上博九 陳 16 或讀「門」。	 雲夢 答問 25  雲夢 答問 27 讀「闋」。

5557	5556	5555	5554	5553	5552	5551
⿵門夾*	⿵門軍*	⿵門羊*	⿵門亘*	⿵門犬*	閗*	⿵門冊*
晋	晋	晋	晋	晋	晋	晋
			⿵門卑			
 兆域圖版 集成 10478	 璽彙 1982	 璽彙 2723  璽彙 0610	 鑒印 14	 璽彙 0917  璽彙 4039  璽彙 5669	 璽彙 0916  璽彙 1538	 司馬成公權 集成 10385

		5562 耳	5561 ⿵門君*	5560 閞*	5559 ⿵門料*	5558 ⿵門臣*
晉	楚	秦	齊	齊	晉	晉
 璽彙 2367	 清華一楚居 3	 秦風 137	 陶録 3·522·3	 陶録 2·409·1	 温縣 WT1K17：129	 璽彙 3086
 璽彙 0441	 包山 265	 雲夢爲吏 39	 陶録 3·513·1		讀「判」。	
	 郭店語一 50					
	 上博七凡甲 13					
	 清華四筮法 58					

楚	秦	齊	晋	楚	燕	齊
5564 耿			5563 耴			
 清華一 皇門 7	 珍秦 230	 陶録 3・250・6	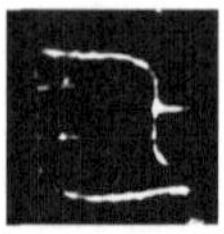 三十三年 鄭令鈹 集成 11693	 曾乙 143	 璽彙 3367	 陶彙 3・405
 清華二 繫年 013	 珍秦 231	 陶録 3・251・5	 璽彙 3010	 包山 77	 璽彙 3515	 陶録 2・92・1
 清華二 繫年 014			 陶録 5・39・2	 包山 80	 璽彙 2797	
					 璽考 310	

	5566 聖			5565 聯		
	楚	秦	晉	楚	秦	齊
				䎙		
 上博二 民 8	 曾姬無卹壺 集成 9711	 雲夢 日乙 238	 璽彙 2389	 璽彙 5663	 秦風 83	 璽彙 3625
 上博二 民 5	 郭店 老甲 12	 雲夢 爲吏 45		 望山 2・3	 嶽麓一 爲吏 12	
 上博二 民 11	 郭店 語一 86	 北大・算甲		 包山 265		
 上博六 競 7	 左塚漆梮			 上博八 命 5		
 清華五 湯丘 15	 上博七 武 12			 包山 72		

燕	齊	晉				
			⿱聖心		⿰耳口	⿰耳人
 璽彙 0365	 陳卿聖孟戈 集成 11128	 温縣 WT4K5：13	 清華五 三壽 13	 清華五 三壽 07	 郭店 唐虞 25	 郭店 唐虞 3
 璽彙 3895	 璽彙 0198	 中山王方壺 集成 9735	 清華五 三壽 19	加注「丁」聲。		 上博六 孔 4
		 璽彙 0778				 郭店 唐虞 15
		 璽彙 2151				 郭店 唐虞 27
						 郭店 唐虞 1

			5568 聽			5567 聰
		楚	秦			楚
耵	耿	聊		聤	聦	⿰耳兑
 璽彙 5580	 包山 20  包山 47 省簡	 上博一 緇 11  郭店 唐虞 6	 雲夢 答問 107  里 J1⑨9 正  里耶 8-135 正  嶽麓叁 178  嶽麓叁 181	 郭店 唐虞 26 从「舂」省聲。	 上博二 容 12	 郭店 五行 23  郭店 五行 15  上博二 容 17

5569

職

燕	楚	秦		燕		晉
			⿰耳王	⿰耳口	⿰耳王	⿰耳口
 燕王職戈 集成 11227	 帛書乙	 雲夢 效律 45	 璽彙 3537	 璽考 282	 璽彙 1500	 中山王鼎 集成 2840
 燕王職劍 集成 11643		 里耶 8-2068	 陶録 4・14・2			 璽彙 4511
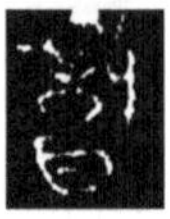 燕王職壺 新收 1483			 璽彙 1500			 集粹 317
			 璽彙 2603			

5571 聞　5570 聲

				楚	秦	秦
	[illegible]			䎽		
 清華一祭公 1	 上博二民 5	 上博二昔 4	 上博六天乙 7	 郾客銅量集成 10373	 珍秦 273	 秦風 66
 清華三芮良夫 3	 上博七武 13	 上博六孔 20	 上博七凡甲 2	 郭店老丙 5	 里 J1⑯6 背	 雲夢答問 52
 清華三赤鵠 13	 上博八顔 10		 上博七凡乙 2	 左塚漆梮	 里耶 8-1363	 里耶 8-1363
 清華五三壽 05	 清華二繫年 51		 上博八成 2	 上博四曹 42	 嶽麓叁 215	 嶽麓叁 225
 清華四筮法 13	 望山 1·1			 郭店成之 1	 北大·日丙	

5572

聘

秦		齊			晋	
				䎽		
 商鞅方升 集成 10372	 璽彙 0649  陳侯因資敦 集成 4649	 璽彙 0030  璽考 37  璽彙 0312  璽彙 0031	 璽彙 1354  璽彙 1073	 中山王鼎 集成 2840  中山王鼎 集成 2840	 璽彙 3975	 郭店 五行 23  郭店 五行 50

5577	5576		5575	5574		5573
聆	⿸麻耳		聝	聅		聾
齊	秦	晉	楚	晉	齊	楚
		戠	馘		聾	龏
 齊陶 0212  齊陶 0213	 雲夢封診 23 讀「縻」。	 璽彙 3889	 清華二繫年 044  清華二繫年 124	 璽彙 1849	 子淵聾戟集成 11105	 上博二容 37
		戝				
		 璽彙 3434				

5581 耟*	5580 䁕*	5579 𥉇*			5578 聶	
晋	楚	秦			楚	秦
			⿱耳大	⿱耳豆		
 少府盉 集成 9452	 清華二 繫年 055 讀「堇」。	 雲夢 答問 210 讀「軀」。	 郭店 緇衣 45  包山 186	 清華一 楚居 3  九 A44  磚 M370・1	 曾乙 5  上博六 用 12  上博七 吴 6	 秦風 213  考文 1997・1  雲夢 爲吏 2  里耶 8-751 正

5588	5587	5586	5585	5584	5583	5582
䁤*	盱*	䀸*	瞳*	聑*	耿*	聀*
燕	齊	晋	晋	晋	晋	晋
 璽彙 1509  璽彙 3879  璽彙 0645	 陶録 7・8・2  璽彙 2440  璽彙 2858	 璽彙 1042  璽彙 1624  陶録 5・23・4	 玉璜 讀「動」。	 璽彙 3008  璽彙 3793	 璽彙 0780  璽彙 1869  璽彙 3110	 璽彙 2441

5591 巸　　　　5590 𦣝　　5589 聲*

晉	楚	秦	晉		楚	燕
				[illegible]	頤	聑
 璽彙 3183  珍戰 126  璽彙 3184  璽彙 3185	 璽彙 3224  九 A43	 高奴禾石權  陝西 680  秦風 125  里耶 8-656 正	 陶彙 9・52	 清華四 別卦 2	 上博三 周 24  上博三 周 24 《説文》篆文。	 璽彙 3954

5595 指	5594 拇	5593 掌		5592 手		
秦	楚	齊	晋	楚	秦	燕
			学			
 雲夢 爲吏 29  關沮 372  里耶 8-1221  嶽麓一 爲吏 56  北大・祓除	 上博三 周 26  上博三 周 37  上博三 周 27	 璽考 33	 璽彙 1824  陶彙 6・20  訔鼎蓋 集成 1799	 郭店 五行 45  上博七 君甲 9  上博七 君乙 9 《說文》古文。	 陶録 6・56・1  里 J1⑨7 背  里 J1⑨7 背  里耶 8-76 背	 燕侯載 作戎戈 集成 11383.2

5598 捧				5597 攘	5596 拳	
燕		楚	秦	楚	秦	楚
拜		拜		[illegible]		
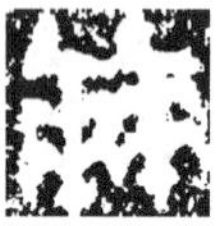 不降矛 集成 11541	 清華一 祭公 21  清華一 程寤 3  上博三 彭 8  上博六 莊 8	 郭店 性自 21  新蔡乙四 70  包山 272  上博五 競 9  上博六 孔 15	 雲夢 秦律 153  關沮 347  里耶 8-472	 上博二 容 47	 秦風 56  雲夢 答問 90  嶽麓叁 125	 郭店 性自 28

	5603	5602		5601	5600	5599
	操	摯		扶	抵	揖
楚	秦	秦	楚	秦	秦	秦
			敖			
 上博七 凡甲 19  上博七 凡甲 19	 王八年内 史戈 新收 1904  秦風 198  里 J1⑨ 981 正  里耶 8-439  北大・白囊	 雲夢 日甲 17	 清華三 芮良夫 6  清華三 良臣 2 《説文》古文。	 雲夢 答問 208  陝西 865  里耶 2-201 正	 關沮 191  里耶 8-197 正	 秦風 87   雲夢 語書 12

5607	5606	5605				5604
擸	挾	擄				摶
秦	秦	秦	齊			楚
			敷		敷	
 十鐘 3・46下	 里耶 8-1721	 十鐘 3.51下  陶録 6・439・1  里耶 8-356	 璽彙 3122  陶録 3・263・1	 包山 142	 璽考 179  包山 144  清華一 皇門 4	 包山 133

5614	5613	5612	5611	5610	5609	5608
捉	擇	掄	掾	提	搞	把
楚	秦	秦	秦	秦	秦	秦
					扼	
 信陽 2・9  郭店 老甲 33 讀「握」。	 湖南 90  里耶 8-777  嶽麓一 爲吏 33	 秦風 178  珍展 158  陝西 746	 雲夢 效律 55  嶽麓叁 44  嶽麓叁 96	 雲夢 答問 82  里耶 8-488	 雲夢 語書 11 《説文》或體。	 秦風 91  秦風 156  雲夢 日乙 158  雲夢 日乙 172  嶽麓一 爲吏 87 正

5618 招				5617 承	5616 捊	5615 捽
秦	燕	晉	楚	秦	秦	秦
		氶	氶		抱	
 珍秦 123	 燕王職壺 新收 1483  燕侯簋 集成 03614	 九年承 匡令鼎 考文 1994.4  三年中 府杖首 集成 10465  璽考 121  珍戰 62	 包山 209  包山 245  上博三 周 8  清華一 程寤 3  清華五 命訓 05	 秦集二 三 31・1  里耶 8-703 正	 雲夢 日甲 45 反 《説文》或體。	 雲夢 封診 84  嶽麓叁 183  嶽麓叁 178

5619			5620	5621	5622	5623
撫			投	抉	撓	擾
楚			秦	秦	秦	秦
⿰無攵	⿰乚攵	⿰乚又				
 包山 164	 上博四 曹 3	 清華三 祝辭 3	 十鐘 3·20 上	 雲夢 秦律 84	 里耶 8-1766	 珍秦 239
		 清華三 祝辭 5	 闕沮 338		 嶽麓叁 81	 珍秦 219
			 里耶 8-1517 正			 陝西 866
			 北大·白囊			 里耶 8-663 正
			 雲夢 答問 90			 里耶 8-2101

5629 揄	5628 撟	5627 揭	5626 舉	5625 揚	5624 掔	
秦	秦	秦	秦	齊	晉	楚
				⿰昜丮		
 秦陶 490  里耶 8-1540	 集粹 802  秦風 142  關沮 344  嶽麓一爲吏 5 正  嶽麓叁 226	 嶽麓叁 183	 十鐘 3・9 下  陶録 6・24・3  關沮 140  里耶 8-152 正	 陳侯因資敦集成 4649  陳侯因資敦集成 4649	 貨系 531  鐵雲 16	 曾乙 62  郭店唐虞 2

5633 掇	5632 拾				5631 失	5630 擅
秦	秦			楚	秦	秦
		⿺辶羊	⿰彳羍	達		
 雲夢 爲吏 7	 秦風 207	 上博七 武 11	 上博六 孔 3	 郭店 老甲 11	 雲夢 爲吏 13	 雲夢 雜抄 34
 雲夢 日甲 63 反	 秦風 216	 上博七 凡甲 27	 清華四 筮法 15	 郭店 老乙 6	 關沮 219	 雲夢 答問 71
	 里耶 8-999			 郭店 六德 41	 里耶 8-70 正	 嶽麓叁 70
				 上博二 魯 1	 嶽麓一 占夢 3	 嶽麓一 爲吏 10
				 清華五 三壽 24		

5638			5637	5636	5635	5634
拔			援	攫	揖	撎
秦	齊	楚	秦	楚	秦	秦
	敓	敓				
 雲夢 答問 81  秦集二 四 23・1  里耶 8-918	 陶録 3・77・2  陶録 3・79・1  陶録 3・80・2	 清華二 繫年 071  清華二 繫年 072  清華二 繫年 127	 珍秦 175  珍秦 265  璽彙 3105  陶録 6・319・1  里耶 8-2030 正	 郭店 老甲 33	 珍秦 199	 關沮 336

5643 捐		5642 播	5641 掩	5640 拙	5639 探	
秦	楚	秦	秦	秦	秦	楚
	敽					喿
 十鐘 3·18下	 信陽1·24	 雲夢 封診77	 陶録 6·466·1	 里耶 8-172正	 里耶 8-985	 郭店 老乙15
	《説文》古文。	 北大·祓除				 郭店 性自23
		 北大·祓除				 上博一 性14

5649	5648	5647		5646	5645	5644
拳	挌	挐		捕	扞	捭
秦	秦	秦	楚	秦	秦	楚
					捍	
 珍展 183	 雲夢 答問 66  里耶 8-2442 背	 珍秦 118  珍秦 241  秦風 190	 清華一 金縢 11	 集粹 653  里耶 8-1377  嶽麓叁 40  嶽麓叁 18	 陶録 6・34・1	 包山 96  包山 97

5650	5651	5652	5653	5654	5655	5656
捐*	扣*	掖*	抢*	抶*	掓*	挃*
秦	秦	秦	秦	秦	秦	秦
 集粹 652  里耶 8-2385	 郭店 老甲 33	 雲夢 日甲 153 讀「腋」。	 里耶 8-219	 秦公簋 集成 4315	 雲夢 日甲 111 反	 雲夢 日甲 45 反 讀「挃」。

手部

5663	5662	5661	5660	5659	5658	5657
搓*	掾*	担*	扐*	抎*	擅*	擘*
楚	楚	楚	楚	楚	秦	秦
 清華四 別卦 5 讀「升」。	 上博七 凡乙 22  上博七 凡甲 29  上博七 凡甲 29 讀「握」。	 郭店 緇衣 7 讀「疸」。	 仰天湖 35	 包山 44  包山 183  包山 122  曾乙 156  上博三 周 51 讀「肱」。	 雲夢 日乙 259 讀「贖」。	 雲夢 答問 90 讀「揞」。

5664	5665	5666	5667	5668	5669	5670
擂*	挹*	揌*	掤*	攱*	撵*	脊
楚	晋	晋	晋	齊	齊	秦
 上博八成13 讀「譴」。	 璽彙1833	 璽彙1830	 璽彙3259	 璽彙3120 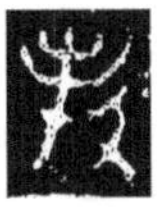 璽彙3702  璽彙3121	 璽彙3287	 秦風60  雲夢日甲80反

5671

女

秦	楚		晉	齊	燕
 珍秦 253	 者梁鐘 集成 122	 清華一 皇門 13	 妤螸壺 集成 9734	 陶録 2·274·2	 璽彙 3663
 珍秦 228	 鄂君啓車節 集成 12112	 包山 149	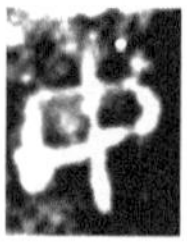 七年鈹 集成 11685	 陶録 3·19·6	
 秦集二 三 59·1	 璽彙 3580	 清華四 筮法 25	 璽彙 1859	 陶録 3·431·1	
 雲夢 日乙 125	 信陽 2·4	 清華五 封許 02			
 北大·醫方	 上博一 孔 4				

5672

姓

秦
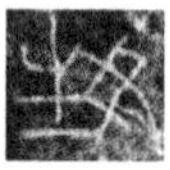 秦駰玉版
 嶽麓叁 222
 雲夢 爲吏 51

5674 姬　　5673 姜

楚	齊	晉	秦	燕	齊	楚
				姓	姓	
 曾姬無卹壺 集成 9710  曾孟嬭 朱姬簠 新收 530  包山 176  清華二 繫年 031	 陳逆簠 新收 1781	 璽彙 1293  璽彙 3303	 集粹 822	 璽彙 1337  璽彙 2820  璽彙 2793  陶録 4・18・1  陶録 4・112・1	 陶録 3・647・2	 自鐸 通考 360

5680	5679	5678	5677	5676	5675	
嫁	玫	妘	姚	嬴	姑	
秦	燕	秦	秦	楚	齊	齊
 雲夢 日乙 53  關沮 141  北大・泰原	 璽彙 2840	 嶽麓叁 140	 陶録 6・107・1  珍秦 76  珍展 95  珍展 90  秦風 209  雲夢 爲吏 43	 盞伯匜 集成 4599	 節可忌豆 新收 1074 燕  歷博 燕 105	 禾簋 集成 3939  拍敦 集成 4644

			5684 妻	5683 姻	5682 婚	5681 娶
晉		楚	秦	秦	秦	秦
 陶彙 7·19·4	 清華三 赤鵠 2	 包山 91	 雲夢 日乙 248	 詛楚文 湫淵	 詛楚文 湫淵	 里耶 8-1083
	 清華二 繫年 078	 郭店 六德 28	 雲夢 答問 14			
	 清華四 筮法 16	 郭店 語一 34	 里耶 8-665 正			
	 清華四 筮法 1	 清華一 皇門 10	 嶽麓叁 115			
		 清華五 湯丘 01	 北大·隱書			

5685 婦		5686 妃	5687 嫣	5688 母		
秦	楚	齊	楚	秦	楚	
		妃				
 雲夢 日乙 125	 郭店 成之 32	 十四年 陳侯午敦 集成 4647	 陶録 6・294・1	 珍展 76	 鄂君啓車節 集成 12112	 清華一 祭公 20
 關沮 141	 包山 175	 十四年 陳侯午敦 集成 4646		 珍秦 374	 郭店 窮達 14	 清華五 命訓 04
	 郭店 六德 27			 雲夢 日乙 180	 包山 202	 清華一 耆夜 13
	 上博四 曹 34			 北大・醫方	 上博二 魯 1	 清華五 三壽 21
	 上博六 競 10				 清華一 皇門 12	
	 上博九 卜 4					

5690 5689

姑 嫗

楚	秦	秦	燕	齊		晉
 新蔡零 340	 詛楚文 湫淵	 嶽麓一 質一 26	 陶録 4・206・1	 拍敦 集成 4644	 璽考 319	 好盗壺 集成 9734
 上博四 内附簡	 雲夢 雜抄 40			 禾簋 集成 3939		 哀成叔鼎 集成 2782
 上博五 姑 9				 璽彙 0175		 璽彙 0723
				 陶録 3・25・4		

威

齊	晉				楚	秦
⿰甶戈	⿰鬼戈	⿰⿱甶心戈	⿰鬼戈	愄		
 陶録 2・50・4	 璽彙 2674	 郭店 唐虞 13	 上博六 用 16	 包山 176  上博二 從甲 8  上博八 王 1  上博八 志 2  上博七 吳 5	 上博一 緇 16  上博一 緇 23	 詛楚文 巫咸  雲夢 爲吏 12

5695 妿	5694 妹			5693 姊		5692 妣
秦	楚	齊	楚	秦	齊	楚
					𡚱	
 十鐘 3・12上	 西林簋 集成 4503	 璽彙 0331	 上博四 内附簡	 十鐘 6.7上	 十四年 陳侯午敦 集成 4647	 清華一 楚居 3
	 上博四 内附簡			 里耶 8-145	 十四年 陳侯午敦 集成 4646	 清華一 楚居 3
				 嶽麓叁 82		

5696 婢

5697 奴

秦	楚	秦	楚		晉	
				㚢		㚢
 秦風 207  里耶 5-18  里耶 8-1443 正  嶽麓一 爲吏 12	 清華二 繫年 031	 高奴權 集成 10384  秦風 207  傅 1145  里耶 8-1287  嶽麓一 爲吏 12	 包山 20  郭店 老甲 9  上博四 采 1  清華二 繫年 015  清華四 筮法 41	 包山 122 《說文》古文。  清華四 筮法 44  上博四 逸・多 1	 四年咎奴令戈 集成 11341  璽彙 0094  陶彙 4・175  貨系 1718  三晉 79	 陶録 5・83・3

		5701 好	5700 媄	5699 媚		5698 始
	楚	秦	楚	秦	齊	秦
(丑+子)			(女+山+儿)			
 上博一 緇 9	 郭店 語三 11	 珍秦 37	 郭店 緇衣 35	 秦風 66	 璽彙 0330	 秦風 231
 上博一 緇 21	 清華二 繫年 049	 雲夢 日乙 246	又見卷四「美」字。	 北大・白囊		 雲夢 日乙 91
 郭店 語二 22	 上博三 周 30	 里耶 8-355		 雲夢 日乙 246		 關沮 132
 上博六 孔 14	 上博七 吳 1					 北大・算甲
 郭店 語一 89	 清華五 啻門 08					

5705		嬛	5704 媱	5703 娙	5702 嫼	
晉	楚	秦	秦	秦	齊	晉
					嫼	
 璽彙 1004	 曾乙 174  新蔡甲三 204  新蔡零 257	 珍秦 65	 秦風 82	 里耶 8-781	 包山 174	 杕氏壺 集成 9715

5712	5711	5710	5709	5708	5707	5706
娛	嫺	婺	嫛	媟	委	婉
秦	秦	秦	秦	秦	秦	秦
 陝西 1673	 陝西 889	 雲夢 日乙 105  關沮 140	 十鐘 3•57 下	 秦風 64  里耶 8-1950	 陶録 6•105•1  里 J1⑯6 正  里耶 8-142 正  北大•從軍	 秦風 218  里耶 8-2098

5717	5716			5715	5714	5713
妟	娕			如	婏	娭
楚	楚	齊	楚	秦	秦	楚
 清華一 金縢 9  清華五 三壽 19 讀「偃」。	 包山 175	 璽彙 3924	 信陽 1・4  郭店 緇衣 19  上博四 内 8	 陶録 6・52・2  陶録 6・75・2  珍秦 124  北大・算甲	 嶽麓叁 111  嶽麓叁 125  嶽麓叁 132	 包山 66

		5721 嬰	5720 姕	5719 娟	5718 嬗	
	楚	秦	齊	秦	秦	晉
賏	[illegible]					妟
 王子嬰次鑪 集成 10386  包山 27  包山 278 反	 港甲 7	 珍秦 66  珍秦 218  陶録 6・35・2  珍秦 89  秦風 64  嶽麓叁 142	 陶録 3・481・6  陶録 3・481・5	 秦風 134	 里耶 8-2034 正	 少府盉 集成 9452  少府盉 集成 9452  璽彙 0789

5722 妝			5723 妒		5724 佞	5725 嫈
齊	楚		秦	晉	秦	秦
			妬	妬		
 陶録 2・170・4	 郭店 緇衣 23	 上博一 緇 12	 雲夢 日乙 96	 貨系 2475	 嶽麓叁 79	 印典 2490 頁

5731 姎	5730 娙		5729 娃	5728 娿	5727 嫌	5726 姿
秦	楚	晉	秦	秦	秦	楚
 港續 30	 包山 177	 璽彙 2120	 尊古 319  里耶 8-145 正	 珍秦 277  集粹 785	 十鐘 3・43 上	 之利殘器

5733 娗 | 5732 婁

秦	齊	晉			楚	秦
 嶽麓叁 125	 璽彙 3662	 少府盉 集成 9452	 上博八 鶹 1	 包山 164	 包山 161	 雲夢 日乙 83
			 上博八 鶹 1	 包山 141	 郭店 成之 5	 關沮 217
			 郭店 成之 27	 上博六 競 10	 新蔡甲三 294	 里耶 8-1531 正
			 郭店 語二 44	 上博三 彭 2	 上博四 采 2	
			 郭店 語一 90	 上博七 君甲 4		

5740	5739	5738	5737	5736	5735	5734
媿	婥	娗	奸	姘	婺	嬈
楚	秦	秦	秦	秦	秦	秦
愧						
 璽彙 0183  璽考 178  上博七鄭甲 4  清華三芮良夫 15  郭店老甲 9	 里耶 8-707 背	 珍展 150	 雲夢答問 61  里耶 8-1391  嶽麓叁 202 正	 里耶 8-2150	 里耶 8-918	 里耶 8-145 正

5743 妥*		5742 姺*	5741 姦			
楚	秦	秦	楚	燕	齊	
 曾侯乙鐘 讀「蕤」。  清華一祭公 12 讀「綏」。  上博三中 14 讀「委」。  清華一程寤 7 讀「綏」。	 秦風 193  秦風 117	 秦印	 包山 183	 燕侯載簋 集成 10583	 陳肪簋蓋 集成 4190	 郭店 緇衣 30  清華五 厚父 09  上博五 季 21  上博七 鄭乙 4

5749 娠*	5748 婡*	5747 婓*	5746 姱*	5745 妶*	5744 㚣*	
秦	秦	秦	秦	秦	秦	晉
 集粹 565	 秦風 46	 里耶 8-735 正	 里耶 8-145 正	 里耶 8-682 正	 關沮 358 讀「孤」。	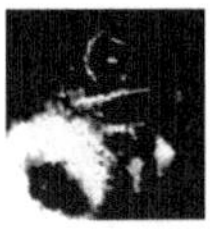 七年王子戈 珍吴 237  璽彙 3044

5750 ⿱欦女*	5751 婸*		5752 婒*	5753 ⿰女亲*	5754 嫭*	5755 ⿰女曾*
秦	秦	齊	秦	秦	秦	秦
 秦風 190	 珍秦 190	 陶録 3・596・1	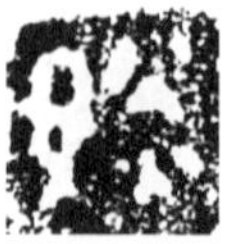 西安圖 194	 詛楚文 亞駝 讀「親」。	 里耶 8-1710  里耶 8-2101	 里耶 8-550

5756 ⿰女樂*	5757 ⿰女火*	5758 ⿱尗女*	5759 姒*			5760 ⿰女皮*
秦	楚	楚	楚	晉	齊	楚
					⿰女司	
 陶録 6・147・4  陶録 6・147・2  秦 2003	 上博二 容 38	 郭店 五行 16 讀「淑」。	 清華一 程寤 1  清華一 程寤 2	 璽彙 3599	 陶録 2・370・1  陶録 2・371・2  陶録 2・375・1  齊陶 0600	 包山 191

	5766	5765	5764	5763	5762	5761
	媵*	婷*	媢*	媑*	嬨*	婡*
齊	楚	楚	楚	楚	楚	楚
	嫎					
 節可忌豆 新收 1074  節可忌豆 雪二 72	 清華五 湯丘 01	 包山 185	 璽彙 5518	 上博四 采 2 或讀「同」。	 包山 89	 包山 181

5773	5772	5771	5770	5769	5768	5767
㛐*	嫶*	婚*	婡*	姮*	嬭*	嫢*
齊	晋	晋	晋	晋	楚	楚
	嫶					
 子㛐迺子壺 集成 9559	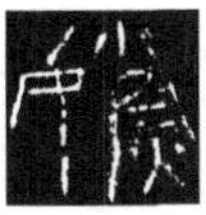 韓氏私官鼎 新收 1487  韓氏私官鼎 新收 1487	 璽彙 1156	 璽彙 2902	 六年安陽令矛 集成 11562	 薳子孟青嬭簠 新收 522  薳子孟升嬭鼎 新收 523	 九 A46

5776 民　　　　5775 毋　5774 妐*

楚	秦	燕	齊	楚	秦	燕
 信陽 1·015	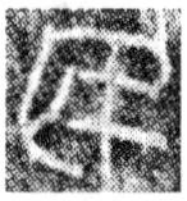 秦駰玉版	 璽彙 0366	 璽考 334	 上博二民 12	 珍秦 275	 璽彙 0190
 郭店老甲 31	 陶録 6·293·2		 璽彙 5678	 上博八有 5	 珍秦 254	 璽考 88
 左塚漆梮	 珍秦 214		 璽彙 3752	 郭店性自 60	 里耶 8-8	
 郭店忠信 2	 秦風 31			 包山 226	 嶽麓叁 68	
 上博八李 2	 雲夢日乙 60			 包山 245	 北大·從軍	

燕	齊	晉				
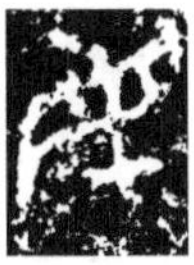 燕侯載簋 集成 10583	 陳喜壺 集成 9700A	 㚸蚉壺 集成 9734	 郭店 成之 4	 上博六 孔 12	 清華五 三壽 24	 上博一 緇 13
 燕侯載簋 集成 10583		 魚顛匕 集成 980	 上博六 孔 12	 上博二 從甲 9	 上博五 季 21	 清華五 厚父 04
		 中山王方壺 集成 9735	 上博八 顏 7	 上博二 從甲 8	 上博五 三 5	 上博四 曹 22
			 上博四 相 2	 上博八 顏 7	 郭店 語一 68	 郭店 老甲 30
					 九 A49	

5777

乂

秦

里耶 8-662 正

楚　刈

包山 23

包山 81

清華一 金縢 9

清華一 金縢 14

5778

弗

秦

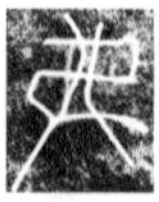
秦駰玉版

里 J1⑨7 正

里耶 8-1365

北大·算甲

北大·白囊

楚

郭店 老甲 17

郭店 老甲 4

上博四 曹 63

郭店 成之 4

清華五 厚父 07

郭店 唐虞 3

郭店 忠信 1

上博五 三 22

上博七 鄭乙 4

清華一 尹至 2

清華二 繫年 004

上博七 武 12

郭店 尊德 13

	5779 [illegible]	5780 弋				5781 也
晉	楚	秦	楚		晉	秦
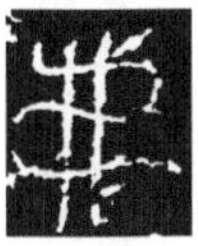 十年弗官鼎 集成 2240	 競孫旟也鬲 商周 3036	 十鐘 2・6 下	 郭店 緇衣 5	 上博五 姑 10	 璽彙 3124	 秦駰玉版
 好盗壺 集成 9334	 薳子受升鼎 新收 527	 陶録 6・81・2	 郭店 魯穆公問子思 4	 郭店 唐虞 9	 璽彙 3337	 珍秦 161
 璽彙 2786	 薳子受升鼎 新收 528	 傅 927	 上博七 武 7	 清華五 厚父 09		 雲夢 日乙 192
 璽彙 3126	讀「歷」。	 里耶 8-461 正	 清華一 祭公 11	 清華五 三壽 23		 北大・從政
 璽彙 3417			 上博一 緇 2			 北大・從軍

燕	齊	晉				楚
 郭大夫釜甑 考文 1994.4	 莒公孫潮子鐘 8 山東 76	 三十二年坪安君鼎 集成 2764	 曾侯乙鐘	 郭店 語三 20	 郭店 尊德 6	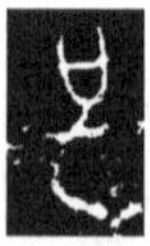 競孫旟也鬲 商周 3036
 貨系 3381		 坪安君鼎 集成 2793	 曾侯乙鐘	 上博五 競 9	 郭店 語三 2	 書也缶 集成 10008
		 九州第三輯涫陽戈		 上博八 顏 5	 上博一 孔 2	 郭店 唐虞 6
				 上博六 天乙 2	 郭店 忠信 8	 上博五 弟 9
				 郭店 性自 33	 郭店 成之 9	 郭店 老甲 5

5783 𠂆		5782 氏				
楚	秦	燕	齊	晉	楚	秦
 郭店 緇衣37	 詛楚文 湫淵	 口氏睘小器 集成10420	 陶録 3・3・4	 七年侖氏戈 集成11322	 曾乙137	 秦駰玉版
 清華五 厚父11	 秦駰玉版			 厲氏鐘 集成163	 包山13	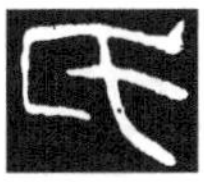 珍秦221
 清華五 封許02	 秦駰玉版			 王氏官鼎盖 集成2236	 清華一 楚居3	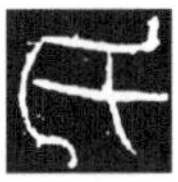 陶録 6・325・2
 清華五 命訓13				 璽彙1906	 清華二 繫年102	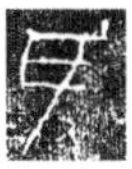 西安圖197
 清華二 繫年002				 貨系736	 上博七 凡甲24	 里耶 8-1555正
				 陶録 5・41・6		

5785 戈	5784 氏					
秦	燕	晉	楚	秦	齊	晉
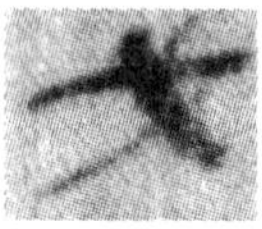 雲夢 日甲 58	 陶録 4・187・1	 璽考 119	 曾乙 E66 衣箱	 雲夢 日乙 98	 陳逆簋 新收 1781	 中山王方壺 集成 9735
 里耶 5-5 背			 清華一 楚居 1	 里耶 8-1557		 子孔戈 集成 11290
			 清華一 楚居 3			
			 上博八 李 3			

5786

肈

齊	燕			齊	晉	楚
		盞	錢			
 禾簋 集成 3939  齊陳曼簠 集成 4596	 杕里瘟戈 集成 11402  左行議率戈 集成 11111	 陳□散戈 集成 11033	 成陽辛 城里戈 集成 11154  平陽高 馬里戈 集成 11156  陳卯造戈 集成 11034  陳窒散戈 山東 831	 高子戈 集成 10961  高密戈 集成 10972  陳豫車戈 集成 11037  監戈 集成 10893	 郾戈 珍吳 175  □公戈 集成 11099  周王叚戈 集成 11212  貨系 444	 曾侯郕戈 集成 11174  五里牌 406・7  曾乙 61  郭店 唐虞 13  清華三 說命中 7

5788 戣　　　　5787 戎

燕	燕	齊	晉		楚	秦
鍨						
 燕侯綏戈 集成 11272  燕王詈戈 集成 11350	 燕王戎人矛 集成 11539  燕王載 作戎戈 集成 11383	 陶録 2・159・4	 七年邦 司寇矛 集成 11545	 曾乙 179  清華一 耆夜 6  清華一 皇門 6	 競平王之 定鐘 集成 37 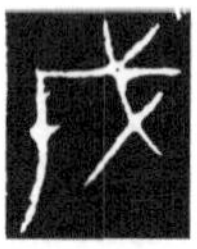 荊曆鐘 集成 38  郭店 成之 13  上博六 用 14  清華二 繫年 004	 璽彙 5707  珍秦 31  珍秦 234  陶録 6・63・5  雲夢 答問 113

戟

晋					楚	秦
	㦸	𢦔	鉡	找	戢	
 璽彙 2373  璽彙 2372	  鄧冢墣戟 通考 325	 包山牘 1	 君析戟 集成 11214	 曾侯戟  曾侯戟  包山 61  包山 269	 曾侯乙戟  敓戟  曾侯乙戟 集成 11173  曾乙 6	 王四年相 邦張義戈 新收 1412  大良造鞅戟 集成 11279  雲夢 答問 85

賊

秦			齊			
	戜	鉽		戋	⿸㫃戔	⿸㫃戈
 雲夢 答問 86	 滕侯昊戈 集成 11123	 齊城左戟 新收 1983	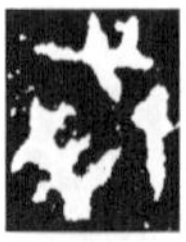 平阿左戟 集成 11158	 周公戟 周金文存 6・22・1	 十年洱 陽令戈 文物 1990.7	 九年閔令戈 雪二 121
 雲夢 爲吏 25		 齊城右造戟 集成 11815	 䧿雚戈 新收 1028	 六年安 陽令矛 集成 11562	 六年襄 城令戈 新收 1900	 七年宅陽 令隅登戟 古研 27
 里耶 8-574		 陵右戟 集成 11062	 郋左戈 新收 1097	 梁十九年 亡智鼎 集成 2746	 六年冢子 戟刺 文物 2015.2	 鄭往庫矛 集成 11507
			 裔窅敦年戟	 二年鄭令矛 集成 11563		

5791

戍

楚	秦	齊			晉	楚
		⿰鼎戈	⿰鼎戈	戝		⿱貝戈
 璽考 178	 里 J1⑨1 正	 司馬楙編鎛 山東 104	 温縣 T1K1：3797	 温縣 T1K1：3211	 温縣 T1K1：137	 上博三 彭 7
 清華二 繫年 45	 里耶 8-140 正			 温縣 T1K1：1961	 温縣 WT1K1：2667	
 清華二 繫年 041	 雲夢 雜抄 41					

5793 戲				5792 戰		
	楚	秦	晉		楚	秦
⿹戈壴				⿰嘼戈		
 郭店 性自 33	 清華三 芮良夫 4  清華五 三壽 25	 塔圖 142  珍秦 231  印典 2515 頁  珍秦 245  里耶 8-1094	 㚸蚉壺 集成 9734  璽彙 0071	 酓忎鼎 集成 2794  郭店 老丙 10  上博六 天乙 9  清華二 繫年 117  清華四 筮法 62	 郭店 成之 6  上博四 曹 13  上博九 陳 3	 雲夢 雜抄 36  關沮 190  關沮 228  里耶 5-29

5795 或　　5794 戜

齊	晉		楚	秦	秦	晉
 璽考 282	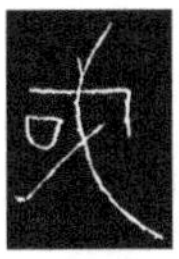 好盗壺 集成 9734	 郭店 語三 43	 郭店 老甲 2	 里耶 8-141 正	 關沮 337	 温縣 WT4K6：212
	 哀成叔鼎 集成 2782	 郭店 尊德 30	 上博二 魯 4	 雲夢 日乙 49		 璽彙 1368
		 上博四 曹 14	 上博七 凡甲 25			 璽彙 2961
		 上博四 曹 50	 上博一 緇 5			 璽考 244
		 郭店 尊德 31	 上博八 志 2			 璽彙 3154

5797 戩

5796 戮

		楚	晉		楚	秦
戗	𢦟		𣩚	𦒍	𣩚	
 上博九 邦 1  清華五 湯丘 13	 清華一 耆夜 1  清華一 祭公 12	 郭店 性自 42	 中山王鼎 集成 2840	 郭店 尊德 3	 帛書丙  信陽 1・01  上博七 君甲 9  上博七 君乙 8	 詛楚文 湫淵

5798 戈

秦

珍秦 240

楚

清華五 厚父 03

清華五 厚父 07

晉

魚顛匕 集成 980

5799 武

秦

四十八年上郡假守鼂戈 商周 17299

櫟陽矛 集成 11502

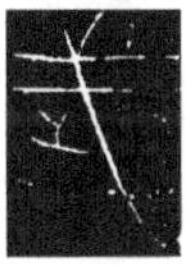
陶録 6・296・2

陶録 6・414・6

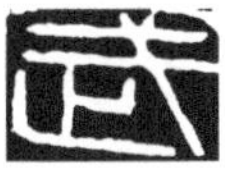
珍秦 237

楚

大武闢兵戈 集成 11063

楚王酓璋戈 集成 11381

郭店 窮達 4

包山 175

上博七 武 12

(no heading)

清華一 程寤 6

清華二 繫年 96

清華三 祝辭 3

清華五 三壽 22

晉

屭羌鐘 集成 161

武陽戈 集成 10908

中山王方壺 集成 9735

璽彙 1322

5800

戠

			楚	燕	齊	
 包山 59	 包山 18	 包山 128 反	 璽彙 0320	 武口睘小器 集成 10427	 武城戈 集成 10900	 璽彙 3445
 新蔡甲三 200	 曾乙 44	 包山 157	 璽彙 0309	 璽彙 0121	 璽彙 0150	 貨系 604
 包山 243	 包山 203	 新蔡甲一 27	 清華三 説命下 7	 璽彙 1321	 璽彙 0174	 貨系 607
 包山 248	 包山 206	 上博八 鶹 2	 郭店 六德 36	 璽考 90	 陶録 3・171・5	 貨系 622
			 包山 200			

5803 ⿺戈屮*	5802 ⿺戈从*	5801 戔				
楚	楚	齊		楚	齊	晉
戠		錢		⿰女戔		
 清華一尹至 5	 包山 167	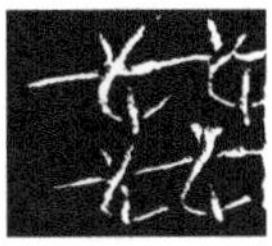 沂水陶文	 郭店成之 34	 鳥虫書箴言帶鉤	 陶録 3・410・1	 璽彙 2147
 清華一尹誥 2	 包山 169		 上博一性 23	 上博八顔 9	 璽考 56	 璽彙 0544
 清華三説命中 3	 清華一皇門 6			 郭店老甲 29	 璽彙 0157	
或釋「捷」、「殺」、「翦」。	 清華一楚居 3			 上博四曹 21	 璽彙 0154	
				 清華二繫年 110		

5808			5807	5806	5805	5804
⿱⿰歹戈衣*			⿰飠戈*	⿰圭戈*	⿰共戈*	⿰交戈*
楚			楚	楚	楚	楚
	弌	⿱㠯衣				⿰亥戈
 曾乙 4	 郭店 語三 26	 郭店 語三 28	 上博五 弟 10	 越王者旨 於賜戈 集成 11310	 昜戈 集成 11047	 章子戈 集成 11295
 曾乙 93	 郭店 語三 33	 郭店 語三 30	「以」、「司」雙聲符。	讀「癸」。	 上博四 曹 32	
	讀「治」。					

5809	5810	5811	5812	5813	5814	
⿰歹戈*	⿰奇戈*	⿰骨戈*	⿰虘戈*	⿰𣦼戈*	⿰爿戠*	
楚	楚	楚	楚	楚	楚	
						⿱⿰爿戠土
 望山 1・91	 郭店 老甲 29  郭店 老甲 31 讀「奇」。	 包山 267  包山 277	 郭店 性自 38 讀「察」。	 上博四 曹 51 讀「斯」。	 清華一 祭公 6 讀「畢」。	 清華一 金縢 9  清華一 金縢 13 讀「拔」。

5821 戟*	5820 義*	5819 ⿰壴戈*	5818 ⿰兒戈*	5817 ⿰耳戈*	5816 ⿰立戈*	5815 ⿹戈艸*
晋	晋	晋	晋	晋	晋	晋
壼						
 港印 61	 璽彙 3434	 璽彙 2356  港續 81	 温縣 T1K1－2204   朝歌右庫戈 集成 11182	 九年戈 集成 11283 讀「戈」。	 璽考 344	 璽彙 5658  璽彙 1718  璽考 297  璽彙 2313

5822	5823	5824	5825	5826	5827	5828
蕺*	戱*	戲*	戜*	戫*	戣*	戠*
晋	晋	晋	齊	齊	齊	燕
 璽彙 1499  璽彙 1271 或釋「蔑」。	 璽彙 0487  天印 12	 集粹 91	 陶録 2・111・1	 陶録 2・394・4  陶録 2・394・3	 陶録 3・487・3  陶録 3・487・2  陶録 3・487・1	 燕侯載器 集成 10583 讀「爭」。

5829 戉	5830 戚		5831 我			
楚	秦	楚	秦	楚		
 者梁鐘 集成 122	 詛楚文 湫淵	 信陽 1・25	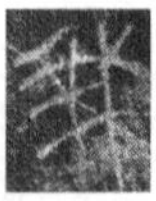 秦駰玉版	 郭店 老甲 32	 上博四 采 1	 清華三 芮良夫 28
 越王州句矛	 十鐘 3・26 上	 郭店 尊德 7	 珍秦 385	 郭店 五行 10	 清華三 祝辭 2	 清華一 尹誥 2
 清華二 繫年 111		 郭店 語一 34	 北大・從政	 上博一 緇 21	 清華五 湯丘 08	 清華一 祭公 1
 清華五 命訓 07		 清華五 啻門 09	 北大・從政	 上博二 民 11	 郭店 語四 6	 清華二 繫年 046
 清華五 命訓 07				 上博三 周 24	 上博四 柬 13	 書也缶 集成 10008

5832

義

		楚		秦	齊	晉
			羛			
 清華五 厚父 13	 上博六 天乙 6	 郭店 老丙 3	 嶽麓一 占夢 3	 陝西 890	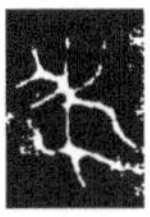 陳肪簋蓋 集成 4190	 郘𪒠鐘 集成 226
 清華五 命訓 02	 清華一 楚居 6	 新蔡零 207	 嶽麓叁 132	 故宫 448		 貨系 451
 清華五 三壽 16	 上博六 天乙 2	 郭店 尊德 4	 嶽麓叁 41	 里耶 8-135 正		 貨系 449
 清華三 琴舞 6	 上博六 天甲 3	 郭店 語一 53				
 清華二 繫年 048	 上博六 天乙 3	 左塚漆梮				

燕	晉					
		⿱我心	⿱我手	⿱羊⿰我乇	⿱羊⿰丂我	
 燕王詈戈 集成 11305  璽彙 0601  璽彙 2838  璽彙 2839	 璽彙 5606  璽彙 2119	 郭店 語三 9  郭店 語三 35  上博四 曹 33	 包山 129  新蔡乙一 15	 上博六 天甲 8	 郭店 唐虞 8	 包山 97  包山 101  包山 84  包山 66

5833 ㇃	5834 琴					5835 瑟
楚	秦	楚				秦
		鍪	翌	窒	盔	
 郭店老乙16	 里耶8-215正	 上博一孔14	 清華三琴舞1背	 清華三琴舞1	 郭店性自24	 傳105
讀「輟」。		 曾乙E61衣箱	 清華三琴舞2			 傳106

5837 亾　　5836 直

秦	晉	楚	秦			楚
				弃	[illegible]	[illegible]
 秦駰玉版	 璽彙 4001	 鳥虫書箴言帶鉤	 陶録 6・30・1	 璽彙 0279	 望山 2・49	 信陽 2・3
 雲夢日乙 251		 郭店唐虞 17	 關沮 244	 璽考 154	 上博一孔 14	 包山 260
 里耶 8-1716		 上博六天乙 4	 嶽麓叁 63	 郭店性自 24	 曾乙 E61 衣箱	 上博一性 15
 嶽麓一質二 34		 上博六天乙 5	 北大・算甲	亓亓  郭店六德 30		
 嶽麓叁 152			 里耶 8-63			

乚部　亡部

乍

楚	齊	晉				楚
			⿱亡死	⿱艹死	⿰歹亡	
 新造矛 通考 332	 无鹽戈 新收 1538	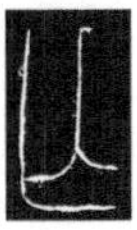 梁十九年亡智鼎 集成 2746	 上博四 曹 9	 上博五 鮑 1	 新蔡甲三 86	 郭店 老甲 13
 越王者旨矛 通考 74	 璽彙 0360	 中山王方壺 集成 9735	「死亡」之「亡」專字。	 上博五 鮑 2		 上博四 内 6
 曾姬無卹壺 集成 9711	 璽彙 3666	 璽彙 2506		 上博五 鮑 2		 清華一 保訓 8
 酓章鐘 集成 83	 璽彙 2209	 璽彙 2300		 上博五 鮑 5		 上博五 姑 1
 旟戈 集成 11047	 璽彙 3662	 璽彙 4766				 清華五 命訓 05

5840 匃　　5839 望

秦	楚	燕	齊	晉		
 珍秦 272	 郭店 語二 33	 燕王職戈 集成 11219	 禾簋 集成 3939	 周公戟 周金文存 6·22·1	 上博五 姑 6	 敓戟
 秦陶 1109	詳參卷八「朢」字。		 齊陳曼簠 集成 4596	 中山侯鉞 集成 11758	 清華二 繫年 001	 清華一 保訓 7
 里耶 8-157 正			 陶録 3·173·1	 璽彙 1715	 清華四 筮法 61	 清華一 皇門 9
			 陶録 3·636·2		 清華五 封許 02	 清華二 繫年 017
						 郭店 緇衣 2

5841 區

秦

十鐘 3・56下

楚

璽彙 0239

包山 3

郭店語三 26

清華一皇門 7

晉

璽彙 5312

5842 匿

齊

子禾子釜集成 10374

陶録 2・5・4

陶録 2・44・1

陶録 2・30・4

秦

雲夢效律 34

嶽麓叄 134

嶽麓叄 130

楚

包山 138反

郭店五行 38

上博六競 6

清華五厚父 05

清華五封許 06

5843 ⿷匚丙

秦

雲夢日甲 20反

北大・算丙

	5846 匹	5846 匹	5845 医	5844 匽	5844 匽	5844 匽
	楚	秦	燕	齊	晉	秦
駜						
 曾姬無卹壺 集成 9710	 郭店 唐虞 18	 雲夢 雜抄 28	 璽彙 0323	 陳璋圓壺 集成 9975	 杕氏壺 集成 9715	 珍秦 134
 曾乙 131	 上博一 緇 21	 里耶 8-1455 正		 璽彙 3757	 陶録 5・20・3	 陶彙 5・384
「馬匹」之「匹」的專字。	 清華五 封許 06			 陶録 2・388・3		 雲夢 日甲 81 反

	5850 匡	5849 匧			5848 匠	5847 匚
	楚	秦	齊	晋	秦	楚
筐						⿷匚金
 包山 70	 望山 2·48	 雲夢答問 204  雲夢答問 204	 璽彙 0234	 璽彙 3180	 秦 2000  傅 743  在京圖一 10  里耶 8-756	 清華五封許 07

	5855	5854	5853	5852	5851	
	匱	匬	𠥂	匴	匜	
楚	秦	秦	楚	秦	楚	晉
					鉈	
 包山 13	 里耶 8-244	 里耶 8-503	 曾乙衣箱	 雲夢日甲 62 反	 仰天湖 24	 九年承匡令鼎 考文 1994.4
 清華一金縢 6			 曾乙衣箱		 包山 266	 璽彙 4061
 清華一金縢 10						 山璽 002

5856	5857	5858	5859	5860	5861	5862
匣	柩	⿷匚堇*	医*	⿷匚乏*	⿷匚壬*	⿷匚孚*
楚	晉	秦	楚	晉	晉	晉
笚	匶					
 仰天湖 37	 中山王方壺 集成 9735 《説文》籀文作「匶」。	 陶録 6・81・4	 五里牌 406・8	 璽彙 2434	 陶彙 5・239  靈壽圖 18・4	 璽彙 3266

5869	5868	5867	5866	5865	5864	5863
⿷匚爻*	⿷匚坐*	⿷匚告*	⿷匚出*	⿷匚禾*	⿷匚心*	⿷匚文*
齊	晋	晋	晋	晋	晋	晋
 陶録 3・392・2  陶録 3・392・3	 璽彙 3186	 卓資趙國陶文	 八年相邦鈹 集成 11680  璽彙 0718	 中山王鼎 集成 2840 讀「委」。  璽彙 2315	 鑒印 25	 璽彙 3179

5874 曲		5873 ⿷匚遠*	5872 ⿷匚豆*	5871 ⿷匚易*	5870 ⿷匚多*	
楚	秦	燕	燕	燕	燕	齊
 鳥蟲書帶鈎  清華二繫年 055  璽考 149  郭店六德 43  清華五啻門 19	 秦風 26  集證 226・2  關沮 339	 璽彙 1655	 璽彙 0602  璽彙 0868  璽彙 2800	 璽彙 3208	 璽彙 2502  陶録 4・170・5	 陶録 2・535・2  陶録 2・535・3

5878 甗　5877 甄　5876 瓦　5875 甾

楚	秦	秦	秦	秦	齊	晉
钀						
 包山 266	 里耶 8-2246	 里耶 8-780  里耶 8-1143	 陶彙 5·384  陶録 6·189·2  關沮 327  里耶 8-135 正	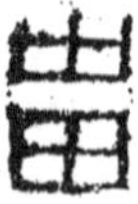 先秦編 613  先秦編 613  里耶 8-1107	 齊幣 354	 合陽矛 中原文物 1988.3  璽彙 4864  貨系 972  貨系 54

5879	5880				5881	5882
甕	弓				弭	弧
楚	秦	楚	晉	燕	楚	晉
盬						
 上博六木3  上博六木4	 上博32  里耶8-2200  秦都圖516	 曾乙68  上博三中5  清華三祝辭5  清華四筮法57	 璽彙3139	 璽彙3322	 新蔡零207	 左使車工弧鼎集成2092  左使車弧鬲集成0513 或釋「尼」。

5884 彊　　　5883 張

晉	楚	秦	燕	晉	楚	秦
 令狐君壺 集成 9720	 郭店 語三 46	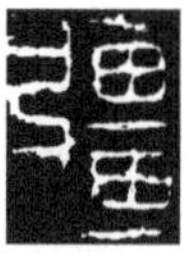 陶録 6・134・3	 九年將軍戈 集成 11325	 二十年 鄭令戈 集成 11372	 璽彙 2556	 珍展 88
 中山王方壺 集成 9735	 郭店 語三 48	 陶録 6・134・4	 璽彙 3861		 望山 1・1	 珍秦 176
 好蚉壺 集成 9734	 清華三 琴舞 5	 里耶 8-585	 璽彙 3422		 包山 95	 珍秦 173
 璽彙 0079		 雲夢 爲吏 37	 璽彙 0622		 郭店 窮達 10	 珍秦 175
						 珍秦 34
						 西安圖 212

5888		5887		5886	5885	
弛		弘		引	彎	
齊	楚	秦	楚	秦	秦	齊
弜						
 陶録 3・242・1	 曾乙 53	 里耶 8-1554 正	 九 A71	 雲夢 雜抄 8	 盛世 205	 陶録 3・493・3
 陶録 3・246・1	 曾乙 7		 清華三 祝辭 3	 關沮 244		
 陶録 3・245・3			 清華三 祝辭 4			
			 清華一 程寤 6			
			 清華五 厚父 11			

5891 發		5890 彈				5889 弩
楚	秦	齊			晉	秦
			⿰弓矦	弦		
 包山 141	 官印 0078	 璽彙 1479	 璽考 112	 洓縣戈 集成 11213	 六年大陰令戈 雪二 122	 官印 0078
 上博五 競 3	 里耶 8-104				 璽彙 0115	 傅 1448
 清華三 芮良夫 25	 里耶 8-141 正				 璽彙 0114	 里耶 8-151
 包山 143	 關沮 210				 璽彙 0116	 里耶 8-2345
	 雲夢 日乙 45					 嶽麓叁 99

5896 ⿰弓速*	5895 ⿰弓卑*	5894 ⿰弓发*	5893 ⿰弓乍*	5892 ⿰弓百*		
楚	楚	楚	楚	秦	齊	晉
 九 A43  九 A44	 清華三 説命上 2 讀「關」。	 新蔡甲三 356  新蔡零 193	 新蔡零 472 讀「作」。	 十鐘 3・41 下	 陳純釜 集成 10371  陳發戈 新收 1032  璽彙 3483  璽彙 0153	 洓縣戈 集成 11213  珍戰 15

5897	5898	5899	5900	5901	5902	5903
⿰弓坴*	⿰弓旨*	⿰弓卯*	⿰弓乍*	⿰弓魚*	⿰弓畾*	⿰弓同*
楚	晋	晋	晋	晋	晋	齊
	弲					
 曾乙 116 疑「甲」字異體。	 璽彙 2617	 程訓義 1-17	 璽彙 3255	 璽彙 1615	 程訓義 1-29	 陶録 3・638・2

5904	5905	5906	5907	5908	5909	5910
弳*	弽*	彁*	彇*	彏*	弜	弻
齊	燕	燕	燕	燕	晋	秦
						弜
 陶録 3・625・4  陶録 3・625・3	 璽彙 0849	 璽彙 3573	 璽彙 2626	 右内鐓 集成 11908  璽彙 5501	 珍戰 91	 里耶 8-361

5911

弦

楚	秦	齊				楚
			⿰弓攴	⿰弓敄	⿱弗力	
 上博六 用 12	 雲夢 日甲 27  里耶 8-458	 璽彙 3923	 清華三 說命上 1 《說文》「弼」字古文「」的省簡。	  新蔡甲三 271	 包山 51	 璽彙 5671  曾乙 32  清華三 說命下 3  清華三 琴舞 11  清華五 啻門 16

5913 孫　　5912 系

晉		楚	秦	晉	燕	
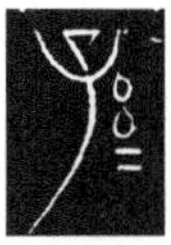 妤盗壺 集成 9734	 包山 45	 書也缶 集成 10008	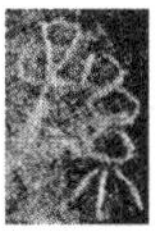 秦駰玉版	 陶録 5・33・4	 璽彙 1287	 曾乙 33
 八茉鳥柱盆 集成 10328		 新蔡零 313	 珍秦 273		 璽彙 3372	 上博五 三 1
 十三茉壺 集成 9686		 清華二 繫年 058	 里耶 8-2101			 清華二 繫年 046
 璽彙 1510		 上博四 曹 25	 北大・算甲			
 璽彙 1514		 清華一 金縢 3				

5915 繇　　　5914 縣

秦	楚	秦		燕	齊	
	綿					
 雲夢 秦律 117	 信陽 2・8	 于京 55	 璽彙 5346	 璽彙 1554	 陳侯因資敦 集成 4649	 璽彙 1522
 里耶 8-1539	 信陽 2・5			 璽彙 1541	 莒公孫潮 子鎛 山東 103	 璽彙 1538
 嶽麓一 爲吏 74	 信陽 2・19			 璽彙 3843	 陶録 3・610・1	 右㢑鼎 集成 2307
 北大・泰原	讀「縵」。			 璽彙 5564	 陶録 2・555・2	
 雲夢 爲吏 4						

	齊					楚
		係	⿸厂系	⿱係言		
 陶録 2・99・3  陶録 2・103・1  陶録 2・113・4  齊陶 0930  齊陶 0923	 陶録 2・22・4	 上博二 從乙 1 或釋「訊」。	 自鐸 通考 360	 曾乙 61  曾乙 115  上博六 壽 2  清華五 湯丘 05	 清華五 厚父 02  上博四 曹 20  上博六 用 7  清華二 繫年 080  郭店 尊德 9	 帛書乙  郭店 語一 1  郭店 成之 12  上博四 曹 42  包山 149

戰國文字字形表 卷十三

5918		5917		5916
繹		繭		系
秦	楚	秦	燕	秦
	絸			
 珍秦 72	 包山 268	 雲夢日甲 13 反	 貨系 3687	 里耶 8-205
 集粹 669	 包山 277	 里耶 8-96		
 陝西 579	 清華三琴舞 13			
 尊古 315	《說文》古文。			
 在京圖五 4				

5921　5920　5919

純　緬　緒

	楚	秦	楚	齊	楚	
 包山 267	 清華三 琴舞 16  清華三 芮良夫 16  信陽 2・08  仰天湖 2	 秦風 112	 左塚漆梮	 陶録 3・386・3  陶録 3・386・1	 包山 263  清華一 保訓 7	 雲夢 日甲 13 反

5924 經		5923 紙		5922 綃		
楚	秦	楚	秦	齊	晉	
					紺	絁
 郭店 太一 7  上博三 周 24  新蔡甲三 390  上博四 内 10  清華三 説命下 2	 雲夢 爲吏 41	 信陽 2·2	 吉大 128	 陳純釜 集成 10371	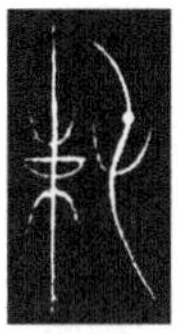 中山王方壺 集成 9735	 曾乙 65

5928	5927		5926	5925		
續	緯		紝	織		
楚	楚		楚	秦	齊	
		績				
郭店殘片 20 郭店語一 10	包山 259 包山 263 清華五三壽 21 郭店六德 43 上博三彭 2	上博九舉 20	清華一耆夜 3 清華三赤鵠 2 清華三赤鵠 3	傅 585 里耶 8-756 嶽麓一爲吏 69	齊陳曼簠集成 4596 陶彙 3・71	清華五厚父 07 清華五三壽 21 上博七武 15 曾乙 64 包山 268

5930 紀　　5929 ⿰糸式

晉		楚	秦	秦		晉
綛	絽				纘	
 璽彙 0560	 上博三彭 5	 郭店老甲 11	 秦風 58	 里耶 8-1520 正	 璽彙 0772	 璽彙 2908
 璽彙 1264	 上博三彭 5	 左塚漆梮	 陶録 6・24・1		 璽彙 1622	
 璽彙 0771	 上博六用 19	 上博四曹 26	 雲夢爲吏 49			
	 上博八李 1	 上博九舉 20	 雲夢日乙 23			
	 清華三芮良夫 7					

5933 納			5932 紿	5931 纇		
楚	燕	晉	秦	晉		齊
					絽	
 信陽 2・028	 璽彙 3094	 璽彙 1998	 嶽麓叁 82	 璽彙 3331	 璽彙 2611	 璽彙 2610
		 璽彙 2084	 北大・隱書		 璽彙 2301	 陶録 3・538・1
		 集粹 15			 山璽 166	

5935 絕　　5934 紡

		楚	秦	楚	秦	齊
[illegible]	𢇍	繼				
 上博五三16	 上博一緇22	 上博六用6	 里J1⑨981正	 曾乙15	 雲夢日甲112	 璽彙0226
 曾乙26	 清華二繫年066	 上博六用14	 關沮139	 包山268	 嶽麓一爲吏71	
	 上博七吳1		 雲夢日乙23	 郭店語三7		
	 清華五湯丘01			 新蔡乙四6		
	 上博九陳3					

5936

續

秦	燕	晋				
		䜌	䜌	䜌	䜌	䜌
 雲夢 日乙 198  雲夢 日乙 197  雲夢 日乙 199  里耶 8-50	 陶録 4・180・3	 中山王方壺 集成 9735	 上博五 弟 15	 望山 2・15  望山 2・17	 望山 2・09  郭店 老甲 1	 郭店 六德 29  上博一 孔 27  清華二 繫年 070

5937

紹

齊		晉		楚	晉	楚
	紹		綤	⿱卲糸	綽	綽
 璽考 60	 十二年少曲令戈 集成 11355	 集粹 172  珍戰 38  陶 古研 24	 酓忓盤集成 10158	 郭店 殘片 27	 璽彙 2604  璽彙 2605	 鄂州戈 文物 2004.10

5940 纞			5939 縱		5938 緼	
楚	齊	楚	秦		楚	
		縱			緹	⿰糹卯
 天策	 熊節 集成 12092	 上博五 鮑 4	 雲夢 答問 63	 璽彙 5485	 包山 220	 陶録 3・502・1
 天策		 上博八 志 1	 雲夢 秦律 5		 上博二 容 28	
		 上博八 志 5	 里耶 8-70		 清華三 祝辭 2	
		 清華三 芮良夫 7	 嶽麓一 質二 8		 郭店 成之 35	
					 清華一 楚居 2	

5945 總	5944 級			5943 繙	5942 細	5941 紆
秦	晉	楚	秦	楚	秦	晉
 雲夢秦律 54	 二年邦司寇肖□鈹  二年邦司寇鈹珍吴 211 讀「給」。	 郭店語四 5  上博五鮑 9  上博八子 1	 雲夢爲吏 7  里耶 8-702 背	 包山牘 1	 雲夢日乙 57  關沮 220	 璽彙 2600 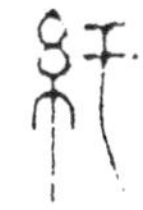 類編 483

5948		5947			5946	
纏		繚			約	
楚	秦	秦		楚	秦	晋
 上博四 曹 18	 陜西 659	 珍秦 24	 包山 271	 上博二 容 50	 雲夢 答問 139	 温縣 WT4K5：11
 上博四 曹 51		 集粹 461		 清華二 繫年 114	 關沮 315	 温縣 WT4K5：12
		 陶録 6·31·1		 上博九 成甲 3	 里耶 8-136 正	
		 陶録 6·31·3		 包山 268	 嶽麓叁 10	
		 里耶 8-537		 清華三 芮良夫 19	 嶽麓叁 19	

5951 結				5950 繯		5949 繞
秦	燕		晉	楚	齊	秦
 雲夢 日乙 47  里耶 8-197 正	 璽彙 1288  璽彙 2225	 七年大梁 司寇綬戈 新收 1330	 璽彙 2164 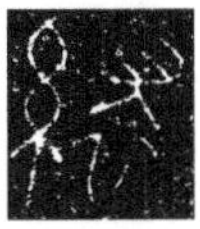 陶彙 6・92  璽彙 3180	 璽彙 5674  曾乙 123  曾乙 123	 陶録 2・518・1  陶録 2・515・2  陶録 2・516・1  陶録 2・516・4	 集粹 507  里耶 8-1066

5953 繃

5952 縛

	楚	楚	秦	齊	晉	楚
纆						
 包山 219	 包山 230	 郭店 窮達 6	 雲夢 答問 81	 陶録 3・249・1	 温縣 WT4K6：160	 仰天湖 5
 包山 244	 包山 242	 上博六 競 8	 北大・泰原	 陶録 3・249・3	 十一年方 子令趙結戈	 清華三 芮良夫 19
 清華三 説命上 2	 曾乙 68		 嶽麓叁 142	 陶録 3・249・4		 上博一 緇 13
	 曾乙 82					 上博七 凡甲 21
						 包山 277

		5956 終		5955 縪	5954 給	
	楚	秦	齊	楚	秦	齊
						綳
 上博六 用 20	 璽彙 1332	 雲夢 效律 30	 璽彙 2654	 曾乙 E66 衣箱	 雲夢 雜抄 17	 陶録 3・55・1
 清華一 耆夜 8	 郭店 老甲 15	 雲夢 日乙 246	 璽彙 3081	 清華一 耆夜 1	 里耶 8-2166 正	
 清華一 保訓 3	 上博二 容 6	 里耶 8-2390	 璽彙 3738	 清華一 耆夜 3		
 清華五 啻門 10	 上博一 緇 17			 清華一 祭公 9		
《説文》古文。	 上博三 周 18					

	5958	5957				
	縠	繒				
楚	秦	秦	燕	齊	晉	
縛						
 包山 263	 里耶 8-171 背	 十鐘 3.32 下  陶録 6・437・1  雲夢 封診 82  里耶 8-2204	 貨系 2882	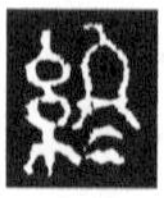 陶彙 3・1149  後李圖七 4	 貨系 474	 郭店 語一 49  曾侯乙鐘  帛書乙  上博三 中 24

5963 綾	5962 紬	5961 縞			5960 練	5959 縑
楚	秦	楚	齊	楚	秦	秦
紷						
 左塚漆梮	 雲夢封診 74	 曾乙 115	 璽彙 3714	 郭店五行 39	 陶録 6·443·3	 里耶 8-2516
 清華一金縢 10	 里耶 8-247	 仰天湖 2	 陶彙 3·786		 里耶 8-34	
 清華一金縢 6	 雲夢封診 83	 包山 261				

5966 絇　　5965 繡　　5964 縵

齊	晉	楚	楚	秦	楚	秦
		约				
 鄭约盒 新收 1076	 璽彙 1189  璽彙 2623  程訓義 1-116	 清華一 楚居 4	 包山 262	  雲夢 秦律 110	 郭店 性自 45  清華二 繫年 106	 傅 586  傅 587  里耶 8-15

5970 綠			5969 絹	5968 緀		5967 繪
楚		楚	秦	楚	楚	秦
	綃					
 望山 2・47  包山 269  包山牘 1  上博一孔 10  上博一孔 16  包山 262	 望山 2・2  包山 267  包山 277  包山牘 1	 信陽 2・13  信陽 2・15	 秦風 221	 上博三周 38  上博三周 41 讀「次」。	 仰天湖 7 讀「給」。	 里耶 8-1243

5975 繒		5974 綰		5973 絀	5972 絑	5971 縹
楚	晉	秦	楚	秦	齊	秦
纅	絹					[illegible]
 信陽 2・21  信陽 2・21	 璽彙 1211  璽彙 1379  集粹 129  鴨雄 034	 陝西 599  集粹 725  陶録 6・361・1  里耶 8-1537  嶽麓叁 243	 帛書乙	 珍秦 213	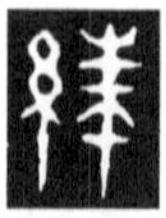 璽彙 1573  璽彙 1574  包山 177  包山牘 1	 雲夢日甲 80 反

	5978 紅		5977 紫			5976 緹
楚	秦		楚		楚	秦
		⿰巿此		⿰色是		
 信陽 2・13	 雲夢 雜抄 18	 曾乙 124	 信陽 2・15	 望山 2・49	 信陽 2・02	 雲夢 封診 21
 望山 2・48	 里耶 8-621	 新蔡乙四 6	 曾乙 62	 包山 58	 包山 259	
 仰天湖 17			 曾乙 108			
			 包山 271			
			 包山牘 1			
			 望山 2・06			

5985	5984	5983	5982	5981	5980	5979
纚	縟	緂	緌	緇	繰	縹
楚	秦	楚	晋	楚	楚	秦
				紂		纂
 包山 164	 秦都圖 356	 望山 2・21  信陽 2・15	 璽彙 2639	 上博一緇 1	 仰天湖 33  曾乙 66	 雲夢爲吏 36  雲夢封診 78  珍秦 275  嶽麓一爲吏 77 《説文》或體。

纓

			齊		楚	秦
緊	績	纈	繯	纍	緮	
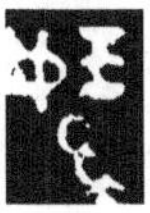 陶録 2·208·1  陶録 2·209·1	 陶録 2·161·1  陶録 2·161·3	 陶彙 3·283  陶録 3·417·5	 陶録 3·416·4  陶録 3·416·1	 郭店老乙 5  郭店老乙 6  郭店老乙 6 讀「驚」。	 璽彙 1573  璽彙 5623  包山 277  新蔡甲三 170  清華五封許 06	 珍秦 309

紳 5989				緄 5988		紻 5987
		楚		楚	晉	楚
		繡	緦			
包山 150	包山 159	清華二繫年 040	包山 268	信陽 2·7	二十七年戈 文物 1993.8	璽彙 5478
上博四曹 36	包山 190	清華二繫年 005		望山 2·06	璽彙 3786	包山 67
上博六莊 4	清華五命訓 13	上博六莊 6		包山 268	璽彙 5680	天策
		清華三芮良夫 3		曾乙 123	陶録 5·65·1	天策
		璽彙 1932			璽考 268	

5991 組　　5990 綬

		楚	秦	晉	秦	齊
⿰絲且	緮					
 新蔡甲三 31	 新蔡甲三 253  上博五 弟 15	 信陽 2·7  包山 267  包山 259  包山 277	 雲夢 雜抄 18  雲夢 雜抄 17  里耶 8-756 正	 七年大梁司寇綬戈 新收 1330  珍戰 97	 陶録 6·24·4  里耶 8-1169	 陳侯因資敦 集成 4649

5994 紟	5993 組	5992 綸				
秦	楚	楚	秦	齊		
絟				纋	纋	緝
 里耶 8-566	 天策	 上博三彭 2  上博六用 6	 秦印  里耶 8-1502	 璽彙 3921	 仰天湖 17	 曾乙 64  曾乙 71

	5999 紃	5998 絛	5997 紴	5996 緥	5995 緣	
楚	楚	楚	楚	楚	秦	楚
綪				⿱保糸		絵
 仰天湖 2	 曾乙 11  望山 2・13  信陽 2・11  包山 268	 包山牘 1	 包山 119 反  包山牘 1	 上博七吳 2	 雲夢封診 82  雲夢封診 83  里耶 8-145 正  嶽麓一占夢 6	 信陽 2・12  仰天湖 3  包山 254  左塚漆梮  包山 262 《說文》籒文，讀「錦」。

6000 纕

楚

郭店成之18

讀「讓」。

燕

纕安君鈚 集成9606

鐵雲127

璽彙2237

璽彙3908

6001 纗

楚

天策

6002 縷

秦

北大·白囊

楚

仰天湖15

包山259

清華五三壽25

信陽2·12

上博三周45

6003 縫

秦 絳

嶽麓一爲吏71

楚 絳

仰天湖16

包山268

6009 緱		6008 纍	6007 絬	6006 繕	6005 絝	6004 組
秦	楚	秦	齊	秦	秦	楚
 秦風 158	 上博六慎 5	 秦集二四・45・2  北大・從軍	 陶録 3・133・2  陶録 3・133・1  陶録 3・132・3	 雲夢秦律 122  雲夢雜抄 41  里耶 8-569  嶽麓一爲吏 17	 里耶 8-1356  嶽麓叁 152	 望山 2・6  仰天湖 23

			6012 縈		6011 繩	6010 紉
晉		楚	秦		楚	楚
	紫			纓		
 滎陽上官皿 文物 2003.10	 上博六 競 9	 盛君固 集成 4494	 里耶 8-792	 左塚漆梮	 包山牘 1	 郭店 六德 31
 璽彙 0926	 上博四 內 8	 曾乙 E66 衣箱		 清華一 皇門 11	 上博九 陳 20	 郭店 六德 31
 璽彙 4046	 清華一 尹至 4	 上博六 用 1		 清華三 芮良夫 19		讀「恩」。
 璽考 119	 清華三 芮良夫 1	 新蔡甲三 327-2		 清華三 芮良夫 20		 上博九 陳 17
		 上博五 三 14				

6015	6014					6013
縢	絇					緎
秦	楚	秦	燕		楚	秦
絭				纖		
 秦風 139  陶録 6·8·1	 仰天湖 23	 陝西 573  里耶 8-913	 右佐緎錐形器 集成 10452 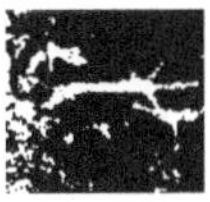  廿四年銅梃 集成 11902	 清華五湯丘 04	 鄂君啓舟節 集成 12113  包山 157  曾乙 152  新蔡零 271	 里耶 8-913

齊	晉					楚
	絣	綉	⿰糸乘	絭	絣	
 璽彙 3827  齊陶 1206  齊陶 1207	 鑒印 21	 包山 270  包山 270	 天策	 上博五鬼 7  上博二容 51	 望山 2・02  包山 277  清華三芮良夫 24  清華一祭公 20	 曾乙 126  包山 186  清華一祭公 4  清華三説命上 2

6018 繁　6017 綊　6016 維

	楚	楚	燕	齊	晉	楚
緐						
 上博一緇10  郭店緇衣18  清華五封許06  上博六用19 《說文》籀文。	 鄂君啓車節集成12111  包山90  上博二容19	  仰天湖12	 璽彙0880  璽彙3957	 璽彙0225  陶録2・166・1  陶録2・674・2	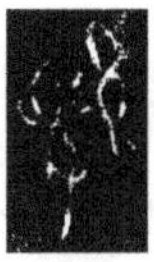 二十五年戈集成11324  二十三年司寇矛集成11565 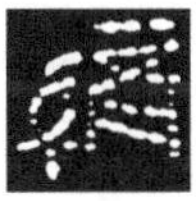 六年襄城令戈	 曾乙123  信陽2・18

6020 紛　　　6019 繮

楚	齊	楚	燕	齊	晉	
				緈		纛
 包山 260  郭店 老甲 27  包山 271	 陶録 2・216・2  陶録 2・216・4  齊陶 0027  齊陶 0081  齊陶 0159	 新蔡甲二 27	 陶録 4・28・2	 辟大夫虎符 集成 12107  貴將軍虎節	 璽彙 3276  研究 76  研究 76	 清華四 別卦 2 讀「責」。

	6023	6022			6021	
	繑	緪			紖	
楚	秦	楚			楚	
緰					紳	繽
 帛書乙	 關沮 340	 上博三周 28	 曾乙 56	 清華三說命上 2	 曾乙 61	 曾乙 53
	 關沮 341	 上博三周 28	 曾乙 38		 包山 271	 曾乙 64
					 包山牘 1	
					 上博一孔 2	

6028 紙		6027 絡	6026 絮		6025 緍	6024 繴
秦	楚	秦	秦	楚	秦	秦
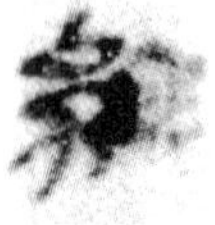 雲夢 日甲 61 反	 天策  天策	 雲夢 雜抄 17  雲夢 雜抄 18  里耶 8-158 正	 雲夢 日乙 195  雲夢 封診 82	 郭店 老丙 3  郭店 緇衣 29  郭店 六德 38  清華五 三壽 10  上博一 緇 15	 雲夢 秦律 110	 嶽麓一 爲吏 75

6033	6032	6031			6030	6029
絺	績	縌			繫	絜
晋	楚	楚			楚	楚
	絿	繡		繇		
 璽彙 2602	 清華五 厚父 01	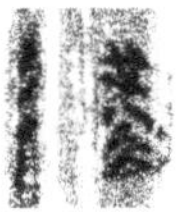 信陽 2・7	 清華二 繫年 134	 上博七 凡甲 15  清華四 別卦 1	 上博三 周 40  清華二 繫年 120	 璽考 185  上博三 周 57

6039 ⿰糸封	6038 綆		6037 経	6036 緰	6035 緦	6034 綌
秦	楚		楚	秦	晋	楚
⿱封糸	綘	𢀖	⿰衤至			
	 信陽 2·4	 郭店成之 8	 郭店窮達 3	 雲夢語書 10	 歷博 23	 上博六用 18
 雲夢秦律 75					 璽考 283	 上博六用 20
 嶽麓一爲吏 15						 上博九陳 12
						 輯存 65

6042 綢		6041 繆	6040 絜			
楚	齊	秦	秦	齊	楚	
					絆	絆
 包山牘1  曾乙133	 陶録 2・141・2  陶録 2・142・1  陶録 2・158・1  陶録 2・280・2	 詛楚文 湫淵  里耶8-70  嶽麓叁97  雲夢 封診82  雲夢 封診83	 雲夢 語書10  雲夢 爲吏2  嶽麓一 爲吏44  北大・祓除  嶽麓叁148	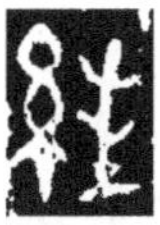 陶録 2・71・1  陶録 2・71・2  陶録 2・71・3	 曾乙9	 詛楚文 湫淵

6043 綏

秦

嶽麓叁 149

楚

望山 2・60

仰天湖 7

曾乙 88

包山 277

6044 彝

晉

璽彙 1414

楚

曾姬無卹壺
集成 9711

酓章鎛
集成 85

酓章鐘
集成 83

清華一
皇門 7

清華五
厚父 06

###

清華五
封許 06

蔿子受鐘
通考 302

晉

中山王方壺
集成 9735

齊

禾簋
集成 3939

拍敦
集成 4644

6045	6046	6047	6048	6049	6050	6051
緻	紋*	綘*	綝*	緈*	縈*	纍*
楚	秦	秦	秦	秦	秦	秦
 信陽 2・12  包山 270  包山牘 1  清華二 繫年 134	 雲夢 秦律 126 讀「盭」。	 雲夢 秦律 5 讀「近」。	 秦都圖 427	 雲夢 日乙 194 讀「皋」。	 雲夢 封診 82 讀「裝」。	 嶽麓叁 136

6055 紋*				6054 紌*	6053 ⿱楙糸*	6052 ⿱微糸*
齊	楚	齊	晉	楚	秦	秦
㛂						
 陶録 3·500·3	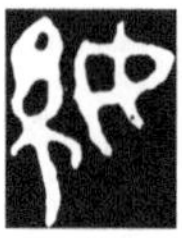 璽彙 3596	 陶録 2·750·1	 璽彙 5558	 九 A36  郭店 緇衣 3 讀「忒」。  郭店 殘片 2	 北大·隱書	 嶽麓一 爲吏 58

6056 絁*		6057 ⿰糸乇*	6058 ⿰糸亢*	6059 ⿰糸市*		6060 ⿰糸反*
楚	晉	楚	楚	楚	齊	楚
紽	紽					
 上博五 季3 讀「施」。	 璽彙0495  璽彙1040  璽彙1614	 包山277  包山牘1 或疑讀「橐」。	 上博三 彭8  左塚漆梮  上博七 吴2  清華三 芮良夫7 讀「綱」。	 新蔡甲三 220	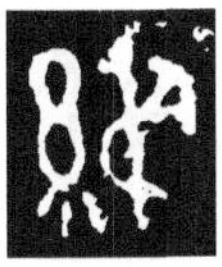 陶録 3·83·1  陶録 3·84·3  陶録 3·82·4  陶録 3·82·1	 信陽 2·12  信陽 2·12 讀「鞶」。

6061	6062	6063	6064	6065	6066	6067
⿰糹夭*	⿰糹父*	⿰糹牙*	紻*	⿰糹巿*	⿰糹疋*	⿰糹丹*
楚	楚	楚	楚	楚	楚	楚
  望山 2・61 或讀「襖」。	 上博五 鮑 7 讀「黼」。	 郭店 語三 48 讀「邪」。	 九 A109	  曾乙 131	 郭店 六德 27 讀「疏」。  上博七 鄭乙 5	  望山 2・48 讀「丹」。

6074	6073	6072	6071	6070	6069	6068
紊*	紝*	紿*	絓*	紻*	絉*	紺*
楚	楚	楚	楚	楚	楚	楚
 郭店緇衣 44 讀「著」。	 信陽 2・13 或讀「玉」。	 包山 263  包山 2:443-1 號簽牌 或讀「帕」。	 包山 267  包山 277 或讀「青」。	 望山 2・8  望山 2・25 讀「織」。	 清華三說命下 9 讀「墜」。  清華三琴舞 1 讀「墜」。  清華三芮良夫 7 讀「術」。	 包山 263

6080	6079	6078		6077	6076	6075
綉*	织*	䋈*		絼*	絔*	綦*
楚	楚	楚	燕	楚	楚	楚
			緛			
 仰天湖 18  包山 254  包山 261 讀「韜」。  包山 259	 仰天湖 2  仰天湖 3  仰天湖 8 讀「緹」。	 包山 267 讀「筵」。  上博六用 16	 璽彙 2320  璽彙 2407	  曾乙 95	 仰天湖 23 讀「貊」。	 上博七鄭乙 5  上博七鄭甲 5 讀「供」。

6081	6082	6083	6084	6085	6086	
⿰糸聿*	⿰糸坴*	⿰糸㡀*	綼*	⿰糸屆*	⿰糸來*	
楚	楚	楚	楚	楚	楚	
					纏	續
 郭店 緇衣 30 讀「紼」。	 曾乙 88	 郭店 語三 55 讀「幣」。	 包山牘 1	 包山 268	  包山 275	 信陽 2・07  信陽 2・23 讀「繡」。

6093	6092	6091	6090	6089	6088	6087
縝*	⿰糸畏*	綺*	⿰糸㫺*	綾*	緒*	綧*
楚	楚	楚	楚	楚	楚	楚
		絅				
 望山 2・24	 包山 268	 仰天湖 2	 清華五 湯丘 13	 上博九 舉 8	 清華二 繫年 39	 上博四 曹 33
讀「禛」。	 包山 275	 包山 263	讀「㫺」。		讀「都」。	或讀「敦」。
	或疑讀「緌」。					

6094	6095	6096	6097	6098	6099	6100
緮*	緰*	緸*	緥*	緣*	緧*	緭*
楚	楚	楚	楚	楚	楚	楚
 曾乙 124  曾乙 133	 包山 100	 包山 56	 包山 267  上博五鮑 3 讀「短」。	 信陽 2・4 讀「旞」。	 望山 2・2  信陽 2・2 讀「繡」。	 清華一楚居 6 讀「延」。

6101	6102	6103	6104	6105	6106	6107
縊*	⿰糸⿰皀人*	縸*	⿰糸⿱囟巴*	⿰糸冡*	⿱兌糸*	⿰𠦝糸*
楚	楚	楚	楚	楚	楚	楚
綝						
 清華四 筮法 48  清華四 筮法 50	 上博五 競 10 讀「弋」。	 上博六 用 14  上博六 用 20 讀「莫」。	 曾乙 10	 包山牘 1 讀「蒙」。	 清華二 繫年 48 讀「脫」。	 清華五 啻門 08 讀「歡」。

6108	6109	6110	6111		6112	6113
緘*	縺*	繽*	纏*		繝*	繿*
楚	楚	楚	楚		楚	楚
				䌳		
 包山 270  包山 271 讀「鏞」。	 包山 259  仰天湖 13 讀「巾」。	 仰天湖 20 讀「黄」。	 新蔡乙四 6	 包山 268 或讀「橐」。	 天策	 上博三周 5 讀「鞶」。

6114 繿*	6115 纀*	6116 繡*		6117 縺*	6118 繶*	6119 縮*
楚	楚	楚		楚	楚	楚
			繡			
 信陽 2・2	 仰天湖 7  曾乙 129  包山 271  包山牘 1 讀「纂」。	 包山簽牌 24	 包山 115  包山 231	 仰天湖 25	 望山 2・6 讀「犆」。	 清華五湯丘 05 讀「適」。

6120	6121	6122		6123	6124	6125
⿰糸童*	⿰糸僉*	繲*		⿰糸虘*	⿰糸疐*	⿰糸廌*
楚	楚	楚		楚	楚	楚
 包山 272 或讀「幢」。  上博六用 2 讀「重」。  港甲 9  上博八李 2	 仰天湖 9  九 A43	 上博三周 37  上博三周 37 讀「解」。	 上博四曹 16	 曾乙 66  曾乙 31 或讀「纑」。	 上博六用 16 讀「質」。	 清華四別卦 4 讀「解」。

		6130	6129	6128	6127	6126
		⿰糸⿸厂隹 *	纆 *	儇 *	纘 *	⿰糸厭 *
齊		楚	楚	楚	楚	楚
⿰糸⿸厂隹	⿰糸進					
 璽彙 0584	 清華一祭公 5 讀「膺」。	 包山 85  璽彙 5480  上博六競 8	 上博五鮑 3  上博五鮑 3 讀「墨」。	 上博二容 44 讀「圜」。	 望山 2・8  望山 2・23 讀「綴」。	 包山 259 讀「厭」。

6137 絅*	6136 紟*	6135 纀*	6134 繿*	6133 緆*	6132 繻*	6131 繆*
晋	晋	楚	楚	楚	楚	楚
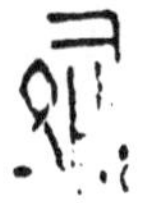 珍戰 125	 温縣 WT1K1：3687	 郭店老丙 7 讀「淡」。	 上博五三 14 讀「隆」，或讀「繩」。	 仰天湖 2 或隸作「纆」。	 望山 2・8  包山 268	 郭店老甲 21 讀「穆」。  仰天湖 23 讀「繆」。

	6138 ⿰糹刈*	6139 絆*	6140 絟*		6141 紶*	6142 緣*
齊	晋	晋	晋		晋	晋
 璽彙 4033	 少府盉 集成 9452	 璽彙 4074 或釋「絆（鮮）」。	 璽彙 0769  璽彙 2580	 璽彙 2962  璽彙 3353	 璽彙 0768  璽彙 2457  璽彙 4339	 璽彙 2876

6149	6148	6147	6146	6145	6144	6143
縒*	綸*	緎*	絵*	綎*	絿*	絚*
晋	晋	晋	晋	晋	晋	晋
 璽彙 1415	 璽彙 0498  璽彙 3020	 程訓義 1-119	 璽彙 2307	 璽彙 4059	 中山王方壺 集成 9735	 璽彙 1847

6156	6155	6154	6153	6152	6151	6150
紎*	綫*	練*	緦*	緭*	緫*	綷*
齊	晋	晋	晋	晋	晋	晋
					総	
 陶録 2・95・4	 璽彙 1908	 温縣 T4K11：17	 温縣 WT1K14：572	 璽彙 2601	 璽彙 0767  程訓義 1-65  璽彙 3094	 璽彙 2613

6157	6158	6159	6160	6161	6162	6163
⿰糸刅*	紘*	緁*	⿰糸宓*	縀*	⿰糸乙*	⿰糸牛*
齊	齊	齊	齊	齊	燕	燕
	綰					
 陶録 3・200・1  陶録 3・200・2  陶録 3・201・1	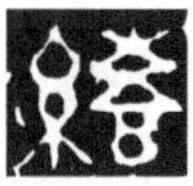 璽彙 0342	 陶彙 3・1101	 陶録 3・492・4	 陶録 3・388・4  陶録 3・389・1  陶録 3・390・4  歷博 52・6 或即「紋」。	 璽彙 5614	 璽彙 3943

6167				6166	6165	6164
𦅸				繛	素	纏*
楚	秦	晉	楚	秦	楚	燕
	緩			綽		
 包山 96  包山 189  上博二容 1  上博八蘭 2  上博九陳 11	 珍秦 337  珍秦 162  秦風 96  里耶 8-39	 温縣 WT4K6：212  璽彙 2920  璽彙 5575  璽彙 0496	 上博八蘭 3	 陝西 740  里耶 8-787	 天策	 璽彙 2606

6169 [䜌+曰]

6168 絲

楚	晉		楚	秦	齊	
					緩	[緩+心]
 望山 2・13	 璽彙 2662	 上博一緇 15	 望山 2・6	 雲夢封診 82	 陶彙 3・1141	 上博三中 17
 曾乙 64			 信陽 2・2	 里耶 8-254	 陶録 2・327・1	 上博三中 13
			 郭店緇衣 29	 北大・白囊		

6170 虫		6171 蛕		6172 雖		
秦	楚	晋	楚	齊	秦	楚
			蝨			蜼
 雲夢 日乙 116	 上博八 蘭 3	 魚顛匕 集成 980  璽彙 1099	 清華一 耆夜 7  清華五 三壽 26	 不口善戈 古研 19	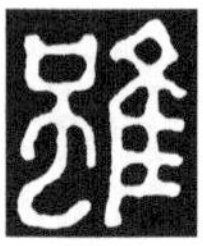 新郪虎符 集成 12108  集粹 525  雲夢 效律 21  雲夢 爲吏 22  北大・從政	 清華四 筮法 39 讀「惟」。

6173 虺	6174 蟜	6175 蚰	6176 蚩	6177 蠆		
秦	秦	楚	楚	晋	秦	楚
		蚩				蠆
 珍秦 304 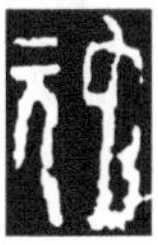 陶録 6・440・1	 珍秦 211	 包山 21	 包山 81  包山 82	 璽彙 3524	 嶽麓一占夢 19	 包山 185  包山 190

6178

蠐

晉	楚
蠐	臍
 輝縣 6	 璽考 347

6179

强

晉	秦	楚		
盗		弫		
 妤盗壺 集成 9734	 十鐘 3・22 上	 包山 18	 郭店 殘片 5	 上博六 慎 2
 璽彙 1842	 雲夢 雜抄 8	 郭店 語四 25	 上博五 姑 9	
 璽彙 2731	 里耶 8-1259 正	 左塚漆梮	 清華二 繫年 050	
 珍戰 238		 上博六 天甲 13	 清華五 三壽 21	
		 郭店 老甲 6		

6180

蜀

晋	楚	秦	燕		齊	晋
				弫		[illegible]
 璽彙 3302	 郭店 老甲 21	 二十六年 蜀守武戈 集成 11368	 璽彙 2749	 陶録 2・13・2	 璽彙 0336	 温縣 WT1K17：129
	 上博八 李 1	 蜀西工戈 集成 11008	 璽彙 3553	 陶録 2・14・1	 璽考 282	
	 清華一 皇門 10	 雲夢 封診 46	 貨系 2342	 陶録 2・14・2	 陶録 2・85・3	
	 清華三 說命下 10	 里耶 8-1041	 西泠 11 下右	 陶録 2・14・3		
	 上博六 孔 15					

6185 蜆		6184 蠪	6183 蠰	6182 螻	6181 蠲	
楚	晉	秦	楚	楚	楚	燕
蟲					蜀	
 郭店 老甲 33	 璽彙 2730  璽彙 3049  鴨雄 047	 秦風 229  雲夢 日甲 50 反  雲夢 日甲 51 反	 望山 1・2	 信陽 2・3  上博八 蘭 3	 上博五 鮑 3  上博六 天乙 7	 璽彙 3346

6186 [illegible]	6187 蚩		6188 䖟	6189 [illegible]		6190 蝕
楚	楚	晋	秦	楚	晋	秦
蟀		[illegible]			蠚	
 清華一 耆夜 9	 上博五 鬼 7	 魚顛匕 集成 980	 雲夢 秦律 86	 郭店 老甲 33	 温縣 WT4K6：315	 雲夢 答問 65
 清華一 耆夜 10				 清華三 赤鵠 9		 嶽麓叁 183
 清華一 耆夜 13						 嶽麓一 爲吏 58

	6191	6192	6193	6194	6195	6196
	蟄	蛩	蟨	蝠	蠻	蠥
楚	秦	楚	燕	秦	秦	楚
⿰金蚤		⿱亟虫				⿱宀胃
 包山 210  包山 227	 雲夢 日甲 142 反	 郭店 語四 18	 燕侯載作 戎戈 集成 11383	 關沮 321	 里耶 8-1484 正	 上博五 競 7

	6202 蚘*	6201 蟄*	6200 蟚*	6199 蜸*	6198 䖟*	6197 蟋
楚	秦	秦	秦	秦	秦	楚
蚤						𧈢
 郭店 尊德 28  上博六 競 10	 新蔡甲三 143  新蔡甲三 182-2  上博五 鬼 7	 陶録 6·56·1	 嶽麓一 占夢 19 讀「蠭」。	 秦駰玉版 讀「賢」。	 里耶 8-1470 正	 清華一 耆夜 9  清華一 耆夜 10  清華一 耆夜 11  清華一 耆夜 3

6203 蚈*		6204 蚛*	6205 ⿱羊虫*		6206 ⿹戊虫*	6207 ⿱一⿵冂虫*
晉	楚	楚	楚		楚	楚
				⿱羊䖵		
 魚顛匕 集成 00980	 郭店 語四 18	 曾侯乙鐘	 清華五 三壽 10	 清華五 三壽 15	 清華五 厚父 01	 上博二 容 3
		讀「申」。	讀「祥」。	讀「祥」。	讀「逌」。	或讀「疣」，或讀「禿」。

6212 蝠*	6211 蛆*	6210 蚖*	6209 蠥*		6208 蟡*	
燕	燕	燕	楚		楚	
				⿱爲䖵		蠠
 陶録 4·158·1  璽彙 3322  璽彙 3452 或認爲左从「奐」。	 璽彙 3267 或認爲左从「奐」。	 璽彙 2514  璽彙 3489 或認爲左从「奐」。	 清華三 琴舞 8 讀「舉」。	 郭店 老甲 32 讀「化」,《説文》「逶」或體。	 郭店 唐虞 21  郭店 唐虞 21  郭店 忠信 2	 帛書乙

6215 蠽			6214 蠶			6213 蚰
楚	楚		秦	晉	楚	秦
		朁				
 新蔡零 435  上博八蘭 3	 上博四采 3	 關沮 368  關沮 369	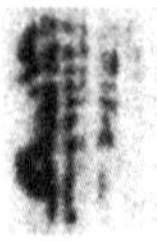  雲夢日甲 94	 魚顛匕集成 980	 上博六用 5	 雲夢日甲 74 反  雲夢秦律 2  嶽麓一占夢 40

6220 蠡	6219 蠹			6218 蜜	6217 蠭	6216 蚤
秦	秦			楚	秦	秦
		省	畬	窨		
 集粹 673	 雲夢 效律 42	 璽彙 0348	 郭店 六德 25  郭店 殘片 11  上博六 孔 12  上博八 成 7	 包山 257  包山 255  上博一 孔 28  上博五 季 19  璽考 164	 雲夢 秦律 2	 雲夢 日乙 135 讀「早」。

6226	6225		6224	6223	6222	6221
⿱軍䖵 *	⿱鬼䖵 *		⿱可䖵 *	⿱本䖵 *	⿰古䖵 *	蠢
楚	楚	晉	楚	楚	楚	秦
 上博五 鮑 8 讀「煇」。	 清華一 祭公 3 讀「魂」。	 温縣 WT1K1：2667	 上博二 容 19  上博六 競 6 讀「苛」。  清華三 赤鵠 9 讀「疴」。	 郭店 語一 49 讀「本」。	 清華一 祭公 15 讀「辜」。	 雲夢 日甲 47 反

6227	6228	6229	6230			
⿱侃䖵*	⿱㐭䖵*	⿱𣎆䖵*	⿱女䖵*			
楚	楚	楚	晋	齊		
						⿰彳⿱女䖵
 上博三 周 50	 信陽 1・4	 曾侯乙鐘	 七年安陰令戈	 陶録 2・79・3	 齊陶 0798	 陶録 2・66・1
讀「衍」。		讀「羸」。		 桓臺 41	 陶録 2・81・1	 齊陶 0796
				 齊陶 0783		 齊陶 0797

	6235 蟲		6234 蝨*	6233 [illegible]*	6232 [illegible]*	6231 [illegible]*	
楚	秦		齊	燕	晉	晉	燕
 包山 191	 鴨雄 281		 璽彙 5690	 陶録 2・149・1	 璽考 294	 璽彙 2945	 璽彙 4138
 郭店老甲 21	 雲夢日甲 74 反			 陶録 2・109・3	 璽考 294	 璽彙 2944	
 上博八志 4	 雲夢答問 179			 陶録 2・108・2		 珍戰 110	
				 齊陶 0880		 程訓義 1-18	

		6238		6237	6236	
		風		蟲	蠹	
		楚	秦	楚	燕	齊
				蛊	蜚	
 清華一 金縢 9	 清華五 三壽 05  清華三 芮良夫 21	 上博一 孔 27  上博五・弟 4  上博八 命 2	 雲夢 效律 42  雲夢 日乙 107  嶽麓一 爲吏 86  北大・日乙	 上博三 周 18  上博三 周 18	 璽彙 3845 《説文》或體。	 璽考 67

蟲部　風部

		6243 它	6242 飁*	6241 ⿰風孚*	6240 ⿰風皮*	6239 颺
楚		秦	楚	楚	楚	楚
	蛇					
 郭店 老甲 33  上博二 容 20  上博七 吳 8  上博五 姑 5  上博九 靈 3	 北大・祓除	 雲夢 日乙 137  璽印 94  里 J1⑯5 背  里耶 8-2551  北大・醫方	 上博七 凡甲 14  上博七 凡乙 9 或讀「吸」。	 清華一 耆夜 7 或讀「覆」。	 上博七 凡甲 14  上博七 凡乙 9 讀「披」，或讀「噓」。	 清華一 祭公 8 讀「揚」。

6247 蛇*	6246 蛇*	6245 蛇*	6244 蛇*			
晉	楚	楚	楚	齊	晉	
 璽彙 1446	 天策  天策	 天策  天策	 上博三中 14 讀「蛇」。	 齊幣 418 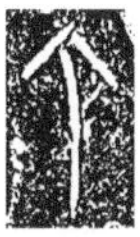 陶録 3・623・2	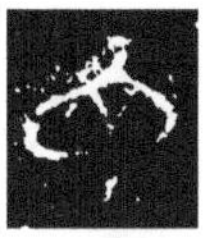 三十四年鄭令矛集成 11560  陶録 5・111・1	 郭店六德 14  郭店忠信 7

6248		6249	6250	6251		6252
龜		⿱曾龜*	⿰龜古*	⿰龜舍*		⿱髟龜*
楚		楚	楚	楚		楚
					⿰龜余	
 鄂君啓車節 集成 12112  郭店 緇衣 46  上博四 柬 1  上博四 曹 52  上博六 天乙 11	 新蔡零 245  清華五 厚父 08  清華五 三壽 11  上博九 卜 2  上博一 緇 24	 信陽 2・28  郭店 窮達 7  左塚漆梮  新蔡乙二 8	 新蔡甲三 115	 新蔡甲一 25	 新蔡甲三 8 或讀「繹」。	 包山 85  新蔡甲三 3

6253		6254	6255	6256	6257	6258
⿱埜龜*		⿱⿰㞷斤龜*	⿱⿰?昜龜*	⿱⿰㞷糸龜*	⿱霝龜*	⿱⿰王萬龜*
楚		楚	楚	楚	楚	楚
	⿱蓺龜					
 新蔡甲三157  新蔡甲三204  新蔡乙三20 或讀「繹」。	 包山199  新蔡乙四130 或讀「繹」。	 包山125	 包山82  包山124  包山194	 包山103	 望山1·88  新蔡甲三115  新蔡乙四34	 新蔡乙四98 讀「蠇」。

6264	6263	6262		6261	6260	6259
鼃	蠅	鼉		鼈	黽	䵷*
秦	楚	晉	楚	秦	秦	楚
	蠅		鼅			
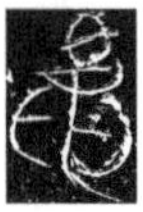 四十八年 上郡假守 鼃戈珍銅 88  集粹 579  珍秦 345  風過 22  里耶 8-1783	 上博一 孔 28	 邵黛鐘 集成 226	 上博二 容 5	 雲夢 秦律 5	 大良造鞅鐓 集成 11911  珍展 142  秦風 99	 新蔡乙四 98 或讀「俛」。

6267	6266	6265				
二	⿰卵疐*	卵				
秦	楚	楚		秦		
			⿱䜌卵			
 西安圖 209	 曾乙 18	 包山 265	 雲夢 秦律 4	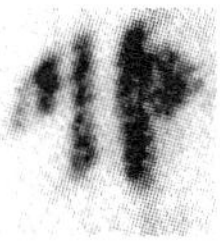 雲夢 日甲 74	 輯存 213	 風過 258
 里耶 8-60 正	 曾乙 126	 望山 2・53		 雲夢 日乙 185		 風過 022
 北大・九策	 曾乙 137	 上博二 子 11				 風過 259
 北大・算甲		 上博四 逸・交 3				 篁齋 66
		 上博四 逸・交 4				 珍展 172

卵部　二部

燕		齊	晉			楚
	弍				弍	
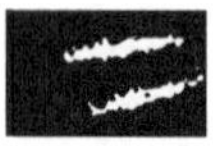 九年將軍戈 集成 11325  貨系 2877 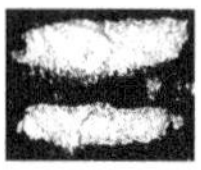 歷博 燕 20	 少司馬耳杯 新收 1080  陶録 3·171·6	 齊明刀 考古 1973.1	 象牙干支籌 文物 1990.6 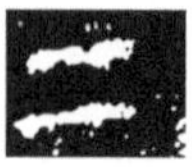 二年戟 集成 11364  貨系 2488	 郭店 五行 48	 郭店 語三 67  清華一 程寤 6  上博九 史 2  清華四 筮法 20 《說文》古文。	 郭店 緇衣 47  上博五 鮑 2  清華二 繫年 096  清華四 筮法 48

6269	恆			6268	亟	
楚	秦	晉		楚	秦	
			亟			式
 璽彙 5700	 秦風 133	 温縣 WT1K1：3556	 清華三 赤鵠 9	 郭店 唐虞 19	 秦駰玉版	 纕安君扁壺 集成 9606
 新蔡甲三 44	 秦風 134	⿰彳亟		 上博六 用 8	 雲夢 日乙 59	 璽彙 1238
 郭店 魯穆 1	 雲夢 日乙 134	 温縣 WT1K1：3687		 包山 129	 里耶 8-41	
 包山 231	 里耶 8-1073 正			 清華五 命訓 05	 里耶 8-1523 背	
 清華五 湯丘 02	 雲夢 爲吏 12			 清華五 命訓 03	 嶽麓一 爲吏 9	

齊		晉				
亟		亟	亟		[illegible]	[illegible]
 陶録 3・614・1	 璽彙 2675	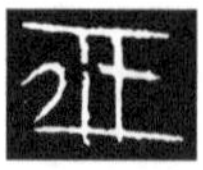 六年格氏 令戈 集成 11327	 郭店 老甲 13  新蔡甲一 22  左塚漆梮  包山 201  上博九 舉 29 《説文》古文。	 上博九 陳 7	 郭店 緇衣 32  上博六 天乙 7  上博六 天甲 7  左塚漆梮  清華三 芮良夫 5	 包山 233

6270 亘

晉
 璽考 111

6271 竺

楚
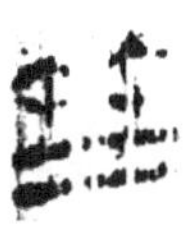 仰天湖 35
 郭店 老甲 9
 新蔡甲三 377
 上博二 容 9
笙
 上博三 周 22 讀「畜」。

6272 凡

齊	秦	楚		
				㕯
 齊陶 0281	 新郪虎符 集成 12108	 曾乙 120	 上博五 季 20	 上博七 凡乙 1
	 雲夢 日乙 135	 包山 204	 上博六 天乙 1	 清華三 芮良夫 9
	 里耶 6-1 正	 郭店 成之 22	 上博六 天乙 1	 上博七 凡甲 3 背
	 里耶 8-19	 郭店 語一 48	 清華五 命訓 13	 清華一 金縢 13
	 北大・算甲	 清華三 芮良夫 17		 清華四 筮法 1

土

燕	齊	晉	楚	秦	燕	晉
 璽彙 1666	 公子土斧壺 集成 9709A	 土勻錍 集成 9977	 左塚漆梮	 雲夢 日乙 45	 先秦編 559	 璽彙 3296
 璽彙 2837	 陶録 2・497・1	 哀成叔鼎 集成 2782	 郭店 緇衣 13	 關沮 346	 先秦編 559	 貨系 179
 先秦編 573	 陶録 2・496・1	 三晉 72	 上博五 弟 8	 里耶 8-1146		
	 陶録 2・601・1	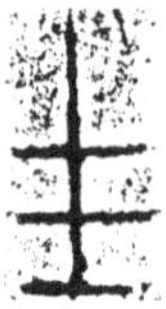 三晉 124	 清華一 皇門 6	 北大・泰原		
			 包山 243	 北大・祓除		
				 北大・白囊		

6274

地

晉					楚	秦
墬	坨	⿱它土	墬		⿰阝⿱它土	
 好䖵壺 集成 9734	 包山 149	 郭店 語一 12	 郭店 忠信 5	 郭店 太一 1	 郭店 六德 4	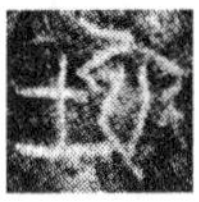 秦駰玉版
 行氣玉銘	 郭店 語四 22		 郭店 忠信 4	 上博七 凡甲 11	 包山 219	 秦風 180
 璽彙 3549	 清華二 繫年 16			 上博七 凡甲 17	 上博二 容 8	 雲夢 日乙 106
 璽彙 2737				 上博七 凡乙 22	 清華一 金縢 5	 里耶 8-412
				 清華五 啻門 03	 上博六 用 9	 嶽麓叁 63

6277 坡　　6276 堣　　6275 坤

晋		楚	楚	晋	楚	
	坡			⿰立申		⿰阝⿱昆土
 兆域圖版集成 10478	 包山 188	 工尹坡盌商周 6060	 仰天湖 8	 温縣 WT4K6：211	 清華四筮法 39	 璽彙 1345
	 清華二繫年 114		 仰天湖 31	 璽彙 1792	 清華四筮法 40	 璽彙 1705
			 郭店唐虞 14	 玉存 31	 清華四筮法 40	 程訓義 9-63
			 郭店窮達 11	 璽彙 2574	 清華四筮法 44	
			 上博六競 7	 璽彙 1914	从「大」，「昆」聲。	

6278

坪

晉					楚	
						坡
 三十二年 坪安君鼎 集成 2764	 左塚漆梮	 郭店 尊德 34	 上博一 孔 4	 坪夜君鼎 集成 2305	 曾侯乙鐘	 三十二年 鄭令矛 集成 11555
 坪安君鼎 集成 2793	 包山 203	 清華三 芮良夫 12	 包山 200	 競平王之定 鐘集成 37	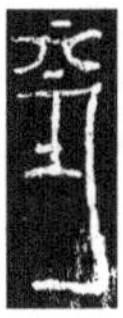 曾侯乙鐘	 璽彙 2161
 璽考 109	 包山 240	 清華五 三壽 07	 包山 184	 郭店 老丙 4	 曾乙 67	 璽彙 3256
 貨系 4075		 上博五 鮑 8	 包山 138	 清華一 楚居 12	 璽彙 0102	 珍戰 49
		 上博六 平 1	 清華二 繫年 92	 上博一 孔 2	 上博四 昭 5	

均

晉			楚	秦	燕	齊
	[illegible]	[illegible]				
 六年大陰令戈 雪二 122	 郭店唐虞 2  上博二容 30  清華五三壽 23	 包山 43  郭店尊德 34  清華三芮良夫 9  清華五三壽 17	 郭店老甲 19  新蔡甲三 349  清華三芮良夫 9  清華五命訓 13	 雲夢爲吏 4  雲夢答問 187  里耶 8-197 正	 璽彙 0013  貨系 2329  坪□睘小器集成 10425  陶録 4・177・1  璽彙 0003	 高平作戈集成 11020

6281 塙　　6280 壤

楚	秦	齊				
		坰	𢙼	䇶	坰	竘
 包山 37  包山 176  包山 27  包山 21	 雲夢封診 78  北大・白囊	 陶録 2・549・4  陶録 2・549・3	 璽彙 2873  璽考 253  璽考 270	 璽彙 0520  璽彙 1964  璽彙 3019  璽彙 0784  陶彙 9・23  璽彙 2604	 璽彙 1021  璽彙 2470  璽考 269	 璽彙 1129

6284 6283 6282

坴 埴 壚

晉	楚	燕	楚	齊		晉
坴	坴		壚		高	臺
 歷刊 1979 1 璽印	 上博五 競 1	 璽考 81	 上博二 容 1	 陶録 2・421・2  陶録 2・431・2  陶録 2・429・2  後李 圖三 12	 璽彙 2976  璽彙 3766	 珍戰 17

6288 垣			6287 基	6286 投	6285 塊	
秦	齊	楚	秦	晉	晉	齊
	坖	坖	坖		魄	⿱穴土
 上郡守戈 集成 11404  珍秦 274  雲夢 日乙 92  嶽麓叁 242  嶽麓一 爲吏 1	 陶録 3・326・2  陶録 3・326・3	 包山 168  郭店 語四 14  上博五 三 5  上博七 鄭甲 5  清華五 三壽 20	 嶽麓一 爲吏 72	 璽彙 2570 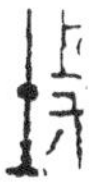 珍戰 115  集粹 94	 璽彙 1695	 平陸左戟 集成 11056  平陸戈 集成 10926

6290 堵			6289 圪			
晉	楚	秦	楚		燕	晉
			⿱气土	隉	⿰亶巨	
 璽彙 0124  璽彙 3443	 璽彙 1328  新蔡乙四 92	 雲夢雜抄 40	 上博四曹 46	 璽彙 0191	 武垣睘小器 集成 10427	 垣上官鼎 集成 2242  首垣鼎  璽考 113  貨系 4034  貨系 1657 省體。

6293 堪		6292 堨	6291 壁			
晉	秦	晉	楚	秦	齊	
						⿰𩫏者
 集粹 72	 里 J1⑨7 背	 璽彙 3454	 包山 218	 雲夢日乙 259	 陶録 2·4·1	 邵黛鐘集成 233
	 里耶 8-2030 背	 璽彙 3003	 上博八命 5	 雲夢日甲 156 反		

堂

	晉				楚	秦
⿱丷立		坐		⿱尚立		
 璽彙 0123  璽彙 3442  璽彙 5421  璽彙 3549  天幣 180	 兆域圖版 集成 10478	 清華三 祝辭 1 《說文》古文。	 上博五 姑 7  上博五 競 10	 鄂君啓車節 集成 12112  郭店 性自 19  上博六 孔 17  上博七 武 2  清華四 筮法 14	 清華一 程寤 3  清華三 赤鵠 3	 雲夢 封診 79  里耶 8-1063  里耶 8-2249

6298 坐			6297 在	6296 垷	6295 㮣	
秦	齊	晉	秦	晉	秦	齊
		杜		晛		
 雲夢效律 54	 節可忌豆新收 1074	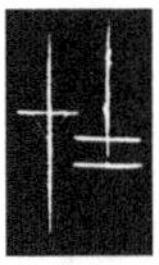 中山王方壺集成 9735	 雲夢日乙 164	 璽彙 1532	 秦集一四 19・1	 璽彙 3999
 雲夢效律 52		 杕氏壺集成 9715	 雲夢爲吏 13	 璽彙 4076		
 里耶 8-144 正		 璽彙 1856	 里耶 8-265			
 嶽麓叁 30		 璽彙 0305				

	6301 堤		6300 坦		6299 填	
晉	秦		楚	齊	楚	楚
		壇				
 璽印 歷刊 1979.1	 雲夢 秦律 23	 清華一 金縢 2	 九 A57  包山 132  清華一 金縢 2	 貴將軍虎節 新收 1559	 曾乙 10  帛書甲 讀「媧」。	 包山 243 與「跪」一字分化。

6302 壎

6303 封

晉		楚		秦	齊	楚
	佳	垟	垟		塤	壦
 璽彙 0839	 上博七凡甲 4	 上博二容 18	 嶽麓一占夢 38	 珍秦 174	 陶録 2·643·1	 包山 83
 璽彙 2496	 上博七凡乙 4	 新蔡乙四 136		 陶録 6·174·3	 陶録 2·643·2	《玉篇》古文。
		 清華二繫年 130		 陶録 6·56	 陶録 2·643·3	
		《說文》籀文。		 陶録 6·56		
				 里耶 8-375		

	齊					
		敊	畫	尌	墙	鼓
 璽彙 5706  錢典 983  東亞 6 15  起源圖版 26	 陶録 3・478・6  陶録 2・650・4 《說文》古文。	 貨系 2486	 啓封令戈 集成 11306  貨系 3945	 中山王鼎 集成 2840  中山王方壺 集成 9735	 集粹 139  璽彙 4091  璽彙 0861	 鑒印 28

6304

璽

		楚			秦	燕
		鈢				
 璽考 156	 璽彙 0160	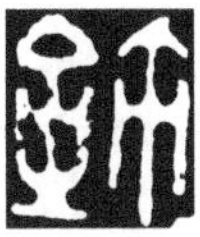 璽彙 0343	 璽彙 4623	 雲夢 日甲 25 反	 珍秦 114	 璽彙 4091
 璽考 168	 璽彙 0135	 璽彙 0165		 雲夢 日乙 194	 珍秦 20	 璽彙 3319
 璽考 177	 璽彙 0228	 璽彙 0279		 雲夢 日乙 195	 珍秦 282	 陶録 4・188・4
 璽考 173	 璽考 170	 璽彙 0137			 陝西 576	
 包山 13		 璽彙 0346			 秦集一 一・1・1	

			齊			晉
			鉨	⿰𧾷尔		坾
 璽彙 0064	 璽考 282	 璽彙 0223	 璽彙 1906	 珍展 22	 璽彙 3345	 璽彙 3340
 璽考 68	 陶録 2・218・3	 璽考 53	 璽彙 3233		 珍戰 211	 璽彙 0341
	 陶録 2・23・1	 璽彙 5539	 璽彙 0657		 港續 258	 璽彙 3927
	 桓臺 41	 璽彙 0028	 璽彙 0331		 步黟堂 311	 璽彙 4622
		 璽彙 5555	 璽彙 0233			 璽考 146

6305

墨

晉		楚	秦			燕
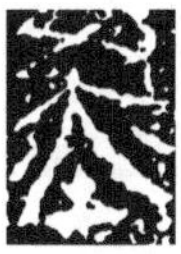 陶録 5・110・6	 析君戟 集成 11214	 上博六 用 3	 秦集二 二 30・1	 璽彙 5258	 璽考 91	 璽彙 0003
	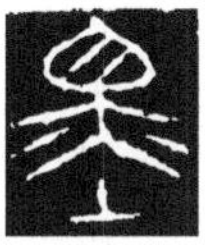 璽彙 5477	 上博九 卜 7				 璽彙 0159
	 曾乙 46	 清華二 繫年 77				 璽彙 0287
		 包山 192				 集拓 2・1
		 新蔡零 213				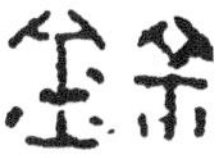 璽彙 0158

6310 型	6309 ⿰墨喬*	6308 ⿰墨敢*	6307 ⿰墨旨*	6306 ⿰墨夬*		
楚	楚	楚	楚	楚		齊
					⿱罒⿱土亏	
 郭店老甲16  上博一緇14  左塚漆梮  上博四曹2  上博五季20	 包山98  包山107	 曾乙170  曾乙174	 包山151	 包山74  包山152	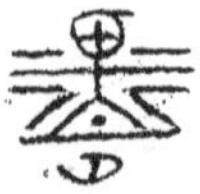 先秦編394  齊幣69  貨系2525  齊幣287	 璽考60  節墨華戈集成11160  陶録2・33・2  齊幣048

	晋					
埶		苗	芏		[illegible]	埶
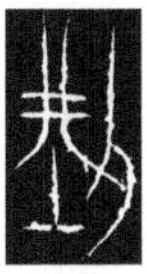 中山王鼎 集成 2840	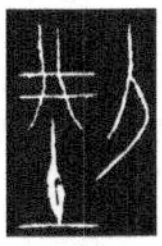 妤蚉壺 集成 9734	 九 A87	 郭店 老乙 12  上博四 曹 21	 包山 228  包山 226  包山 162  上博七 吴 4	 曾侯臘鐘 江謹考古 2014.4  上博四 昭 1  新蔡乙一 11  包山 208	 郭店 性自 52  郭店 成之 39  上博五 三 11  清華五 湯丘 12  上博七 凡乙 1

城

		楚	秦	燕	齊	
				[illegible]	[illegible]	
 郭店 老乙 13	 上博二 民 8	 鄂州戈 文物 2004.10	 詛楚文 巫咸	 璽彙 3820	 齊陶 1414	 璽彙 2573
 郭店 太一 3	 上博四 曹 15	 郭店 老甲 17	 陶録 6・305・2			
	 包山 175	 清華一 祭公 6	 傅 1457			
	 清華一 耆夜 9	 清華一 金縢 6	 里耶 5-17			
	 上博九 陳 17	 上博四 曹 1	 雲夢 日乙 43			

		齊			晉	
	𩫨		𩫨			𩫨
 齊陶 0430  齊陶 0446  齊陶 0455  齊陶 0507	 武城戈 集成 11024  璽彙 3751  陶録 2・580・1  陶録 2・568・3  陶録 2・590・3	 成陽辛城 里戈 集成 11155  昌城右戈 集成 10998  武城戈 集成 10900  璽彙 0150	  比城戟 《説文》籀文。	 三晉 54  先秦編 604  貨系 1081  先秦編 603	 屭羌鐘 集成 157  八年新城 大令戈 集成 11345  六年陽城 令戈 華夏考古 1991.3  陶録 5・43・1	 包山 2  新蔡甲三 8  新蔡乙一 32

6314 埤		6313 增			6312 墉	
秦	晉	楚	秦		楚	燕
					𩫖	
 雲夢 雜抄 41	 温縣 T1K1-3060	 九 A50  上博五 三 19	 雲夢 雜抄 41  里耶 8-1839	 郭店 六德 21  曾侯乙鐘	 曾侯乙鐘	 燕侯載簋 集成 10583  燕王職壺 新收 1483  璽彙 0017  璽彙 1889  陶録 4・211・1

6317 埱	6316 圣	6315 塞				
秦	齊	晋		楚	秦	楚
		窻	寒			
 雲夢 答問 28	 陶録 3・1・3	 璽彙 0691	 清華五 命訓 05	 上博二 民 7	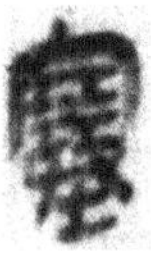 雲夢 雜抄 41	 上博五 三 14
 雲夢 封診 76	 陶録 3・2・1			 上博二 民 11	 里耶 8-461 正	 上博七 凡乙 7
 嶽麓叄 54				 新蔡零 281	 里耶 8-461 正	 清華三 赤鵠 15
 嶽麓叄 53					 嶽麓一 爲吏 1	

6321 堊		6320 壘	6319 垑			6318 墠
齊	晉	楚	楚		晉	楚
				䇕		
 堊戈 集成 10824  大堊公戟 集成 11051	 十三年𨟻 陽令戈 集成 11347	 包山 190	 九 A48  九 A49	 三年蒲子戈 集成 11293	 鴨雄 024	 郭店 成之 28

			6323			6322
			壞			毀
		楚	秦		楚	秦
⿰韋⿱帚止	⿰土眔			⿱日王		
 清華三 芮良夫 18	 郭店 唐虞 28	 郭店 緇衣 41	 廿一年相 邦冉戈 集成 11342	 郭店 窮達 14	 鄂君啓車節 集成 12112	 雲夢 日甲 61
 清華三 芮良夫 19			 傅 1279		 郭店 語一 108	 雲夢 日乙 196
			 雲夢 雜抄 40		 上博二 從甲 18	 北大・泰原
			 雲夢 日乙 112		 清華三 説命中 6	
			 雲夢 日乙 41		 左塚漆梮	

6330	6329	6328	6327	6326	6325	6324
堋	坏	坥	垤	塿	坼	坷
楚	楚	齊	秦	齊	秦	楚
		墟			墌	
 郭店語四 14  上博三中 25  上博六天乙 10  上博六天甲 10	 上博六慎 3	 璽彙 3328	 關沮 371	 辟大夫虎符集成 12107  貴將軍虎節新收 1559	 傅 900  傅 901	 包山 99  包山 100

	6331	6332	6333		6334	
	墓	壟	塲		圭	
	楚	齊	楚	晉	秦	楚
	蓦					
 上博一 緇 23	 上博四 昭 5  清華二 繫年 016	 乍冢壟戈 遺珠圖 144	 璽彙 0099  璽彙 2565  包山 122	 璽彙 2566	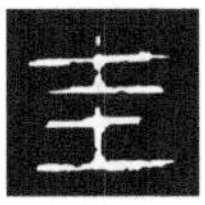 詛楚文 湫淵  秦駰玉版	 上博二 魯 3

6337 坳	6336 塗	6335 垂				
楚	楚	齊	秦	齊	晉	
墺	坌					珪
 新蔡甲三 392	 上博三周 33	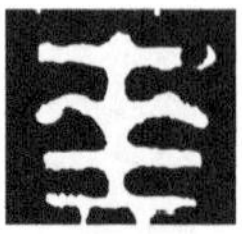 璽彙 1562	 里耶 8-660 背	 陶録 3・294・2	 温縣 T1K1∶1845	 郭店緇衣 35
		 陶録 2・560・4			 温縣 WT1K14∶572	 新蔡零 207
		 陶録 2・702・4				 上博一緇 18
						 清華一金縢 5
						 清華一金縢 5
						《説文》古文。

6344	6343	6342	6341	6340	6339	6338
坂*	圽*	圩*	垄*	圩*	巻*	坊
楚	楚	楚	楚	楚	秦	齊
 曾侯乙鐘  曾侯乙鐘	 新蔡零 115	 包山 263	 冶紹車飾 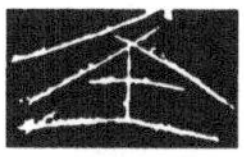 石垄刃鼎  包山 157  貨系 4153 讀「鍾」。	 望山 2・56	 塔圖 137  塔圖 137  塔圖 137 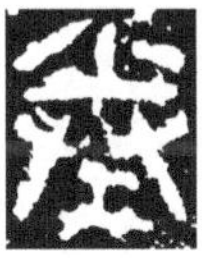 塔圖 137	 陶録 3・639・1

6345	6346		6347	6348	6349	6350
𡋯*	坢*		坱*	坲*	坉*	圾*
楚	楚	晉	楚	楚	楚	
 曾仲蔿鎮墓獸座 通考 341	 上博五 姑 1  上博五 姑 6  上博五 姑 10 讀「郤」。	 十一年令少曲慎录戈 雪二 116	 郭店 太一 7 讀「缺」。	 望山 1・124	 郭店 老甲 9 讀「沌」。	 清華二 繫年 29

6351	6352	6353	6354	6355	6356	6357
里*	𡉀*	圤*	坐*	坭*	㞩*	坴*
楚	楚	楚	楚	楚	楚	楚
 上博六 平 7 讀「淑」。	 新蔡甲三 408	 曾乙 208	 清華三 赤鵠 13  清華三 赤鵠 14 或釋「埱」。	 上博三 周 2 讀「泥」。	 上博九 舉 5	 郭店 語一 95  上博九 邦 2

6358 垎*			6359 ⿱召土*	6360 ⿰阝坐*		6361 ⿱我土*
齊	楚	晉	楚	晉		楚
		圣				
 山璽 001	 包山 170 「隙」之異體。	 襄公鼎 集成 2303  湖南 17  湖南 23	 清華二 繫年 101 讀「召」。	 璽彙 2579	 璽彙 2578  璽彙 2577 或釋「殷」。	 上博一 緇 1 讀「儀」。  上博九 舉 6

6368	6367	6366	6365	6364	6363	6362
塐*	埕*	坴*	埮*	埴*	埇*	坙*
楚	楚	楚	楚	楚	楚	楚
 帛書甲	 璽彙 0204  璽彙 5589	 清華二繫年 16 讀「墳」。	 望山 2・56  上博四昭 3 或讀「掩」，或讀「斂」。	 上博五姑 1	 上博四曹 61 讀「勇」。	 清華一祭公 7  清華五三壽 20 讀「修」。

6369	6370	6371	6372	6373	6374	6375
垔*	堛*	塼*	墨*	塧*	塼*	墬*
楚	楚	楚	楚	楚	楚	楚
 上博五 三 5  上博五 三 6 讀「坼」。	 包山 95	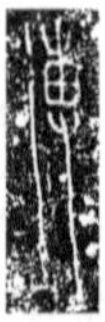 曾侯鵬鐘 江漢考古 2014.4  上博四 昭 4 讀「祔」。  上博六 競 4 讀「迫」。	  上博一 性 29 讀「隱」。	 九 A39 讀「益」。	 上博六 莊 3 讀「傳」。	 上博四 相 4 讀「慫」。

6376	6377	6378	6379	6380		
𡑒*	𡑙*	塊*	𡒄*	坔*		
楚	楚	楚	楚	晋	齊	
 清華二繫年 44 讀「踐」。	 清華二繫年 82 讀「洍」。	 上博五鬼 8 讀「愧」。	 上博九陳 18 讀「坎」。	 錢典 793 讀「幾」。	 璽彙 0265  璽彙 0336 讀「祈」。  陶録 2・339・3  陶録 2・748・4 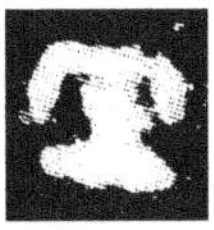 齊陶 0713	 齊陶 1097  齊陶 0716

6384 坢*	6383 巻*	6382 坓*	6381 青*			
晋	晋	晋	晋			燕
 璽彙 2302	 封成 19	 璽彙 5147	 璽彙 0844	 陶録 4・55・1	 陶録 4・58・3	 璽彙 2286
	讀「完」。	 璽彙 5149			 陶録 4・58・4	 輯存 10
		 璽彙 5152				 歷博 燕 20
						 歷博 燕 48
						 歷博 燕 86

6390		6389	6388	6387	6386	6385
壚*		垚*	⿰土冒*	墌*	𰛚*	垧*
晋		晋	晋	晋	晋	晋
增	⿱㞢土					
 璽彙 0115  璽考 107	 陶彙 9・25	 璽彙 2127	 璽彙 0171	 璽考 210	 璽彙 2568	 璽彙 2125

6397	6396	6395	6394	6393	6392	6391
𡋲*	𡉏*	均*	坴*	圴*	𡐓*	𡑞*
齊	齊	齊	齊	齊	晋	晋
 陶録 2・242・1  陶録 2・551・1	 璽彙 3923	 璽彙 3239  陶録 2・9・4  陶録 2・20・4  歷博・齊 4	 璽考 31	 陶録 2・679・4	 璽彙 2575	 璽彙 1917

6404	6403	6402	6401	6400	6399	6398
垦*	堌*	墿*	堉*	坴*	埰*	垙*
燕	齊	齊	齊	齊	齊	齊
 璽彙 0186  璽彙 0188  璽考 81 讀「駬」。	 陶録 3・333・2  陶録 3・331・2  陶録 3・332・5	 陶彙 3・164  陶彙 3・165  齊陶 0769  齊陶 0778	 璽考 44	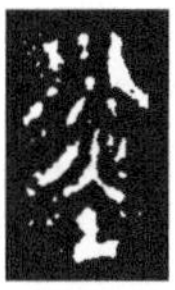 陶録 3・339・2  陶録 3・339・1  陶録 3・339・4 與《説文》「赤」古文形同。	 齊陶 1258	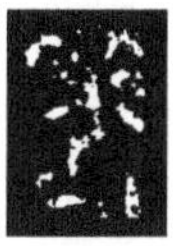 陶録 3・295・6

6408 堇				6407 堯	6406 垚	6405 堹*
秦	齊			楚	燕	燕
 北大·道里  雲夢 日甲 72	 璽彙 0262	 郭店 窮達 3  上博二 容 6  上博二 容 9  清華一 保訓 7  上博九 舉 23	 郭店 唐虞 6  郭店 唐虞 14	 郭店 六德 7  上博二 子 2  上博四 曹 2  清華三 良臣 1 《說文》古文。	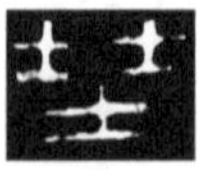 丙辰方壺 西清 19·3	 璽彙 3880  璽彙 2222  璽考 313

6409

里

	齊	晉	楚	秦	齊	楚
 齊陶 0796	 成陽辛城里戈 集成 11154	 中山王鼎 集成 2840	 璽彙 0178	 璽彙 3232	 齊陳曼簠 集成 4595	 郭店 老乙 9
 陶録 2・393・3	 璽考 66	 新鄭圖 40	 郭店 語一 32	 塔圖 140		 郭店 老甲 24
 陶録 2・671・1	 璽彙 3122	 璽彙 0066	 清華二 繫年 033	 西安圖 194		 上博五 三 7
 陶録 2・292・2	 陶録 2・50・4	 璽彙 3985	 上博二 容 26			 清華一 皇門 3
 齊陶 1138	 齊陶 0948		 包山 141			 清華一 金縢 11

	6411 野			6410 釐		
		秦	晋	楚	秦	燕
𡐨	埜		𨤲	𨤤		
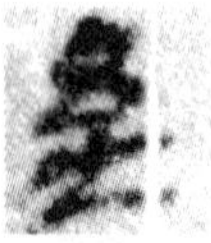 雲夢 日甲 32	 珍秦 44	 里耶 8-461 正	 釐戈 中原文物 1999.3	 郭店 窮達 15	 陶録 6・48・3	 杕里瘟戈 集成 11402
	 集粹 506	 秦風 29		 郭店 尊德 39		 杕里瘟戈 集成 11402
	 雲夢 爲吏 28	 陶録 6・142・1		 郭店 尊德 33		
	 雲夢 日乙 178	 里耶 8-1437 正		 清華一 皇門 3		
				 清華五 封許 03		

里部

6412

⿱尚里*

楚	齊	晉			楚	
	埜	圩	圩	壄	埜	⿰壄阝
 郭店 尊德 17	 璽彙 3992	 三年馬師鈹 集成 11675	 璽彙 2528	 邗王是野戈 集成 11263	 璽彙 0252	 里耶 8-176 正
讀「黨」。	 陶録 3・484・3	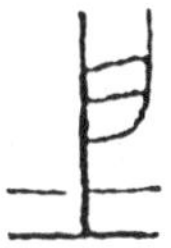 方足小布 錢典 39	 璽彙 3995		 上博二 容 52	
					 郭店 尊德 14	
					 上博四 采 1	
					 包山 207	

6415	6414					6413
疇	町					田
秦	秦	燕	齊	晉	楚	秦
 雲夢秦律 38	 龍崗 136	 陶録 4・27・3	 璽考 64	 雝之田戈 集成 11019	 上博二 子 2	 集粹 818
 里耶 8-454		 陶録 4・27・1	 璽彙 0231	 ☐戈 集成 11165	 新蔡零 4	 陶録 6・86・1
			 陶録 3・546・2	 陶録 5・90・4	 上博六 天甲 5	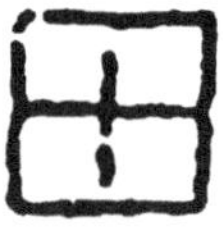 秦集一 二 11・3
			 陶録 3・546・3	 貨系 3943	 清華二 繫年 120	 里耶 8-1622
						 北大・算甲
						 北大・算丙

	6418 甸				6417 畮	6416 畸
楚	秦	晉		楚	秦	秦
		畂		畝	畝	
 包山 186	 雲夢答問 190	 璽彙 0349	 上博二子 8	 上博五鮑 3	 雲夢秦律 38	 秦風 94
 新蔡甲三 400			 上博二容 52		 里耶 8-455	 秦風 189
			 清華二繫年 002		 里耶 8-1519 背	 雲夢爲吏 11
			 清華二繫年 4		 北大・算甲	 里耶 8-118
			 清華五三壽 27		 北大・田乙	 里耶 8-1518 正

6424 當	6423 略	6422 時	6421 畛		6420 畔	6419 畍
秦	秦	秦	秦	楚	秦	秦
				畓		
 武當矛  陶録 6·6·1  雲夢 日乙 131  里耶 8-1201  北大·泰原	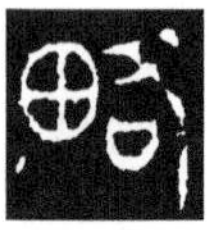 詛楚文 亞駝  陝西 16	 傅 1329  青川木牘	 青川木牘	 郭店 老甲 25  郭店 老甲 30  上博二 容 45  包山 151	 嶽麓一 爲吏 81  嶽麓一 爲吏 82	 雲夢 答問 186  里耶 8-649 正  嶽麓叁 52

6426 畜　　　　　　　　　　6425 留

楚	秦	燕	齊	晉	楚	秦
 欒書缶 集成 10008  郭店 六德 20  上博五 姑 4  上博四 曹 21  清華三 説命中 4	 秦風 165  雲夢 日乙 118  闢沮 352  里耶 8-1087  里耶 8-1150	 璽彙 2747  璽彙 3189	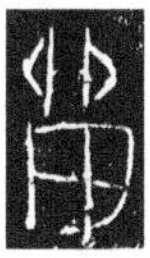 陶録 3・351・1	 聚珍 271  三晉 94  先秦編 275  天幣 122	 信陽 2・13  新蔡乙四 25  新蔡甲三 314 讀「牢」。	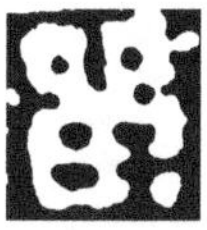 屯留戈 集成 10927  陶録 6・152・1  里 J1⑯6 正  秦集二 三・71・1  里耶 8-648 正

6431 畓*	6430 ⿰亻畄*		6429 ⿰目薵*	6428 眦*	6427 暘*	
晋	晋		楚	秦	秦	齊
		𠷎				
 璽彙 0920  璽彙 0398  璽彙 1204	 璽考 110	 璽考 166 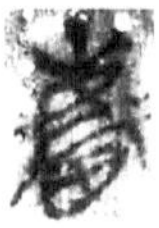 九 A7  包山 157  包山 157	 曾乙 80  上博三周 17  清華二繫年 7 讀「攜」。	 珍秦 249	 雲夢秦律 1	 璽彙 1953

	6437	6436	6435	6434	6433	6432
	畺	畕	⿱耂田*	⿱孑田*	⿰田辰*	⿱至田*
	楚	齊	齊	齊	晋	晋
疆						
 包山 153  上博四 曹 17  清華一 楚居 8  清華一 程寤 9  清華一 楚居 15	 上博一 孔 9	 陶録 3・530・3	 璽彙 0259  山璽 016  陶録 2・23・2  璽考 43  璽考 44	 陶彙 3・823	 六年令戈 集成 11337	 璽彙 1501

6440		6439	6438			
黄		⿱畾⿵冂畕*	畾*			
楚	秦	晉	齊	齊	晉	
				彊	彊	
 璽彙 1258  曾乙 5  上博一 孔 9  清華三 赤鵠 11  包山 129	 秦風 170  關沮 238  北大・泰原  北大・九策	 璽彙 2792  璽彙 5571	 陶彙 3・1381	 陶録 3・493・3  璽彙 3479	 中山王方壺 集成 9735	 清華三 芮良夫 22  上博七 凡乙 5  清華一 耆夜 9

6441

男

燕	齊	楚	秦	燕	齊	晉
 璽彙 3362	 陶彙 3・703	 郭店 六德 33	 雲夢 日乙 83	 燕王職矛 集成 11517	 陳侯因資敦 集成 4649	 哀成叔鼎 集成 2782
 璽彙 5641		 上博二 容 16	 關沮 368	 燕王職矛 集成 11518	 山東 875 黃戟	 趙孟庎壺 集成 9679
		 上博五 三 3	 里耶 8-894		 璽彙 3722	 璽彙 0728
		 清華四 筮法 21				 私庫嗇夫蓋杠接管 集成 12052
		 清華四 筮法 62				

6444 功		6443 勳	6442 力			
楚	秦	晉	晉		楚	秦
		勛				
 上博一 緇 5	 里耶 8-462	 中山王方壺 集成 9735 《說文》古文。	 温縣 WT4K5：13  屭羌鐘 集成 157  中山王鼎 集成 2840  集粹 90	 曾乙 85 讀「勒」。	 郭店 緇衣 19  郭店 尊德 15  上博七 凡甲 30  上博八 有 5  清華五 命訓 10	 詛楚文 湫淵  雲夢 爲吏 19  雲夢 日乙 239

6448 劼	6447 勴			6446 助		6445 [illegible]
楚	楚		楚	秦	晋	楚
	㪺		勯		効	
 清華五 厚父 01	 上博二 容 50  上博二 容 53	 清華一 皇門 03  清華一 皇門 04  清華一 皇門 09	 清華五 厚父 05	 雲夢 爲吏 9  里耶 8-1416	 璽彙 3312	 左塚漆梮

	6450 ⿰弓男		6449 務			
	晉		楚	楚	秦	
⿰弓方	⿰弓男	⿰弓⿱畺力	⿰弓男	⿱矛力		故
 璽彙 0969	 璽彙 0525  璽彙 2671  璽考 254	 郭店五行 34  郭店五行 41	 郭店五行 41  上博二從乙 5  上博四相 1  上博八李 2	 上博五季 2	 秦風 156  雲夢爲吏 29  里耶 8-570  里耶 8-2101  嶽麓叄 183	 清華三説命下 7

6453 勝		6452 勉			6451 勁	
秦	齊	秦	晉	楚	秦	齊
						彊
 集粹 460  里 J1⑨10 正  雲夢 日乙 83  雲夢 爲吏 10	 璽彙 1901	 珍秦 167  秦風 56  雲夢 雜抄 41  雲夢 日甲 159 反  北大・泰原	 璽彙 0843  五年春平 相邦葛得鼎 商周 2387	 包山 42  包山 193	 秦風 44  鑒印 222  集粹 697	 璽彙 2204  澂秋 28

燕	齊		晉			楚
	秀		秀	戳		秀
 勝方壺 集成 9477	 陶彙 3・1304	 璽彙 2994	 十三年 上官鼎 集成 2590	 清華四 筮法 25	 郭店 成之 8	 郭店 老乙 15
	 陶録 3・154・2	 靈壽圖 18・1	 七年邦 司寇矛 集成 11545	 清華四 筮法 27	 上博二 從乙 3	 郭店 尊德 1
	 陶録 3・154・1	 集粹 52	 璽彙 0947	 清華四 筮法 51	 上博七 武 13	 上博四 曹 46
		 珍戰 147	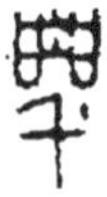 璽彙 1186	 清華四 筮法 51	 郭店 尊德 36	 包山 169
						 包山 180

6454	6455	6456		6457		
勶	勠	動		勞		
秦	秦	楚		秦	楚	
		達	𢧐			褮
 璽彙 3983	 港續 63	 望山 1・13	 郭店 性自 10	 雲夢 爲吏 12	 包山 16	 上博四 曹 34
 珍秦 216		 郭店 老甲 23	 郭店 性自 30	 嶽麓叁 169	 上博八 王 5	 上博三 彭 2
 湖南 226		 上博二 魯 3		 雲夢 秦律 130	 上博九 舉 32	 清華四 筮法 37
 嶽麓叁 53		 清華一 金縢 12			 清華五 湯丘 18	 上博六 用 10
 北大・算甲		 清華一 祭公 11				 九 B8
		《說文》古文。				

6461 加	6460 勮	6459 券	6458 勤			
秦	秦	楚	晋	楚	晋	
						[illegible]
 陝西 663	 里耶 8-1514 正	 包山 168	 中山王鼎 集成 2840	 清華三 琴舞 10	 中山王鼎 集成 2840	 郭店 六德 16
 里耶 8-1522 正	 秦集二 四・31・1	 新蔡甲三 26	 中山王方壺 集成 9735	 清華五 三壽 19		
		 上博六 孔 20				

6463 勇　　6462 勢

楚	秦	秦	燕	晉		楚
恿	恿					
 郭店 性自 63	 雲夢 日乙 245	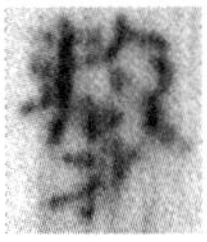 雲夢 爲吏 5	 璽彙 3663	 温縣 WT1K1：2667	 郭店 窮達 9	 璽彙 1259
 清華三 芮良夫 11	 雲夢 爲吏 34	 里耶 8-2089		 安邑下官鍾 集成 9707	 上博四 昭 9	 包山 189
 清華三 芮良夫 14	思			 滎陽上官皿 文物 2003.10	 上博五 鬼 4	 包山 68
《説文》古文。	 雲夢 日甲 79 反			 璽彙 1680	 清華二 繫年 61	 包山 122
					 郭店 語三 5	 上博九 成甲 2

	6464 勃	6465 劫	6466 飭	6467 劾	6468 募	6469 𠢁*
	秦	秦	秦	秦	秦	秦
戫						
 包山 71	 陝西 747	 嶽麓叁 111	 雲夢 雜抄 28	 雲夢 效律 55	 傅 1109	 里耶 8-462
 郭店 成之 9		 嶽麓叁 110		 雲夢 效律 55	 雲夢 雜抄 35	
 郭店 語四 24				 里耶 8-1531 正	 里耶 8-132	
 上博四 曹 55				 嶽麓叁 105	 嶽麓叁 55	
《説文》或體。					 嶽麓叁 48	

6476	6475	6474	6473	6472	6471	6470
⿰米力*	⿰由力*	⿰亢力*	⿱毋力*	⿰脊力*	勎*	⿰肖力*
楚	楚	楚	楚	秦	秦	秦
 清華三 芮良夫 20	 包山 118	 璽彙 2552	 上博三 彭 8	 雲夢 日甲 159 反	 里耶 8-1284	 里耶 8-756
或讀「敉」。		 包山 163	讀「敏」。	讀「脊」。		
		 包山 180				

6481 ⿱既力*			6480 ⿱臤力*	6479 ⿰㒸力*	6478 ⿰并力*	6477 ⿰𡈼力*
楚			楚	楚	楚	楚
			⿱臤力			
 郭店 唐虞 11 讀「氣」。	 上博六 慎 1	 上博七 凡甲 27 讀「賢」。  清華一 祭公 18 或讀「眩」。	 包山 73  包山 85  包山 182  上博七 吴 9 讀「賢」。	 包山 174  包山 176	 清華五 湯丘 02 讀「平」。	 包山 131  包山 168

字號	字頭	國別		字形
6482	㲹*	楚		 上博五競 9 讀「肖」。
6483	𦧘*	楚		 清華一金縢 3 讀「遘」。
6484	䢀*	晉		 璽彙 0930
6485	𠡳*	晉		 璽彙 3166  璽彙 3169  吉林 228
6486	㔟*	晉		 璽彙 0547
6487	𠡩*	晉		 璽彙 2213
6488	𠢕*	晉		 璽彙 3168  璽彙 5632

6495	6494	6493	6492	6491	6490	6489
劦	⿰田力*	臚*	膹*	勴*	⿰弟力*	⿰黑力*
晋	齊	晋	晋	晋	晋	晋
 璽彙 0460	 陶録 2・262・3	 璽彙 1355	 先秦璽印 1036	 璽彙 2940  璽彙 3834  璽考 254	 璽彙 2585  璽彙 1383	 璽彙 2776  璽彙 3243

				6497 ⿱劦豕	6496 協	
				楚	楚	齊
					⿱劦焱	
				 清華五 封許 06 讀「勒」。	 清華三 芮良夫 13  清華一 尹誥 2	 陶録 3・11・4  陶録 3・837

金

晉		楚		秦
 中山王方壺 集成 9735	 郭店 性自 5	 鄂君啓車節 集成 12112	 里耶 8－454	 高陵君弩機 商周 18581
 吕大叔斧 集成 11788	 清華一 金縢 6	 珍吴 52 越王戈	 里耶 8－1776	 珍展 187
 璽彙 4481	 郭店 五行 20	 包山 118	 北大・泰原	 珍秦 381
 璽彙 4739	 上博三 周 40	 包山 252	 北大・泰原	 西安圖 135
 貨系 711	 清華四 筮法 16	 包山 149		 里 J1⑨1 正

6502 銅		6501 錫	6500 鋈	6499 銀		
秦	楚	秦	秦	秦	燕	齊
 雲夢 秦律 86	 天策	 嶽麓叁 56	 雲夢 答問 113	 在京圖四 12	 重金扁壺 集成 09617	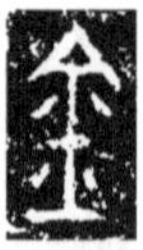 十四年陳 侯午敦 集成 4646
 里耶 8－2227 正		 嶽麓叁 56	 雲夢 答問 115		 璽彙 0363	 陳逆簠 集成 4630
 嶽麓叁 55					 璽彙 3346	 齊明刀 考古 1973.1
						 陶録 2・31・4

	6505 鏤		6504 鍇	6503 鐵		
晉	楚	楚	秦	秦	晉	楚
鏤						
	 清華五 湯丘 16	 璽彙 5488	 秦風 155	 傅 403	 長子盉 集成 9452	 㱃悍鼎 集成 2794
 春成侯盉 新收 1484			 秦風 201	 雲夢 秦律 86		 曾乙 62
			 里耶 8－1191	 雲夢 雜抄 23		

鑄

		晉		楚	秦	齊
爂	鑋		𥁕			
 子孔戈 集成 11290	 公朱左自鼎 集成 2701  郾孝子鼎 集成 2574	 令狐君壺 集成 9720  哀成叔鼎 集成 2782  宜鑄戈 集成 11052	 集脰鼎 集成 2623  包山 18  燕客銅量 集成 10373 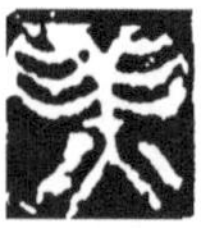 璽彙 0161	 欒書缶 集成 10008  鄂君啓車節 集成 12112  競孫旟也鬲 商周 3036	 雲夢 封診 19  里耶 8－454 200	 璽彙 3687

燕		齊				
	鎰			⿱⿰金寸皿	⿰金寸	盅
 璽彙 0158  璽彙 0159	 公子土斧壺 集成 9709A  璽彙 3760	 陳逆簠 新收 1781	 耳公劍 商周 17816	 梁十九年 亡智鼎 集成 2746	 中山王方壺 集成 9735  十三年上 官鼎 集成 2590  九年戈 集成 11283	 九年鄭令矛 集成 11551  先秦編 287

			6509 鍾		6508 鈃	6507 銷
	齊	晉	楚		楚	秦
鎵				⿰金惎		
 陶彙 3・717	 徐鍾鏃 山東 923	 郘黛鐘 集成 226  厵氏鐘 集成 169  韓鍾劍 集成 11588  港續 66	 新蔡甲三 220	 包山 252	 信陽 2・14 銅  包山 265	 雲夢 秦律 15  里耶 8－453  嶽麓一 質三 3  北大・道里

6514 鋊	6513 鋥	6512 鎬	6511 鑊	6510 鑑		
楚	楚	楚	晉	晉	楚	燕
	毀		鑊			
 郭店 語四 15  鑒印 218 頁	 清華五 封許 07	 太子鎬 集成 10291  仰天湖 28  上博八 成 2	 哀成叔鼎 集成 2782	 智君子鑑 集成 10289	 包山 263  包山 277	 左鍾尹銅器 集成 10466

	6520 鈹	6519 鍼	6518 鉥	6517 錯	6516 鑪	6515 鎣
晉	秦	楚	秦	秦	燕	楚
					䖓	鑅
 五年邦司寇鈹 集成 11686	 雲夢 答問 85	 郭店 緇衣 17 「鍼」字初文。  上博六 用 3 或讀「及」。  上博二 容 1  上博八 李 1	 雲夢 答問 86	 珍秦 145  陶録 6・239・1  雲夢 日甲 75 反  陶録 6・239・2	 璽彙 3057  聚珍 161.1  聚珍 160.5  聚珍 173.5  貨系 3024	 清華五 封許 07

6525		6524	6523		6522	6521
鋛		鑿	鈚		錍	鈕
楚	楚	秦	燕	燕	晉	楚
	昏					玬
 郭店 老丙 7	 九 A27	 雲夢 日甲 4  雲夢 日乙 17	 纕安君扁壺 集成 9606	 重金扁壺 集成 9617	 土匀錍 集成 9977	 包山 214 《說文》古文。

6530		6529		6528	6527	6526
鉗		銍		錢	錡	釦
秦	楚	秦	楚	秦	秦	秦
			鍪			
 風過 76	 仰天湖 26  包山 276	 秦風 20	 上博五 鮑 3  包山 265  璽彙 5505	 雲夢 日乙 195  里 J1⑨1 正  里耶 8－60 正  嶽麓叁 77  北大・泰原	 里耶 8－1563 背	 里耶 8－174 背

		6534 銖	6533 錐	6532 鋸		6531 釱
燕	楚	秦	秦	燕	燕	楚
 骨距末 考古 1965.11	 信陽 2・01	 鐵雲	 雲夢 答問 86	 燕王職戈 集成 11224  燕侯載戈 集成 11218  燕王職戈 集成 11234	 燕王喜劍 集成 11614  燕王喜劍 集成 11606  燕王職矛 集成 11527	 包山 273  包山 276

6538 鈴			6537 鈞	6536 錘		6535 鎦
楚	齊	楚	秦	秦		楚
⿰金命	銁					鈌
 清華五 封許 06	 子禾子釜 集成 10374 《說文》古文。	 上博二 子 2	 珍秦 355  尤家莊秦陶  雲夢 效律 6  嶽麓一 爲吏 82	 雲夢 秦律 130	 清華四 算表 21  清華五 命訓 15	 信陽 2・15  新蔡甲三 224

			6541 鐸	6540 鐃	6539 鉦	
晋		楚	秦	楚	楚	晋
	⿰金臭					
 中山王鼎 集成 2840	 上博六 莊 1  上博六 莊 1  上博九 陳 13	 曾侯乙鐘 集成 287  曾侯乙鐘 集成 325  自鐸 通考 360 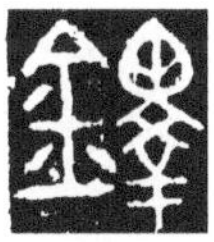 □外卒鐸 集成 420	 雲夢 日甲 33 反	 包山 270	 西林鐘 集成 3710  上博九 陳 13  清華五 封許 07	 皮氏銅牌 集成 11901  中國錢幣 2004.2

6543 鎛　　　　　　6542 鐘

楚	齊	晉		楚	秦	齊
			銿			鐖
 鑞鎛戈 集成 10917  曾侯乙鐘	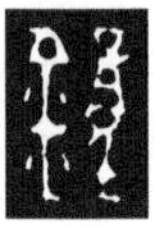 新見 141・1	 邵黛鐘 集成 226	  曾乙 54  包山 262 《説文》或體。	 曾侯乙鐘  曾乙鐘架  包山 170  上博一 孔 14  新蔡甲三 261	 秦集二 一 9・1	 璽彙 3666

6544 鈒	6545 錟	6546 錞	6547 鏐		6548 釬	6549 鍦
晉	楚	齊	楚	晉	楚	楚
 璽彙 3875	 信陽 2·27	 十四年陳侯午敦 集成 4646  節可忌豆 新收 1074  陳侯因資敦 集成 4649	 之利殘器	 郘鱉鐘 集成 226  少虡劍 集成 11696	 信陽 2·14	 曾乙 11

6550		6551	6552	6553	6554	6555
鑾		鐔	鍭	銜	鑣	鉣
楚		秦	秦	秦	楚	秦
	鍌				髶	
 上博五 姑 6  上博五 姑 7	 上博五 姑 10	 里耶 8－1373	 里耶 8－1260	 秦風 49  里耶 8－2030 正	 包山 272  包山 276 「骨鑣」之專字。	 陝西 658

6561	6560	6559	6558	6557		6556
鉻	鈔	鋪	鍡	釣		鈇
楚	楚	晋	楚	楚		楚
 上博二容 18	 包山 263	 少虡劍 集成 11696	 曾乙鐘架	 望山 2・12 讀「瑤」。	 信陽 2・17 讀「鋪」。	 信陽 2・5
	 郭店語四 23	 少虡劍 集成 11697 讀「鑪」。	 曾乙鐘架	 仰天湖 25		

6567	6566	6565	6564		6563	6562
釪*	鈋*	釵*	銘		鈍	鉅
秦	秦	秦	晉	晉	楚	秦
 里耶 8－410	 里耶 8－1018	 里耶 8－566	 中山王鼎 集成 2840	 璽彙 2324	 上博九 陳 13	 秦風 220  里耶 8－519

6571 鉡*	6570 釷*	6569 釴*			6568 鐶*	
楚	楚	晉	楚	晉	楚	秦
 曾乙 106	 包山牘 1	 璽彙 3237	 曾乙 77	 璽彙 3072	 集粹 28	 里耶 8－410
	或讀「錯」。		讀「飾」。		 信陽 2・10	
					 望山 2.6	
					讀「環」。	

6572 鈇*	6573 鈷*			6574 鉛*	6575 鈲*	
楚	楚		晉	楚	楚	晉
		鐓	鍸			
 璽考 179	 西林簠 集成 4503	 □□鼎 集成 2243	 十一年閔令矛 集成 11561	 包山 266 讀「台」。  璽彙 5503	 仰天湖 30 讀「壺」。  包山 265	 中山侯鉞 集成 11758

6582	6581	6580	6579	6578	6577	6576
⿰金采*	鎱*	錸*	錿*	鋧*	鋯*	鉸*
楚	楚	楚	楚	楚	楚	楚
		⿰金逨				
 包山 115	  包山 260	 包山 254	 曹家崗 5・2 或讀「壺」。	 包山 276 或讀「覲」。	 望山 2・12  望山 2・13 讀「舊」。	 集粹 31

字號	字頭	國別	異體	字形	出處	說明
6583	鍺*	楚			仰天湖 23	
		燕			燕王職劍 集成 11643	
6584	銉*	楚			曾乙 11	或讀「銉」。
6585	鏞*	楚			貨系 4264	
					貨系 4265	
6586	⿰金旲*	楚			包山 261	或讀「旲」。
6587	鋋*	楚	⿰金前		包山 127	
					包山 126	
6588	鍉*	楚			望山 2・6	讀「提」。

6589 鏼*

楚

包山 260

或讀「薦」。

6590 鎋*

楚

曾乙 4

6591 錙*

楚

清華五 封許 07

讀「卣」。

6592 鎗*

楚

西林鎗 集成 3710

齊

陳昉簋蓋 集成 4190

鎗頃戈 新收 1497

6593 鏝*

楚

清華二 繫年 041

或隸作「鍑」。

6594 鏫*

楚

曾乙 4

曾乙 25

6595	6596	6597	6598	6599		6600
鑐*	⿰金⿱自丂*	鑒*	鑯*	鑋*		鑲*
楚	楚	楚	楚	楚	燕	楚
 包山 265  包山 265 或疑是「鑊鼎」的別稱。	 包山 254 讀「篴」。	 望山 2・50 讀「坎」。	 鑯鏄戈 集成 10917	 璽彙 3618	 陶録 4・177・1	 仰天湖 13 讀「柬」。

6605 ⿱金⿰魚魚*	6604 ⿰金歸*	6603 鑵*	6602 鑐*		6601 ⿰金韓*	
楚	楚	楚	楚	晉	楚	晉
						鑲
 包山 265	 曾侯乙鍾  曾侯乙鍾	 郭店語一 101 讀「權」。	 包山 276 讀「軨」。	  韓鍾劍 集成 11588 讀「韓」。	 包山 168	 韓鍾劍 集成 11588 讀「造」。

<table>
<tr><td>6612</td><td>6611</td><td>6610</td><td>6609</td><td>6608</td><td>6607</td><td>6606</td></tr>
<tr><td>鑘*</td><td>鏞*</td><td>鐻*</td><td>鏵*</td><td>鋁*</td><td>鉄*</td><td>釠*</td></tr>
<tr><td>晋</td><td>晋</td><td>晋</td><td>晋</td><td>晋</td><td>晋</td><td>晋</td></tr>
<tr><td></td><td></td><td></td><td></td><td></td><td></td><td></td></tr>
<tr>
<td>
郘黛鐘
集成 226

郘黛鐘
集成 226
讀「馨」。</td>
<td>
郘黛鐘
集成 226
讀「[illegible]」。</td>
<td>
璽彙 1090</td>
<td>
璽彙 2957</td>
<td>
郘黛鐘
集成 233</td>
<td>
柏門室鉄
集成 10456

上官豆
集成 4688
或讀「尊」。</td>
<td>
璽彙 1346

璽彙 2133</td>
</tr>
</table>

6613 ⿰金曳*	6614 鋀*		6615 鉐*	6616 ⿱昭金*		6617 鉘*
齊	齊	燕	齊	齊		燕
 十四年陳侯午敦 集成 4646	 陶彙 3・703	 璽彙 0292	 璽彙 0019 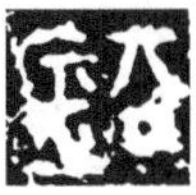 璽彙 0312	 右里𣪘鍣 集成 10366  璽彙 0355  陶録 2・35・3  齊陶 0356 或讀「照」。	 璽考 31	 燕侯載戈 集成 11219  燕侯載戈 集成 11220A

		6622	6621	6620	6619	6618
		幵	鑴*	鍴*	錡*	鉥*
	晉	楚	燕	燕	燕	燕
丁						
 貨系 268 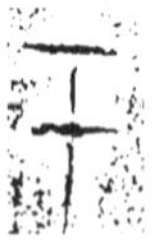 鐵雲 157	 貨系 1608  貨系 1610	 清華二繫年 071  上博九卜 4	 陶録 4·16·1  陶録 4·20·1  陶録 4·20·3	 璽彙 0126  璽彙 0363  璽彙 0364  璽考 90  陶録 4·21·2 讀「瑞」。	 璽彙 0864	 璽彙 0297 或讀「溢」。

6626 几	6625 与	6624 ⿱勺弓*	6623 勺			
楚	楚	楚	燕	齊	晉	楚
 包山 146  包山 260	 郭店 老乙 4  郭店 語一 109  上博七 凡甲 11  上博六 孔 10  清華二 繫年 049	 天策  天策 加注「弔」聲。	 先秦編 441  先秦編 441	 陶録 2・751・1	 璽考 341	 郭店 語四 24  望山 2・47

6628 且　　　　6627 處

秦	齊	晉			楚	秦
			屋		尻	
 雲夢爲吏 12	 陳純釜集成 10371	 好盗壺集成 9734	 清華五湯丘 01	 上博五姑 1	 鄂君啓舟節集成 12113	 珍秦 292
 里耶 8－558		 魚顛匕集成 980	 清華五湯丘 15	 上博六孔 14	 郭店成之 8	 陶録 6・34・1
 里耶 8－771 背		 璽彙 3145		 上博六孔 10	 包山 10	 里耶 8－1518 正
		 璽彙 0414		 清華四筮法 14	 清華一楚居 1	 雲夢日甲 57 反
		 貨系 2487		 包山 238	 郭店性自 54	

6629

俎

楚	秦	齊	晉			楚
				昌	旻	
 望山 2・45  清華一 皇門 13	 秦風 49  雲夢 答問 27	 陳侯因資敦 集成 4649  貨系 2654	 郘黛鐘 集成 226  郘黛鐘 集成 226	 曾侯腴鐘 江漢考古 2014.4	 清華二 繫年 102  清華二 繫年 120	 郭店 唐虞 5  上博六 天甲 10  清華一 祭公 5  清華一 祭公 4  清華一 祭公 1

6630 宰且*

齊

齊陳曼簠 集成 4595

齊陳曼簠 集成 4596

陶録 2・97・4

6631 斤

秦

雲夢 封診 82

雲夢 效律 6

楚

上博五 季 7

上博八 顔 14

晉

陶録 5・3・3

貨系 524

貨系 525

齊

仕斤徒戈 集成 11049

仕斤徒戈 集成 11050

四十年左工耳杯 新收 1078

子禾子釜 集成 10374

6632 斧

秦

雲夢 封診 57

關沮 372

楚

清華五 命訓 07

燕	6634 斫 秦	齊	6633 斨 楚	齊	晉	
						鈫
 璽彙 2606	 雲夢語書 12	 陶録 2·650·2	 包山 157	 公孫竈壺 集成 9709	 吕大叔斧 集成 11786	 上博六 莊 9
			 包山 157		 吕大叔斧 集成 11787	 上博七 吴 5
			 包山 168			 上博八 命 2
			 包山 88			 清華五 命訓 07

6637		6636				6635
釿		斲				听
晉	楚	楚	秦	齊	晉	楚
		斲				
 三十二年坪安君鼎集成 2764	 曹家岡 5・6	 曾乙 212	 雲夢日乙 85	 陶録 2・50・1	 三十二年坪安君鼎集成 2764	 包山 149
 璽彙 2963			 關沮 190	 陶録 2・56・3	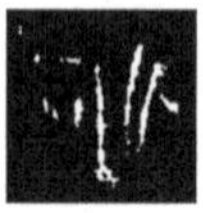 坪安君鼎集成 2793	 包山 187
 錢典 271			 關沮 230			
 三晉 44						
 貨系 573						

6638

所

燕	齊		晉		楚	秦
 雍王戈 集成 11093	 郵左戈 新收 1097	 王何戟 集成 11329	 中山王方壺 集成 9735	 上博二 從甲 14	 □壽之歲戈 新收 1285	 里 J1⑨7 正
	 陶録 2・39・1	 十一年庫 嗇夫鼎 集成 2608	 魚顛匕 集成 980	 上博一 緇 10	 郭店 老乙 7	 里耶 8－2093
	 陶録 2・150・4		 港續 244	 郭店 成之 19	 清華一 皇門 3	 北大・泰原
			 五年春平相 邦葛得鼎 商周 2387	 上博七 凡甲 16	 上博八 命 5	 北大・從軍
				 曾乙 12	 清華五 厚父 10	

6639 斯		6640 斮	6641 斷			
秦	楚	晉	秦	楚		晉
	斴			⿰叀刀	⿰叀刀	⿰叀刂
 秦都圖 426	 郭店 性自 25	 璽彙 0847	 雲夢 答問 122	 包山 16	 信陽 2·1	 二十五年戈 集成 11324
 集粹 622	 上博一 孔 12		 雲夢 爲吏 29	 上博六 天乙 8	 包山 123	
	 上博五 鬼 6		 里耶 8－1054	 上博八 成 7	 上博四 采 3	
	 清華一 皇門 9		 嶽麓叁 3	 包山 137 反	 郭店 六德 44	
	 清華五 厚父 09			 包山 137	 郭店 六德 30	

6642

新

晉				楚	秦	燕
		⿰⿱木辛斤	新			剸
 中山王方壺 集成 9735	 上博四 曹 35	 曾侯乙鐘	 璽彙 0281	 鄂州戈 文物 2004.10	 陶録 6・304・3	 九年將軍戈 集成 11325B
 貨系 1073	 包山 61	 曾侯乙鐘	 郭店 緇衣 25	 新造矛 通考 332	 陶録 6・463・2	 璽彙 3903
 貨系 562	 包山 202	 九 B30	 清華二 繫年 047	 包山 183	 秦集二 四・35・4	 璽彙 5573
讀「釿」。	 包山 202 反	 郭店 老甲 35	 上博五 弟 8	 包山 186	 里耶 8－1206	 璽彙 5641
	 清華五 三壽 18	 包山 113		 上博八 成 8	 北大・道里	 圖録 4・2・1

6647 ⿰台斤*	6646 ⿱⿰扌斤日*	6645 ⿰黽斤*	6644 ⿰壴斤*	6643 ⿰十斤*		
齊	晉	楚	楚	楚	齊	
						新
 璽彙 0175 讀「司」。	 九年閔令戈 雪二 120	 清華三 良臣 10	 西林簋 集成 4503  西林鐘 集成 3710	 中國錢幣 1994.3  貨系 4179 或讀「十」。	 陶録 3・597・4	 二十八年 晉陽戟 珍吴 199  璽彙 3160

6650 料		6649 斛		6648 斗		
秦	晋	楚	晋		楚	秦
				⿰中斗	⿰土斗	
 雲夢 效律 11	 公朱左自鼎 集成 2701	 上博三 周 42	 十一年庫 嗇夫鼎 集成 2608	 上博六 天甲 6	 上博三 周 51	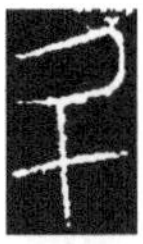 秦公簋蓋 集成 4315
 雲夢 秦律 194	 陶録 5・40・4		 四斗司客 方壺 集成 9648			 陶録 6・328・3
	 陶録 5・40・5		 璽彙 1069			 關沮 97
			 貨系 132			 西安圖 125
			 五年春平相 邦葛得鼎 商周 2387			 北大・田甲

	6654			6653	6652	6651
	升			料	魁	斞
楚	秦	齊		晉	秦	晉
		枡				斢
 遠子孟升嬭鼎新收 523	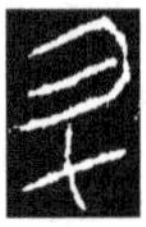 秦公簋蓋集成 4315	 子禾子釜集成 10374	 先秦編 353	 容半寸量集成 10365	 十鐘 3・9 下	 容半寸量集成 10365
 郭店唐虞 16	 陶録 6・111・3		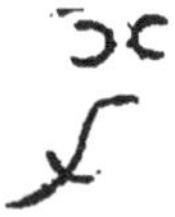 先秦編 347	 貨系 952		
 郭店唐虞 17	 雲夢效律 5		 貨系 924	 貨系 2205		
讀「登」。	 關沮 315			 先秦編 360		
	 里耶 8－474			 貨系 987		

6656 矛　　6655 ⿰斗瞿*

楚	秦	秦	齊	晉		
					⿱⿲弓登弓鬲	⿱登皿
 越王者旨矛 通考 74  新造矛 通考 332  清華五 三壽 08  郭店 五行 41  郭店 五行 41	 雲夢 答問 85	 璽彙 1278  天印 79  集粹 585	 陶録 2・220・1	 金村銅鈁 集成 9648	 信陽 2・26	 包山 265  邎子受升鼎 新收 527 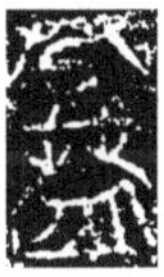 邎子受升鼎 新收 528 「升鼎」之「升」專字。

6661	6660	6659	6658	6657		
⿰矛比*	⿰矛市*	⿱矛女*	穳	矜		
楚	楚	楚	楚	楚	秦	燕
			⿰臭戈	矝		⿱矛金
 上博二容 39 讀「皆」。	 天策	 清華一程寤 8 讀「務」。	 包山 273  包山 269  包山牘 1	 郭店老甲 7  天策	 詛楚文亞駝	 燕王詈矛集成 11540

6663 軒　　　　6662 車

楚		燕	齊	晉	楚	秦
 信陽 2・4	 璽彙 5270	 璽彙 0293	 交車戈 集成 10956	 十三苿壺 集成 9686	 鄂君啓車節 集成 12112	 傳 146
 包山 267		 璽彙 0368	 子禾子釜 集成 10374	 右使車工鼎 集成 2094	 郭店 緇衣 40	 雲夢 日乙 95
 曾乙 45		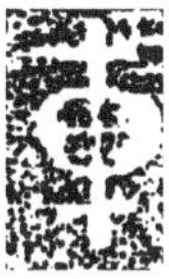 陶録 4・168・6	 齊城左戟 新收 1983	 十左使車 山形器 集成 10451	 新蔡零 167	 里耶 8－677 正
 上博四 柬 18			 璽彙 0222	 璽彙 0678	 上博一 孔 21	
					 清華一 耆夜 10	

		6667 輕	6666 軺	6665 輬	6664 輼	
	楚	秦	秦	秦	秦	燕
翌						
 上博一 緇 15  郭店 緇衣 28  郭店 五行 11  上博一 緇 22	 天策	 集證 163·283  雲夢 答問 36  嶽麓一 爲吏 68	 龍崗 54  里耶 8－175 正  嶽麓叁 47	 里耶 8－175 正	 里耶 8－175 正	 璽彙 0308

6672	6671	6670	6669	6668		
輅	軾	⿰車曼	輯	輿		
晉	楚	楚	秦	楚	秦	晉
	⿰車弋			⿱車廾		
 四年春平 相邦鈹 集成 11694	 上博五 弟 20	 上博七 吳 5	 陶録 6.56.1	 曾乙 172	 詛楚文 湫淵	 二十七年 安陽令戟 近出 1200
 四年邘令戈 集成 11335	 望山 2・8	讀「冕」。		 包山 203	 珍秦 122	 二年梁令矛 古研 27
 璽彙 2491	讀「飾」。			 包山 241	 傅 1441	 璽彙 3445
					 里耶 8－461 正	
					 雲夢 日乙 90	

6678	6677	6676	6675		6674	6673
轂	軸	輮	輹		軫	輒
秦	秦	秦	楚	楚	秦	秦
 雲夢 日甲 73 反	 雲夢 秦律 125	 雲夢 秦律 148	 曾乙 69	 郭店 五行 43  上博四 曹 63	 雲夢 日乙 95  關沮 241  里耶 8－1515 正	 秦風 98  里耶 8－657 正  北大・泰原  北大・泰原  北大・隱書

6679 軹		6680 軎	6681 輨			6682 轅
楚	秦	秦	晉	楚	晉	秦
			⿰車𠂤	⿰車亘		
 曾乙 120	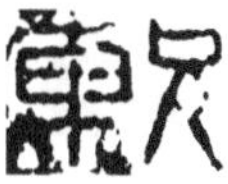 秦集二四 12・1	 陶録 6・277・2  陶録 6・277・1	 璽彙 2497  璽彙 2498	 清華三良臣 6  清華三良臣 8 讀「桓」。	 璽彙 2499  璽彙 2500  集粹 41	 雲夢答問 179

		6686 載		6685 轙	6684 軥	6683 輈
	楚	秦	楚	秦	楚	楚
			鑯			
 清華三 說命下 7	 鄂君啓車節 集成 12112	 嶽麓一 爲吏 71	 包山 266 《說文》或體。	 里耶 8－2255	 望山 2・11	 包山牘 1
 清華三 琴舞 6	 坪夜君鼎 集成 2305	 雲夢 封診 68				
 璽考 163	 上博四 曹 32	 里耶 8－1350				
 上博六 莊 3	 清華二 繫年 079	 嶽麓叁 47				
 包山 273	 上博六 慎 1					

6687

軍

	楚	秦	燕	晉		
⿰歹句					⿱韱車	⿰車才
 郭店 語三 2	 璽彙 0210	 璽彙 5708	 燕侯載簋 集成 10583	 中山王方壺 集成 9735	 曾乙 80	 包山牘 1
加注「兄」聲。	 包山 158	 秦集一 二・18・1	 燕侯載戈 集成 11219			 郭店 尊德 29
	 郭店 成之 9	 里耶 5－4 背	 燕侯載矛 集成 11513			
	 上博七 凡甲 10	 里耶 8－198 正				
	 清華一 皇門 6	 北大・從軍				

6688

範

	楚	秦	燕		齊	晉
軳				[illegible]		
 璽彙 3517	 清華三 良臣 5	 里耶 6－1 背	 燕侯載戈 集成 11220A	 貴將軍虎節 新收 1559	 璽彙 0095	 中山王鼎 集成 2840
 上博二 從甲 16	 清華三 良臣 7		 九年將軍戈 集成 11326B		 璽彙 0047	 中山侯鉞 集成 11758
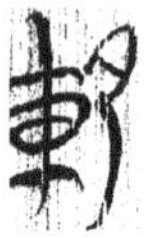 上博七 君乙 2			 陶録 4・139・1		 璽考 33	 璽彙 0349
 清華二 繫年 102			 璽彙 0368			
 上博六 競 4			 陶録 4・163・1			

6691	6690	6689				
輸	轉	轄				
楚	楚	楚	燕	齊	晉	
					輤	
 集粹 792	 陝西 573	 曾乙 10	 璽彙 2284	 陶録 3・99・5	 璽彙 1399	 包山 167
 雲夢效律 49	 雲夢爲吏 3		 璽彙 2286	 陶録 3・100・6	 璽彙 1825	 包山 87
 里耶 8－151	 里耶 8－2010 正		 璽彙 2288		 璽彙 3191	
 里耶 8－2166 正	 北大・從政		 璽彙 3646			

6695 斬		6694 軖	6693 輗		6692 輪	
楚	秦	楚	楚		楚	秦
			輨			
 曾乙 155  郭店六德 31  清華三芮良夫 10	 關沮 352  雲夢答問 51  雲夢秦律 156	 曾乙車軎  包山 145  曾乙 169	 曾乙 76 《説文》或體。	 郭店語四 20	 曾乙 75  望山 2・2  包山 268  包山 273  上博三周 58	 雲夢秦律 89  里耶 8－95

6697 轍　　　　　　　　　　6696 輔

楚	齊		晋	楚	秦	晋
		軗				
 上博一 緇 20	 璽彙 5706	 璽彙 2496	 中山王方壺 集成 9735  璽彙 5655	 清華一 皇門 13  清華三 琴舞 10  清華三 良臣 10	 陝西 716	 璽彙 3818

	6702 轎*	6701 輻*	6700 輂*	6699 軴*		6698 乾*
楚	秦	秦	秦	秦	晉	秦
[illegible]						
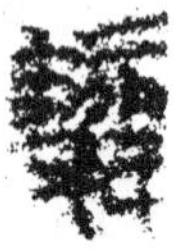 信陽 2・4  信陽 2・4	 集粹 828  秦風 84	 雲夢秦律 125 讀「膈」。	 雲夢秦律 148 讀「輮」。	 里耶 8－1219 正	 璽彙 1363	 風過 12

	6706 ⿰車它*	6705 ⿰車分*	6704 軞*			6703 ⿰車力*
齊	楚	楚	楚	齊	晉	楚
 陶録 3·288·2  陶録 3·289·4  陶録 3·288·1	 上博一孔 21	 包山牘 1  包山牘 1 反	 包山 179	 璽考 314	 璽彙 1069  璽彙 1313  璽彙 2452	 望山 2·10 或讀「勒」。

6707	6708		6709	6710	6711	6712
⿰車丙 *	輂 *		⿰車𠬝 *	⿰車甬 *	⿰車每 *	輚 *
楚	楚		楚	楚	楚	楚
		⿰阝輂				
 帛書殘片	 上博七 武 10 讀「外」，或讀「間」。  上博九 靈 2	 曾乙 163  曾乙 28 讀「鸞」。	 曾乙 71 或讀「筵」。	 曾乙 58  曾乙 63	 曾乙 76  曾乙 120	 上博四 曹 46 讀「察」。

	6717	6716		6715	6714	6713
	⿰車隹*	暈*		⿰車束*	輓*	⿰車肙*
晉	楚	楚		楚	楚	楚
			⿸厂⿱𥫗車	⿰車⿱从疋		
 璽彙 0442  璽彙 3026  璽彙 3781  璽彙 1126	 曾乙 45 讀「椎」。	 上博六孔 3  上博六孔 4  上博六孔 22 讀「斯」。	 望山 2・2  望山 2・8	 包山 267 或疑讀「綀」。	 新蔡乙四 102	 新蔡甲三 237－1 讀「絹」。

6723 輜*	6722 韓*	6721 輸*	6720 輦*	6719 輂*	6718 輣*	
楚	楚	楚	楚	楚	楚	齊
 上博四 曹 2 讀「簋」。	 上博六 用 8  上博六 用 17 讀「違」。	 天策  天策	 包山 271 或讀「韌」、「棼」。	 上博六 孔 17 或讀「輿」。	 包山 157	 陶録 3・308・1  陶録 3・309・1 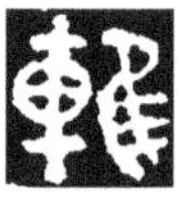 璽印 書法 1989.1

6724	6725					6726
⿰車執*	⿲糸車糸*					轓*
楚	楚		晉		燕	楚
					⿱系車	
 上博四 柬 18 讀「輊」，或讀「陞」。	 郭店 尊德 1  郭店 忠信 8  清華一 楚居 2  清華五 封許 07	 郭店 性自 30 讀「鑾」。	 七茮扁壺 集成 9683 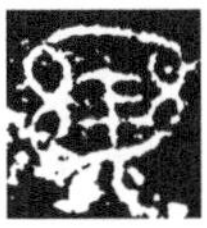 少府盉 集成 9452  十一茮盉 集成 9448  璽彙 2503  珍戰 90	 三茮壺 集成 9692	 璽彙 2507  璽彙 2508	 曾乙 75

車部

6731	6730	6729		6728	6727	
⿰車前*	⿰車沓*	⿰車叚*		⿰車金*	轚*	
晋	晋	晋	燕	晋	楚	晋

璽彙 1127	八年亯令戈 集成 11344	港續 84	璽彙 2502	璽彙 2501	包山 188	珍戰 100

6732	6733	6734	6735	6736	6737	6738
⿰車襄*	⿰車章*	⿱夆車*	輤*	輯戈*	轇*	𠂤
晋	齊	齊	齊	齊	晋	楚
 貨系 2481	 中山方壺 集成 9735	 璽考 69	 璽彙 0196	 陶録 3・277・3  陶録 3・277・2	 璽彙 1254	 清華二 繫年 116  清華二 繫年 138 讀「師」。

6740 官　　6739 峊

		晉		楚	秦	楚
 信安下官鼎 珍吴 188	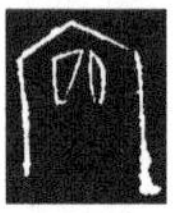 三十二年 坪安君鼎 集成 2764	 安邑下官鍾 集成 9707	 包山 5	 郪陵君豆 集成 4694	 珍秦 11	 清華二 繫年 19
 璽彙 2619	 三十六年 私官鼎 集成 2658	 璽彙 1139	 郭店 六德 14	 璽彙 0140	 陶録 6・108・1	 清華二 繫年 25
	 陶録 5・71・2	 陶録 5・48・1	 清華一 金縢 7	 璽彙 0138	 北郊秦陶	讀「師」。
		 貨系 632	 曾乙 171	 上博五 三 6	 雲夢 日乙 235	
		 璽考 111	 上博二 容 43	 璽考 160	 里 J1⑨7 正	

自部

齊						
⿱宀⿱自土	⿰土自	⿱宀⿱自土	自			
 石磬 文物 2008.1	 璽彙 2564	 璽彙 0068	 公朱左自鼎 集成 2701	 璽彙 4354	 璽彙 4268	 璽彙 4265
讀「館」。	 璽彙 1696	 吉大 6	 公朱右自鼎 集成 2361	 璽彙 4350	 璽彙 4631	 珍戰 205
	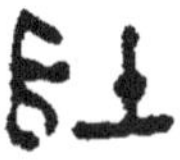 璽考 349	讀「館」。	 璽彙 3998		 璽彙 4629	 集粹 246
			「官」字省形。			

6741

陵

				楚		秦
	陰	坴	陸			
 曾乙 73	 郭店 尊德 14	 璽彙 0101	 曾姬無卹壺 集成 9711	 新蔡乙二 25	 里耶 8－527 背	 高陵君弩機 商周 18581
		 璽彙 0164	 鄂君啓車節 集成 12112	 新蔡乙四 60	 嶽麓一 質二 29	 長陵盉 集成 9452
		 璽考 150	 包山 210	 清華二 繫年 101	 北大・道里	 陶録 6・293・1
		 中國錢幣 2005. 2	 包山 13	 清華二 繫年 120	 北大・道里	 傅 1603
			 包山 150		 北大・道里	 里耶 8－135 正

陰

		晉		秦		齊
陰					坴	陸
 陵陰令戈 中國文字 研究第一 輯  信陰君戈 集成 11055 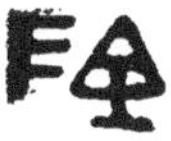 璽彙 0077 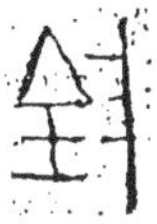 三晉 37 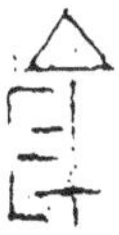 三晉 49	 貨系 875 省形。	 璽彙 2324  珍戰 121  貨系 1424  天津 50  貨系 1420	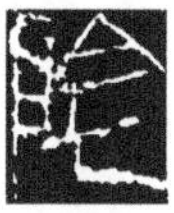 秦陶 488  傳 1418  里耶 8－307	 雕陰戈 益陽楚墓 M390.1  雕陰鼎 商周 706  珍秦 126  秦風 44  陶録 6・403・4	 陶彙 9・45	 璽彙 2330  陳純釜 集成 10371  [illegible]陸夫人燈 山東 748  陶録 2・35・3  陶録 2・14・3

陽

	楚		秦	燕	齊	
⿰阝⿱昜土				⿰阝⿱今土		
 璽考 180	 清華三祝辭 5	 秦風 80	 塔圖 137	 蔿陰睘小器集成 10428	 陰平劍集成 11609	 先秦編 238
 新蔡甲三 92	 清華三祝辭 1	 傅 886	 塔圖 142	 璽彙 0011	 平陰戟山東 768	 璽考 132
 包山 88	 清華四筮法 13	 里耶 8－882	 秦都圖 121	 璽彙 0013		 貨系 2461
 包山 176		 北大・道里	 珍秦 26	 璽彙 0187		
		 雲夢日乙 49		 先秦編 289		

陸

秦			齊			晉
	⿱陽山	⿱陽土				
 珍展 140	 成陽辛城里戈 集成 11155	 平陽高馬里戈 集成 11156	 平陽左庫戈 集成 11017	 三晉 83	 貨系 1041	 七年相邦鈹 集成 11712
 陶録 7·14·1	 成陽辛城里戈 集成 11154	 平陽散戈 尋繹 63	 洨陽戈 新收 1498	 三晉 112	 貨系 1038	 宜陽右倉簋 集成 3398
 尤家莊秦陶			 陽狐戈 集成 10916	 貨系 1793	 三晉 85	 武陽右庫戈 集成 11053
 嶽麓一 質二 19				 三晉 87	 三晉 52	 璽彙 3445
 北大·道里				 三晉 89	 先秦編 244	 鑒印 6

阿

秦	燕	齊	晉			楚
	陸			陸	[illegible]	陝
 地理 17	 璽彙 2318	 盛世 88	 吉大 6	 上博三周 50	 璽考 160	 包山 62
 里耶 8－310	 陶録 4・184・1					
 北大・祓除	 歷博燕 108					
 北大・祓除						

6746

阪

秦			齊	晉		楚
	⿱阿山	⿱阿土			陭	
 雲夢 日甲 76 反	 平阿右戈 周金 6. 31	 平阿左戈 集成 11001  平阿左戈 集成 11041  山璽 004  璽彙 0313	 平阿左戟 集成 11158  阿武戈 集成 10923  阿武戈 小校 10・16・1	 貨系 2489  璽彙 0993	 璽彙 0333	 璽彙 0317

6748 險　　6747 隅

	楚	秦	秦	晉		楚
⿰阝⿱亼⿱罒土	⿰阝會					⿰阝圣
 清華五 三壽 05	 清華一 皇門 13	 雲夢 語書 12	 雲夢 日甲 40 反	 二十年鄭 令戈 集成 11372	 上博二 從甲 4	 上博三 周 50
 清華五 三壽 06	 清華三 芮良夫 6	 雲夢 日甲 75 反				 上博四 曹 43
	 上博二 從甲 19	 里耶 8－51				
	 上博六 用 7					

6749		6750	6751		6752	6753
阻		隗	陟		陷	隰
齊		秦	楚	齊	秦	楚
隉	⿰阝虘			⿰亻步		⿰阝⿱巠土
 陳喜壺 集成 9700A  陳喜壺 集成 9700B	 陶録 2・184・1b  陶録 2・185・3	 秦風 136  十鐘 3・35 上  秦風 46	 清華二 繫年 013  清華三 良臣 2	 陶録 3・196・1  陶録 3・195・1  陶録 3・195・3 《説文》古文。	 青川木牘  雲夢 雜抄 35  嶽麓一 爲吏 74	 上博一 孔 26

6755　6754

隊　隤

晉	楚	秦	秦	齊	晉	
	墜			⿱丝土		坙
 璽彙 0103	 包山 168	 新郪虎符 集成 12108	 里耶 8－166 正	 璽彙 1149	 十七年鄭 令戈 集成 11371  三晉 71  聚珍 244	 清華三 良臣 6 讀「隰」。

6757 隕 | 6756 降

楚	燕	晉			楚	秦
隉	隆			隆		
 上博五 三 14	 不降矛 集成 11541	 中山王鼎 集成 2840	 上博七 凡乙 3	 曾侯腆鐘 江漢考古 2014.4	 郭店 性自 3	 陶録 6・402・2
			 清華一 保訓 7	 郭店 五行 12	 上博一 性 2	 集粹 660
			 清華一 耆夜 10	 上博五 三 2	 上博六 用 11	 陶録 6・463・3
				 清華一 程寤 5	 清華一 楚居 1	 喬村圖 340・1
				 清華五 命訓 02	 清華五 厚父 05	 雲夢 日乙 134

6759 6758

⿰阝差 陁

			楚	晋	秦	晋
⿰阝奄	⿰阝⿱左电	陵	隆	陀		
 包山 167	 隨大司馬戈  包山 22	 清華五 命訓 08	 包山 168  新蔡甲三 25  上博三 周 26  清華二 繫年 051  上博九 陳 19	 中山王方壺 集成 9735	 里耶 8－2188 正  嶽麓一 爲吏 21	 中山王鼎 集成 2840

晉						
陵	陸	陵	陸	陸	陸	陸
 璽彙 2549	 郭店 唐虞 26  上博三 周 16	 上博三 周 16	 包山 184  包山 170	 郭店 老甲 16  清華三 琴舞 16	 包山 163	 包山 30

6763 陘	6762 隄	6761 防		6760 阬		
秦	秦	燕		楚	秦	
		陸	陸			隋
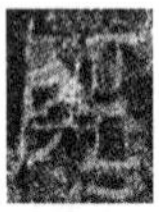 秦駰玉版	 雲夢 秦律 171	 璽彙 2326		 包山 86	 雲夢 語書 12	 璽彙 0831
 珍秦 88	 雲夢 效律 30	 璽彙 1334	 衣箱 曾乙 E66	 上博九 陳 19		 珍戰・93
 陶録 6・193・1	 里耶 8－210	《説文》或體。	 上博五 三 10			 璽彙 2937
 雲夢 日甲 72 反						

	6767 陝			6766 隱	6765 障	6764 附
晉	秦		楚	秦	楚	楚
⿸广夾		⿰阝⿱吅⿱工心	⿰阝⿱吅女		⿰阝⿱章土	⿰阝⿱付土
 先秦編 222  先秦編 223  先秦編 223  貨系 1408	 陶録 6・399・1  秦陶 1148  陶録 6・399・3 省形。	 上博一孔 1  上博一孔 1  上博一孔 1	 上博一孔 20	 陝西 617  珍展 194  陶録 6・325・2  北大・隱書  雲夢答問 126	 上博四曹 43	 新蔡甲三 338

		6772 陳	6771 陼	6770 阮	6769 隃	6768 陭
	楚	秦	楚	秦	秦	秦
 上博九陳 9	 郾客銅量集成 10373	 里耶 8－38	 磚 M370・4	 陝西 615	 雲夢秦律 81	 陭氏戈新收 1705
 上博九陳 12	 璽彙 0281	 北大・算甲		 陶彙 3・907	 里耶 8－269	
 包山 61	 珍戰 143	 北大・九策		 里耶 8－510		
 包山 135	 上博七吴 8					
 包山 228	 上博四昭 3					

6773

陶

楚				齊	晉	
釷			陸			
 上博二容29	 齊陶0039	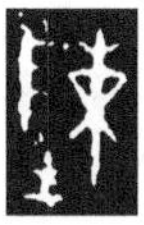 璽彙1469	 陳御寇戈集成11083	 陳子戈集成11038	 二十九年高都令戈集成11302	 清華二繫年076
	 齊陶0214	 璽彙1473	 陶録2・14・3	 陳卯造戈集成11034	 璽彙1452	 清華二繫年104
	 齊陶0289	 陶録2・5・2	 十四年陳侯午敦集成4647	 陳子山徒戟集成11084	 璽彙1454	
	 齊陶0291	 璽考42	 陳侯因資敦集成4649		 珍展29	
	 齊陶0304	 新泰圖16			 港續59	
	 齊陶0340					

6777 陛	6776 阼	6775 階		6774 除		
秦	齊	楚	晉	秦		
		𨼝			陶	坨
 雲夢 爲吏 10	 阼冢龏戈 遺珠 144	 上博四 昭 3	 邢臺圖 212・4	 傅 1436  里耶 8－157 正  里耶 8－2014 正  北大・算甲	 包山 111  郭店 語四 22 或讀「覆」。	 郭店 窮達 13  上博二 容 29

6783 陒*	6782 陜*	6781 陖	6780 院	6779 陲		6778 陆
秦	秦	燕	秦	楚	晋	秦
 里耶 8－1275	 雲夢 秦律 118  雲夢 秦律 119  嶽麓一 爲吏 1 讀「泱」。	 燕王戎人矛 集成 11525  燕王職壺 新收 1483  燕王職矛 集成 11525A	 雲夢 答問 186  嶽麓一 爲吏 1	 璽彙 0311  珍戰 1	 珍展 4	 雲夢 爲吏 8

		6787 阩*		6786 ⿰阝几*	6785 ⿰阝⿱𥫗奐*	6784 ⿰阝享*
		楚		楚	秦	秦
⿰阝⿺辶坴	⿰阝⿺辶土		陷			
 包山 2	 包山 48	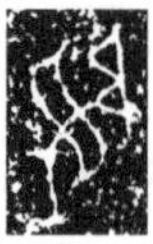 奇之阩鼎	 包山 119 反	 鄂君啓舟節 集成 12113	 雲夢 日甲 89 反	 陶録 6・56・1
 包山 5	 包山 40	 包山 29				 嶽麓一 爲吏 19
 上博三 周 33	 上博五 三 11	 包山 37				
 上博三 周 48	 上博二 容 39	 包山 45				
	 上博二 容 48	 包山 62				

6789 ⿰阝禾*　　6788 ⿰阝木*

晉	楚	楚	齊		晉	
			陛		陛	⿰阝⿱屮廾
 集粹 89	 上博二容 7 讀「委」。	 包山 185	 陶録 2・191・3  陶録 2・191・1  陶録 2・403・1  齊陶 0833	 璽彙 1912	 璽彙 0122  璽彙 3446  邢臺圖 211・6	 望山 2・18  望山 2・50  包山 85  上博六孔 25

6790	6791	6792		6793	6794	6795
⿰阝寺*	⿱⿰阝各土*	⿰阝冥*		階*	⿰阝栗*	⿰阝⿱夗女*
楚	楚	楚	晉	楚	楚	楚
			⿰阝安			
 郭店唐虞 27 讀「詩」。	 上博一緇 19 讀「格」。  上博一緇 19 讀「略」。	 清華二繫年 90 讀「鄍」。	 十三年上官鼎集成 2590  ⿰阝安陰令戈中國文字研究第一輯 讀「鄍」。	 上博二子 11  上博六用 6	 包山 119 反	 璽彙 0358 讀「苑」。

6796	6797	6798	6799	6800	6801	6802
⿰阝敫*	⿰阝干*	⿰阝午*	⿰阝刃*	⿰阝予*	⿰阝坐*	⿰阝并*
楚	晉	晉	晉	晉	晉	晉
 曾乙 45	 璽彙 2332	 璽彙 2331		 璽考 143  璽彙 3457 或疑「序」字異體。	 陶録 5·55·1 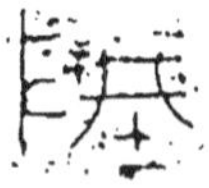 貨系 2484 或疑「阩」字繁文。	 璽彙 1547  璽彙 2773

6808 陏*	6807 隱*	6806 隰*	6805 隯*	6804 隥*		6803 阸*
齊	晉	晉	晉	晉		晉
					隉	
 司馬楙編鎛 山東104	 好盗壺 集成9734 或讀「喜」。	 港續7	 七年宅陽令矛 集成11546  七年宅陽令隯登戟 古研27	 璽彙2329  類編478	 程訓義1－28  陶録5・76・4	 璽彙5622

6815	6814	6813	6812	6811	6810	6809
隥 *	陘 *	陻 *	陛 *	阩 *	阾 *	陧 *
燕	燕	燕	燕	燕	齊	齊
 璽彙 0011	 璽彙 2835	 璽彙 1541	 璽彙 2325	 陶録 4・182・4	 齊陶 0073	 陶録 7・19・1
 璽彙 0191	 璽彙 0519	 璽彙 3113			 齊陶 0074	
 璽彙 0215					 齊陶 0075	
					 齊陶 0079	

		6820	6819	6818	6817	6816
		四	㒸	隊	隧*	隱*
	楚	秦	秦	秦	秦	燕
 璽彙 0316	 璽彙 5560	 陶録 6·175·4	 十鐘 3·46 下	 新郪虎符 集成 12108	 嶽麓叁 104	 璽彙 0830
 清華四 筮法 22	 郭店 唐虞 26	 陶録 6·181·2		 塔圖 142	 嶽麓一 爲吏 59	
 包山牘 1	 上博一 緇 7	 秦駰玉版		 塔圖 142		
 上博七 武 6	 上博六 天甲 8	 里 J1⑨7 正				
 郭店 窮達 10	《說文》籀文。	 北大·日乙				

6821

叒

秦	燕		齊		晉	
 雲夢 日乙 145	 廿四年錐 形器 集成 10453	 四十年左 工耳杯 新收 1078	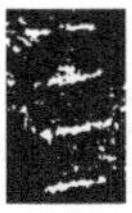 陳侯午簋 集成 4145	 令狐君壺 集成 9720	 邵黛鐘 集成 236	 郭店 緇衣 12
 雲夢 日乙 145	 廿四年銅梃 集成 11902A	 陶録 3・604・5	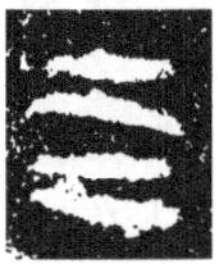 齊幣 449	 陶録 5・88・2	 二十七年大 梁司寇鼎 集成 2609	 清華五 啻門 10
	 貨系 3079		 陶録 3・522・6	 貨系 720	 三年垣上 官鼎 文物 2005.8	 郭店 性自 9
	 聚珍 138.5				 鄆孝子鼎 集成 2574	 曾乙 120
						 上博八 成 1

6822 綴

楚	楚	齊
	繠	繒
 璽彙 5605	 清華一 金縢 10 或讀「端」，或釋「繠」。	 璽彙 1460
		 璽彙 3519
		 陶録 2・82・1
		 陶録 2・82・2
		 齊陶 0799

6823 亞

秦	楚		
 詛楚文 亞駝	 亞將軍璽	 上博一 緇 9	 上博二 從乙 2
 陶録 6・103・5	 郭店 緇衣 2	 左塚漆梮	 上博一 性 39
	 包山 174	 郭店 老甲 15	 郭店 語三 1
	 郭店 性自 54	 包山 122	 上博六 用 11
	 上博一 性 24	 郭店 語四 11	 上博七 武 9

6824

五

	晉		楚	秦	晉	
 己游子壺 集成 9540	 三十五年鼎 集成 2611	 上博二 從甲 5	 鄂君啓舟節 集成 12113	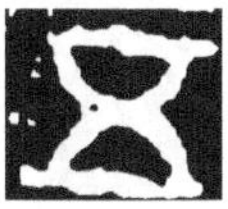 陶録 6・54・3	 集粹 96	 上博八 王 3
 陶録 5・100・2	 陶録 5・94・1	 包山牘 1	 曾乙 84	 秦駰玉版		 上博八 鶹 1
 貨系 897	 貨系 1108	 清華四 筮法 54	 璽彙 3084	 里 J1⑨1 正		 清華四 筮法 34
 貨系 2373		 清華二 繫年 005 背	 郭店 緇衣 27	 北大・算甲		 清華五 啻門 12
《説文》古文。		 郭店 尊德 26	 上博六 天乙 11	 北大・從政		 清華五 啻門 16

6825

六

	楚	秦		燕		齊
 清華二 繫年 006 背	 曾乙 128	 陶録 6・347・1	 先秦編 563	 聚珍 100.5	 陶録 2・498・1	 陳璋方壺 集成 9703.1A
 曾乙石磬	 清華一 程寤 3	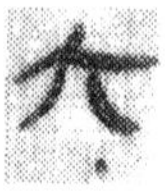 雲夢 效律 3	 先秦編 566	 陶録 4・113・1	 齊陶 0407	 齊節大夫 馬節 集成 12090
 清華五 命訓 07	 包山 130	 里 J1⑨1 正	 聚珍 168.3			 後李 圖九 5
 清華四 筮法 55	 清華四 筮法 1	 北大・九策				
	 清華五 命訓 05					

6826

七

楚	秦		燕	齊		晉
 包山 116	 陶録 6・176・4	 燕明刀背文 先秦編 563	 永用析涅壺 集成 09607	 陳侯因資敦 集成 4649	 陶録 5・93・6	 信安君鼎 集成 2773
 上博二 容 17	 雲夢 日乙 20	 燕明刀背文 先秦編 563	 貨系 2689	 齊幣 411	 貨系 1031	 六年格氏 令戈 集成 11327
 上博二 從甲 9	 里 J1⑯8		 陶録 4・2・1	 後李 圖三 8	 貨系 899 斜置。	 陶彙 9・106
 清華二 繫年 045	 北大・道里				 貨系 1059 斜置。	 象牙干支籌 文物 1990.6
 清華四 筮法 62	 北大・九策				 貨系 78	 六年代相鈹 文博 1987.2

6827

九

晉		楚	秦	燕	齊	晉
 梁十九年亡智鼎 集成2746	 包山273	 曾乙196	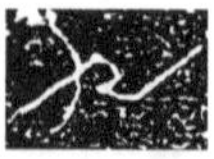 陶録 6·106·1	 貨系3092	 齊幣420	 二十七年大梁司寇鼎 集成2610
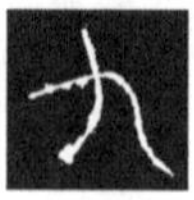 合陽鼎 集成2693	 清華四 筮法43	 上博三 周22	 陶録 6·184·5	 陶録 4·110·3	 齊幣420	 七年侖氏戈 集成11322
 安邑下官鍾 集成9707	 清華五 命訓05	 新蔡甲三 401	 高陵君弩機 商周18581		 陶録 2·493·1	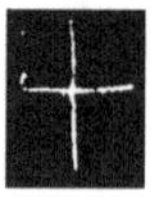 象牙干支籌 文物1990.6
 璽彙5407		 清華二 繫年008	 西安圖209		 陶録 2·493·4	
 陶彙 6·231		 包山36	 北大·九策		 齊陶1138	

6829　　6828

禽　　馗

		楚	秦	燕	齊	
脍	肣	㕣	逵			
 望山 1・125	 上博二 容 5	 上博三 周 10	 雲夢 答問 199	 王后左相 室鼎 集成 2360	 陳喜壺 集成 9700B	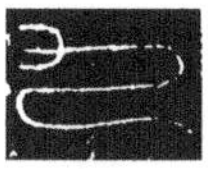 象牙干支籌 文物 1990.6
	 上博二 容 16	 上博三 周 28	 雲夢 答問 199	 璽彙 3384	 陶録 2・31・3	 貨系 761
	 清華一 皇門 9	 清華三 祝辭 4	《説文》或體。	 貨系 3101		 先秦編 427
				 先秦編 552		

6831 萬						6830 离
楚		秦			晋	秦
			[illegible]	[illegible]		
 郭店老甲 13	 里耶 8－552	 璽彙 4493	 錢典 982 頁	 璽彙 2608	 陝陰令戈 中國文字研究第一輯	 珍秦 360
 上博二容 10		 秦風 249		 璽彙 3119		
 上博二容 43		 秦風 249		 三晋 51		
 清華一保訓 5		 雲夢效律 27		 貨系 1061		
 清華五厚父 05		 里 J1⑨7		 貨系 2448		

		齊		晉		
墓	墓		墓		墓	
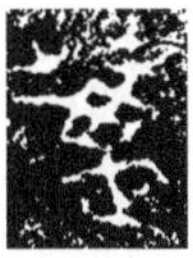 陳逆簠 集成 4630	 司馬楙編鎛 山東 104	 陳侯因資敦 集成 4649	 璽彙 4484	 令狐君壺 集成 9720	 上博二 民 14	 曾侯臘鐘 江漢考古 2014.4
 陳逆簠 集成 4629		 公孫竈壺 集成 9709	 璽彙 3668	 璽彙 4491	 上博一 緇 1	
				 璽彙 4793	 上博八 命 6	
				 璽彙 4811	 郭店 太一 7	
				 珍戰 195	 上博一 緇 8	

6834	6833					6832
畕	离					禹
楚	楚	齊	晉		楚	秦
				壐		
 包山 168	 上博二子 10	 陶録 2・576・3	 珍戰 236	 璽彙 5267	 上博五競 7	 鑒印 103
 郭店成之 22	 上博二子 12		 璽彙 5124	 上博一緇 7	 清華三良臣 1	 陶録 6・64・5
 清華一尹至 5			 珍戰 229	 郭店緇衣 12	 清華五厚父 01	 雲夢日甲 2 反
 上博八子 3				 上博二子 10		 關沮 332
 帛書甲				 上博四曹 65		 北大・隱書

6836 甲　　　　6835 獸

秦			楚		秦	晉
				獸		
 詛楚文 亞駝	 郭店 六德 43	 郭店 老甲 24	 曾侯乙鐘	 雲夢 日甲 31 反	 雲夢 秦律 6	 令狐君壺 集成 9719
 陶録 6・164・1	 上博七 武 5	 上博五 競 10	 曾侯乙鐘			
 里J1⑯9 背		 清華二 繫年 016	 曾侯乙鐘			
 里耶 8－1372		 包山 142	 曾乙石磬			
 北大・質日		 上博五 鬼 6	 上博四 曹 57			

6837

乙

晉	楚	秦	燕	晉		楚
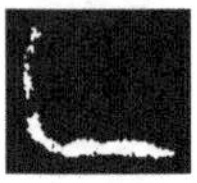 公朱左自鼎 集成 2701	 鄂君啓舟節 集成 12113	 秦風 230	 先秦編 557	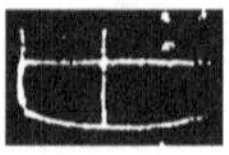 象牙干支籌 文物 1990.6	 清華二 繫年 137	 曾侯腆鐘 江漢考古 2014.4
 象牙干支籌 文物 1990.6	 曾侯乙戟 集成 11173	 雲夢 日乙 38	 陶録 4・119・4		 新蔡甲三 134	 曾乙 128
	 包山 7	 里 J1⑨1 正			 清華四 筮法 43	 包山 218
	 包山 166	 里耶 8－2093			 清華五 厚父 06	 包山 185
	 清華四 筮法 44	 北大・日丙				 九 A38

6839 亂				6838 乾		
		楚	秦	秦	燕	齊
		嬰				
 上博四 内 10	 清華五 命訓 08	 曾侯鵬鐘 江漢考古 2014.4	 詛楚文 湫淵	 秦風 215	 陶録 4・87・1	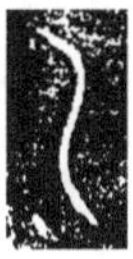 拍敦 集成 4644
 信陽 1・034	 上博四 内 6	 包山 192	 雲夢 日甲 5	 雲夢 日甲 39 反	 陶録 4・69・1	 陶録 2・137・2
 郭店 尊德 25	 清華五 啻門 16	 上博一 孔 22	 雲夢 爲吏 27	 雲夢 日乙 166	 陶録 4・90・1	 陶録 2・526・1
		 郭店 唐虞 28	 關沮 191	 里耶 8－1022	 陶録 4・143・2	 陶録 3・475・6
		 清華五 三壽 12				

尤

秦						
	衞					
 上博 36	 清華二 繫年 49	 清華三 琴舞 3	 郭店 成之 32	 郭店 老甲 26	 上博六 用 11  清華一 皇門 11  清華二 繫年 093  清華二 繫年 100  清華五 厚父 05	 九 A28

6841

丙

齊		晉		楚	秦	楚
	㔷			㔷		怲
 子禾子釜 集成10374	 璽彙2649	 貨系106	 清華二 繫年138	 燕客銅量 集成10373	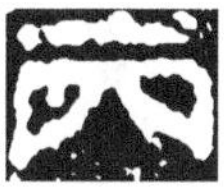 陶録 6·444·4	 新蔡零472
	 璽彙1164		 包山225	 包山31	 里J1⑨ 981正	
	 象牙干支籌 文物1990.6		 清華四 筮法45	 包山189	 里耶 8－1477正	
				 九A40	 北大·日丙	
				 望山1·09		

6843 戊

6842 丁

秦	燕	齊	晉	楚	秦	燕
陶録 6·52·4	璽彙 1688	陳逆簋 集成 4096	郘黛鐘 集成 226	包山 4	珍秦 236	璽彙 0747
集粹 723	璽彙 3850	陳肪簋蓋 集成 4190	璽彙 3167	郭店 窮達 4	雲夢 日乙 33	陶録 4·121·4
雲夢 日乙 187	貨系 3435	陶録 2·360·2	象牙干支籌 文物 1990.6	清華三 芮良夫 6	里耶 8－1572	
里 J1⑨6 正		齊陶 0179		清華四 筮法 11	里耶 8－2180	
里耶 8－1091		齊陶 0207		清華四 筮法 46	北大·日丙	

6844

成

	楚	秦	燕	齊	晉	楚
 清華一 保訓 9	 璽彙 5504	 珍秦 232	 雁節 集成 12104A	 陳純釜 集成 10371	 璽彙 0703	 包山 175
 清華一 皇門 11	 璽彙 0179	 塔圖 140	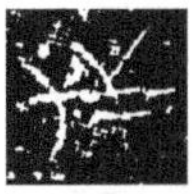 九年將軍戈 集成 11326B	 陶録 2・235・3	 貨系 107	 包山 60
 清華二 繫年 062	 郭店 忠信 7	 里耶 8－157	 璽彙 3821		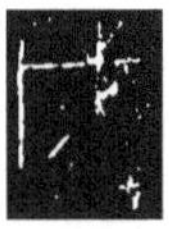 象牙干支籌 文物 1990.6	 郭店 老甲 34
 上博八 成 14	 清華三 良臣 5	 北大・田乙				 清華四 筮法 3
 清華五 命訓 01	 上博六 用 16	 北大・田甲				 清華四 筮法 47

6845

己

	楚	秦	齊			晉
吕						
 郭店 語一 72	 書也缶 集成 10008	 雲夢 日乙 187	 成陽辛城 里戈 集成 11154	 先秦編 605	 貨系 1487	 滎陽上官皿 文物 2003.10
 郭店 成之 38	 郭店 語三 5	 里 J1⑨7 正	 璽考 31	 先秦編 604	 先秦編 623	 成君鼎 集成 1343
 清華二 繫年 027	 包山 157 反	 里耶 5－22	 璽考 32		 珍戰 210	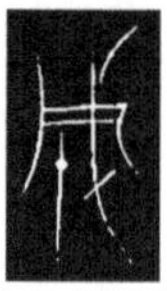 中山王方壺 集成 9735
 上博一 緇 7	 包山 220	 里耶 8－1800	 陶録 3・176・3		 貨系 1077	 璽彙 4056
 上博五 姑 9	 清華五 啻門 01	 北大・白囊			 三晉 55	 璽彙 5326

6846

巴

秦	燕		齊		晉	
	⿱己口	⿱己口		⿱己口		异
 里 J1⑯6 正  里耶 8－61 正  里耶 8－207 正	 璽彙 0766	 齊陶 0288	 禾簋 集成 3939  莒公孫潮 子鐘 山東 103  璽彙 1475  璽彙 2191 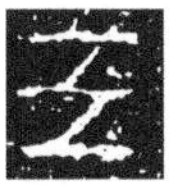 璽彙 3638	 陶録 5・31・5	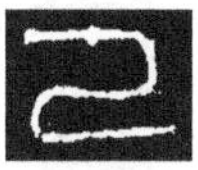 己游子壺 集成 9541  貨系 111 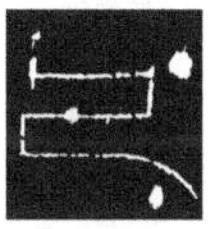 象牙干支籌 文物 1990.6	 包山 182  郭店 緇衣 11  上博二 從乙 1  郭店 尊德 5 加注「丌」聲。

6847 庚

秦	楚		晋	燕
 陝西 894	 曾乙 1	 清華一皇門 1	 垣上官鼎 集成 2242	 庚都司馬鐵 集成 11909
 雲夢日乙 110	 包山 220	 清華一楚居 1	 鄲孝子鼎 集成 2574	 璽彙 0059
 里 J1⑨981 背	 包山 85	 清華二繫年 018	 哀成叔鼎 集成 2782	 璽彙 0293
 里耶 8－163	 上博五季 11	 清華四筮法 49	 象牙干支籌 文物 1990.6	
 北大・質日	 上博六慎 2	 清華五厚父 04		

6848 辛

秦	楚
 陶録 6・56・1	 望山 1・156
 雲夢日乙 110	 包山 54
 里 J1⑨7 正	 包山 73
 里耶 8－1477	 九 A40
 北大・質日	 清華四筮法 50

6849

皐

晋	楚	秦	燕		齊	晋
 中山王鼎 集成 2840	 上博八 志 3  郭店 五行 38  上博四 曹 37  上博五 競 2  清華一 祭公 15	 詛楚文 湫淵  秦駰玉版  雲夢 答問 140  里耶 8－144 正  嶽麓叁 10	 聚珍 033.3  璽彙 1248  璽考 295	 後李 圖三 8  陶録 2・665・4	 羊角戈 集成 11210  璽彙 1269  璽考 59  璽考 295  陶録 2・309・2	 璽彙 0406  璽彙 1266  先秦編 462  貨系 116  先秦編 316

6851 辥			6850 辜			
楚	秦	晋		楚	秦	齊
朔			𩊚	𣧛		
 上博五 三 14	 雲夢 爲吏 34	 好蚉壺 集成 9734	 清華二 繫年 052	 包山 248	 詛楚文 巫咸	 璽彙 3667
 清華五 封許 05	 雲夢 爲吏 6			 包山 217	 雲夢 日甲 36 反	
讀「乂」。				《說文》古文。	 雲夢 日甲 52 反	

辭

燕	齊	晉	秦	齊		晉
辝	⿰辛司	⿰言辛	⿰舜辛			
 貨系 2342  貨系 2343 讀「司」。	 陶録 2・643・4	 中山王方壺 集成 9735	 里 J1⑨9 正  嶽麓叁 166  嶽麓叁 91  嶽麓叁 70	 陶録 2・279・1  陶録 2・279・3  璽彙 3603	 璽彙 0416	 璽彙 2261  吉林 200

6854 壬　　6853 辯

齊	晉	楚	秦	楚	秦	晉
				詃		辭
 陶録 2・275・1	 邢臺圖 209・6	 包山 37	 十鐘 3・43 下	 上博四 柬 19	 陝西 826	 大司馬鐓 集成 11910
 陶録 3・519・1	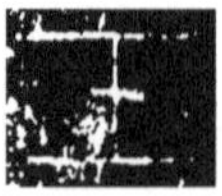 象牙干支籌 文物 1990.6	 新蔡乙二 23	 雲夢 日乙 110	 郭店 五行 34	 雲夢 爲吏 15	
 後李 圖二 11	 玉片 中山 141 頁	 清華四 筮法 43	 里 J1⑨10 背	 上博五 三 3		
 齊陶 1260	 貨系 121	 清華五 三壽 17	 里耶 8－673	 上博二 民 9		
燕						
 燕明刀背文 先秦編 546						

辡部　壬部

6856　子　　　　6855　癸

晉	楚	秦	齊	晉	楚	秦
 子孔戈 集成 11290	 郭店 語一 69	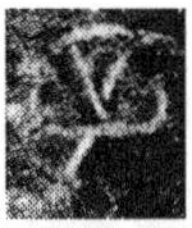 秦駰玉版	 陳侯因資敦 集成 4649	 右使車嗇 夫鼎 集成 2707	 璽彙 1929	 陶録 6・56・1
 君子之弄鼎 集成 2086	 上博二 民 6	 珍秦 384	 陶録 2・285・3	 璽考 340	 新蔡甲三 8	 珍秦 117
 郿孝子鼎 集成 2574	 清華二 繫年 130	 陶録 6・293・2	 陶録 3・604・4	 璽彙 1533	 清華四 筮法 44	 陶録 6・307・2
 上官豆 集成 4688	 上博六 木 4	 里耶 8－137	 陶録 2・90・4	 璽彙 3988	 包山 57	 里耶 8－1576
	 包山 237	 北大・泰原			 包山 81	 雲夢 日乙 251
		 北大・從軍				

6858 挽　　6857 孕

	楚	楚	秦	燕	齊	
 郭店 六德 28	 郭店 緇衣 24	 上博三 周 50	 詛楚文 湫淵	 十三年戈 集成 11339	 子悍戈 集成 10958	 貨系 1496
 上博五 姑 4	 上博五 鮑 2		 雲夢 日甲 41 反	 先秦編 557	 陳子翼戈 集成 11087	 貨系 1497
 上博六 用 18	 清華五 三壽 09			 先秦編 557	 璽彙 0233	 貨系 1541
 上博六 用 12	 上博六 莊 8				 陶録 2・537・1	 貨系 1548
	 曾乙 28					 貨系 1526

	6860				6859	
				㝅	字	
燕		楚	秦	秦	晋	
享						⿸厂字
 纕安君鈚 集成 9606	 新蔡甲三 322	 上博四 柬 8	 雲夢 日甲 145	 里耶 6－1 正	 璽彙 5412	 清華四 筮法 50
 永用析涅壺 集成 9607	 新蔡乙一 14	 清華三 芮良夫 21	 雲夢 日甲 143	 雲夢 日甲 150		或讀「字」。
 陶録 4・107・1	 上博六 孔 14	 包山 166				
 陶録 4・107・2	 清華五 命訓 04	 上博六 用 3				
讀「㝅」。	 帛書乙	 上博六 莊 7				

6862 孟　　　　6861 季

楚	秦	齊	晉		楚	秦
 上博二容 51	 雲夢日乙 23	 陳逆簠新收 1781	 盛季壺集成 9575	 書也缶集成 10008	 郭店老甲 1	 珍秦 112
	 關沮 335	 陶録 2・48・4	 六年陽城令戈華夏考古 1991.3		 清華三良臣 8	 鑒印 47
	 里耶 8－1864	 齊陶 0904	 珍展 21		 上博五弟 2	 陶録 6・449・3
			 吉林 202		 清華五命訓 13	 雲夢日乙 111
					 上博三中 2	 里耶 8－1481 背

6863

孽

楚	秦		齊	晉		
⿰子亏					㛺	⿱孔皿
 清華一 祭公 20 讀「蠻」。	 雲夢 爲吏 27	 陶録 2·549·2	 陳卿聖孟戈 集成 11128	 趙孟庎壺 集成 9679	 曾孟嬭朱 姬簠 新收 530	 清華二 繫年 074
		 陶録 2·553·2	 禾簋 集成 3939	 璽彙 1348		 清華二 繫年 076
		 陶録 2·548·3	 孟右人戈 集成 11000	 璽彙 1352		 清華二 繫年 078
		 齊陶 1178	 璽彙 1365	 璽彙 1343		 清華二 繫年 079
		 璽彙 1362	 陶録 2·549·3	 璽彙 3348		

6864 孼		6865 孤			6866 存	6867 孷
楚		燕	秦	楚	秦	楚
誚	孿					
 上博六 用 17	 上博三 彭 2	 杕里瘟戈 集成 11402.1A	 雲夢 日乙 243	 璽考 142	 陶録 6・439・3	 郭店 老甲 12
 上博六 天甲 4	 上博三 彭 3		 雲夢 爲吏 2	 新蔡甲三 23	 雲夢 秦律 161	 郭店 六德 21
 上博六 天乙 3	 上博三 彭 8		 關沮 260	 上博七 吴 4	 里耶 8－135 正	 上博二 民 8
			 嶽麓一 爲吏 75	 上博七 吴 8		 清華一 祭公 6
				 清華五 湯丘 11		 清華五 命訓 05

疑

齊	晉				楚	秦
⿰忄矣	⿱乚矢	頪	⿱㠯心	⿱矣心	⿱乚矢	
 陶録 2・131・2  陶録 2・169・1  陶録 2・169・4  齊陶 0971	 先秦編 168	 上博三 周 14	 郭店 語二 36  郭店 語二 37  上博一 緇 2  上博一 緇 22  上博一 緇 3	 璽彙 3643  郭店 成之 21  上博二 從乙 3  上博一 孔 14	 上博六 孔 15  上博六 孔 8	 商鞅方升 集成 10372  陶録 6・370・3  秦風 169  里耶 8－997  嶽麓叁 105

6873	6872	6871	6870	6869		
㪣*	孾*	孫*	䘿*	孥*		
晉	楚	楚	楚		楚	
						[illegible]
 璽彙 2363	 包山 5	 新蔡甲三 294  上博八有 5	 清華一祭公 1 讀「昧」。	 曾侯乙鐘  曾乙鐘架  曾乙鐘架  曾侯乙鐘集成 326 讀「亂」，或釋「乳」。	 曾侯乙鐘集成 289  上博三周 2 讀「需」。  曾侯乙鐘集成 319  曾侯乙鐘集成 346  曾乙鐘架	 璽彙 3560

	6874 ⿱子日*	6875 𡥆*	6876 ⿱畾子*	6877 孑	6878 孨	
齊	晉	晉	晉	楚	晉	齊
 璽彙 4025	 璽彙 2755  璽彙 2756	 𡥆蚉壺 集成 9734	 璽彙 1739  璽彙 1919  璽彙 2128  璽彙 1985	 清華一 楚居 5 讀「艾」。  清華五 命訓 09 讀「叛」。	 鴨雄 041	 陶録 2・182・4  陶録 2・645・3  陶録 3・223・3

6882 疏			6881 育		6880 孴	6879 孱
秦		楚	秦	晉	楚	秦
	⿰示㐬	⿰女㐬	毓			
 珍秦 81  雲夢封診 91  里耶 8－487  里耶 8－1517 正  北大・隱書	 新蔡甲三 188	 曾嫋孈朱姬簠新收 530  曾嫋孈朱姬簠新收 530  清華一楚居 2  望山 1・121  包山 237	 秦駰玉版	 珍戰 119	 上博六競 10 讀「攝」。  磚 M370・2 《說文》籀文。	 孱陵戈集成 11462  塔圖 125  里耶 8－467

6884 羞　　　　6883 丑

秦	燕	齊	晉		楚	秦
				[丑/王]		
 官印 0005	 璽彙 2285	 拍敦 集成 4644	 三十三年 大梁戈 集成 11330	 新蔡甲三 22	 書也缶 集成 10008	 雲夢 日乙 243
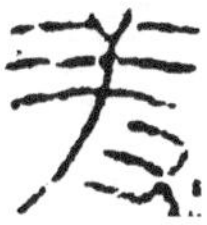 秦集一 二 72・3	 陶録 4・15・3	 莒公孫潮 子鎛 山東 103	 象牙干支籌 文物 1990.6	 新蔡甲三 299	 蔿子受鐘 通考 300	 里 J1⑨7 背
 傅 673	 陶録 4・189・4	 陶録 2・220・1	 貨系 128		 包山 131	 里耶 8－715 背
			 珍展 31		 清華一 保訓 1	 北大・白囊
					 清華四 筮法 53	 北大・日丙

6885

寅

楚	秦	楚
		題
 包山 64	 故宫 403	 上博三 周 28
 新蔡甲二 22	 雲夢 日乙 33	 上博三 中 26
 新蔡甲三 178	 里耶 8－140 正	
 包山 180	 嶽麓一 質一 29	
 清華四 筮法 54	 北大・質日	

6886

卯

秦	燕	齊	晉
 秦風 62	 庚寅戈 集成 11268	 陳逆簠 新收 1781	 郾孝子鼎 集成 2574
 雲夢 日乙 31	 璽彙 3841	 陳逆簠 集成 4630	
 里耶 8－63 正	 璽彙 4121	 陳純釜 集成 10371	
 里耶 8－1563 正		 陶録 3・597・1	

6887

辰

	秦	燕	齊	晉		楚
 雲夢 日乙 157 受上文「疾」字類化。	 陶録 6・56・1  陶録 6・163・4  塔圖 139  珍秦 108  里耶 8－135 正	 貨系 3614	 陳卯造戈 集成 11034  陶録 3・311・3  陶録 3・311・4	 王立事鈹 新收 1481  程訓義 2－8 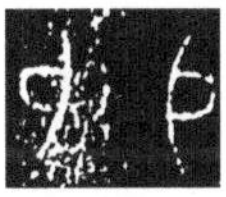 象牙干支籌 文物 1990.6	 清華四 筮法 55  新蔡乙四 98  包山 265 讀「庖」。	 包山 135  包山 230  包山 228  郭店 語一 3  九 A23

6888

辱

	楚	秦	齊			楚
					脣	
 上博八 命2	 包山21	 雲夢 日甲62	 節可忌豆 新收1074	 上博三 中19	 包山173	 衣箱 曾乙E61
 郭店 老甲36	 上博二 從甲6	 雲夢 日乙197	 璽彙3106	 清華四 筮法56	 包山37	
 郭店 老乙5	 上博七 吳9		 陶録 2・18・4	 清華五 封許02	 九A19	
	 上博八 成4			 包山143	 九A20	
				 包山186	 新蔡甲三 343－1	

巳

齊		晉		楚		秦
					已	
 璽彙 2209  陶録 3・659・1	 璽彙 3767  璽彙 3340  象牙干支籌 文物 1990.6	 三年垣上官鼎 文物 2005.8  右使車嗇夫鼎 集成 2707  璽考 290  璽彙 2039	 上博二 從乙 3  上博六 競 1  包山 183  清華四 筮法 57  上博一 緇 11	 望山 1・10  新蔡甲二 22  郭店 語三 4  新蔡乙三 060  九 A31  上博一 孔 5	 里耶 8－1556 正  里耶 8－214  里耶 8－1832	 陶録 6・169・4  雲夢 日乙 31  里 J1⑨7 正  北大・泰原  北大・日丙

6891 午		6890 㠯				
楚	秦	齊	晉	楚	秦	燕
					以	
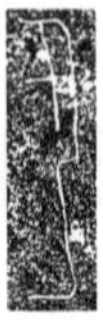 曾侯𦞂鐘 江漢考古 2014.4	 秦風 104	 陳逆簋 集成 4096	 好蚉壺 集成 9734	 郭店 老甲 10	 秦駰玉版	 聚珍 119.1
 璽彙 1201	 西安圖 135		 中山侯鉞 集成 11758	 新蔡甲一 25	 里 J1⑨7 正	 聚珍 063.4
 上博二 容 51	 雲夢 日乙 31		 璽彙 4852	 上博二 容 10	 北大・九策	
 新蔡甲三 134	 珍秦 78		 陶録 5・38・3	 清華二 繫年 137	 北大・白囊	
 清華一 皇門 1	 里耶 8－137 正		 貨系 40	 清華三 祝辭 2		

6893 未			6892 啎			
楚	秦		秦	燕	齊	晉
		玝				
 郭店 成之 23	 陶録 6・453・3	 里耶 8－461 正	 珍秦 248	 璽彙 2796	 十四年陳 侯午敦 集成 4646	 哀成叔鼎 集成 2782
 郭店 老甲 14	 里 J1⑨6 正		雙聲符。	 陶録 4・83・1	 陶録 2・348・1	 璽彙 2600
 九 A21	 里 J1⑨11 背				 陶録 3・138・5	 貨系 134
 上博一 孔 19	 里耶 8－334					
 上博四 曹 43	 北大・從軍					

6894

申

晋		楚	秦	齊	晋	
 璽彙 1294  象牙干支籌 文物 1990.6  珍戰 107	 清華四 筮法 54  郭店 忠信 6	 鄴陵君豆 集成 4695  璽彙 1258  包山 46  包山 91  九 A20	 秦風 83  陶録 6・163・2  雲夢 日乙 251  里 J1⑨7 正	 陳侯因資敦 集成 4649	 温縣 T1K1：1961  中山王鼎 集成 2840  錢典 603	 包山 61  包山 41  包山 201  清華四 筮法 53  清華五 湯丘 03

6897	6896		6895			
酉	曳		臾			
秦	晋	晋	秦		燕	齊
 陶録 6・56・1  雲夢 日乙 109  里 J1⑨7 正  里耶 8－2206	 二十四年 㠯令戈  考古 1990.8  璽彙 0410	  三年垣上 官鼎 文物 2005.8 讀「與」。  温縣 WT1K14：636  六年格氏 令戈 集成 11327	 里耶 8－1139  嶽麓一 爲吏 70	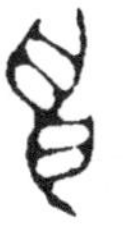 璽彙 3137	 璽彙 0876  璽彙 3646  陶録 4・195・2	 陶録 3・536・5  齊明刀背文 考古 1973.1

6899 酴　　6898 酒

楚	秦	燕	齊	晉		楚
 包山 18  包山 35 讀「舒」。	 關沮 313  里耶 8－1221  北大・泰原	 丙辰方壺 西清 19・3	 陳喜壺 集成 9700A	 温縣 T1K1：3780  璽彙 3419  錢典 150	 新蔡甲二 7  新蔡乙四 126	 新蔡甲三 243  上博五 弟 8  清華一 耆夜 3  清華一 耆夜 7  包山 203

6904		6903		6902	6901	6900
配		酷		酤	醇	醴
楚	齊	楚		秦	秦	秦
			盍	醢		
 蒍子受鎛 通考 289  蒍子受鐘 通考 299  新蔡零 92  清華三 説命下 2	 陶録 2・555・2  陶録 2・560・2  陶録 2・562・1  陶録 2・560・1  後李 圖六 1	 包山 124  包山 150  包山 125	 里耶 8－1839	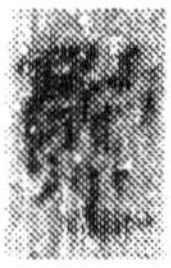 雲夢 秦律 12  嶽麓一 爲吏 18	 關沮 323  里耶 8－1221	 雲夢 日乙 240  里耶 8－761  里耶 8－2319  嶽麓叁 55  嶽麓叁 48

6908		6907		6906	6905	
醫		醉		酖	酌	
晉	秦	楚		楚	楚	齊
医				醓		
 璽考 341	 珍秦 208 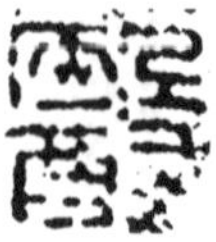 傅 30  雲夢 日乙 242	 清華一 耆夜 7	 鑄客盉 集成 9420  鑄客爐 集成 10388  璽彙 0001  包山 177  上博六 莊 1	 酖祓想簠  曾大沈尹 壺乙 商周 12226  鑄客鼎 集成 2300  鑄客鼎 集成 2300  鑄客盉 集成 9420	 上博三 周 57	 陳逆簠 新收 1781  陳逆簠 集成 4629

		6912 醬	6911 酢	6910 酸		6909 茜
	楚	秦	秦	晉	楚	秦
⿱⿰爿酉土	⿰爿酉					
 清華五 封許 03  清華五 啻門 18	 郭店 老甲 14  上博七 武 2  包山 253  清華三 祝辭 4  上博五 姑 8 讀「將」。	 雲夢 日甲 26 反  雲夢 秦律 179	 陶録 6・56・1  雲夢 日乙 187  雲夢 日乙 187	 酸棗戈 集成 10922	 包山 255	 傅 1573

醯

楚	燕			齊		晉
酭	⿰爿酉	⿸疒酉	⿱⿰爿夕酉		⿰爿⿸厤酉	⿰爿酉
 包山 255  郭店窮達 9	 九年將軍戈集成 11326B 讀「將」。	 璽彙 0095  璽彙 0307  陶録 3·547·5 讀「將」。	 璽彙 0234  璽彙 0177 讀「將」。	 貴將軍虎節新收 1559	 璽彙 3436	 守丘刻石  中山王方壺集成 9735  三年大將弩機文物 2006.4  璽彙 0093  陶彙 6·20

6913 酓

楚

競孫旟也鬲 商周 3036

酓章鐘 集成 83

酓悍鼎 集成 2794

包山 85

包山 190

新蔡乙一 22

上博三 周 50

上博五 弟 8

清華一 楚居 2

讀「熊」。

6914 ⿰酉奚*

楚

包山 256

讀「膎」。

6915 醋*

楚

上博二 昔 1

6916 ⿰酉萬*

楚

清華二 繫年 061

清華二 繫年 061

讀「厲」。

6917 ⿰酉齊*

楚

包山 255

晉

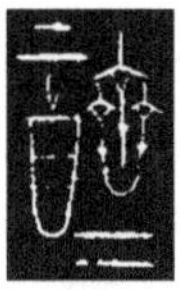
中山王方壺 集成 9735

讀「齊」。

	6918 ⿰酉几*	6919 ⿱夂酉*	6920 ⿰酉矦*	6921 ⿱告酉*	6922 醻*	6923 ⿸虍酉*
燕	齊	齊	齊	齊	齊	燕
 燕侯載器 集成 10583 或讀「資」。  陶録 4·170·1	 陶録 3·559·2	 陳純釜 集成 10371  陶録 2·558·2	 陶録 2·76·3  陶録 2·76·4	 滕侯昃戈 集成 11123 讀「造」。	 璽彙 2096	 璽彙 3447

6924 酋

6925 尊

楚	燕	秦		楚		
			⿰阝关	⿱缶酋	⿱酋廾	⿰阝尊
 上博二容 1	 鷹節集成 12105A	 商鞅方升集成 10372	 珍秦 198	 郭店尊德 20	 曾姬無卹壺集成 9711	 奇之䧩壺
		 在京圖五 5		 上博六天甲 10	 郭店唐虞 4	 西林匜集成 4503
		 雲夢爲吏 27		 上博七鄭甲 5	 郭店唐虞 8	 郭店五行 35
				 郭店尊德 4	 郭店唐虞 7	 郭店語一 79
				 望山 2・45		 郭店唐虞 6

6926

戌

晉	楚	秦	燕	齊	晉	
			[illegible]		[illegible]	[illegible]
 温縣 WT4K5：12	 包山 175	 秦風 96	 璽彙 1486	 璽彙 1956	 令狐君壺 集成 9720	 郭店 語一 82
 璽彙 1885	 包山 42	 陶録 6・270・1				
 璽彙 5461	 包山 68	 雲夢 日乙 243				
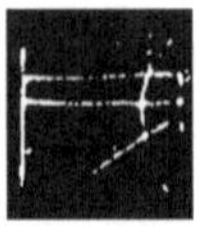 象牙干支籌 文物 1990.6	 九 A22	 里耶 8－134 正				
	 新蔡甲三 80	 里耶 8－163 正				

6927

亥

齊	晉			楚	秦	齊
		窅				
 陳昉簋蓋 集成 4190	 璽彙 3468	 清華五 啻門 01	 包山 54	 鄂君啓舟節 集成 12113	 珍秦 36	 璽彙 0197
 陳逆簋 集成 4096	 璽彙 5398		 包山 157 反	 璽彙 3564	 雲夢 日乙 243	
 璽彙 2192			 清華四 筮法 57	 九 A23	 關沮 98	
 節可忌豆 新收 1074				 包山 44	 里耶 8－63 正	
				 新蔡甲三 134	 嶽麓一 質一 26	

一日		一刀		一人		
齊	楚	燕	齊	楚		
 陶録 2・31・2	 上博三 中 24  上博三 中 24	 聚珍 094.4  聚珍 119.3  聚珍 153.1	 齊明刀 考古 1973.1	 上博四 曹 26  上博七 君甲 4  清華五 封許 05		

又六	又五	一航	一車	一石	一月	一夫
楚	楚	楚	楚	晉	楚	楚
 曾乙 141	 曾乙 140	 鄂君啓舟節 集成 12113	 鄂君啓車節 集成 12112	 十茉燈座 集成 10402	 帛書乙	 包山 3  包山 10

九月	八分	八月	八刀	七月	七日	又日
楚	晉	楚	齊	晉	楚	晉
 九 A96	 金半球形飾	 包山 7	 齊明刀 考古 1973.1	 璽彙 5333	 帛書乙	 璽彙 0941
 新蔡甲一 22		 包山 173				 璽彙 3243
		 曾乙 1				
		 新蔡甲三 201				
		 新蔡零 423				

合文	國別	釋文	字形	出處	備注
九女	晉			璽彙 3001	
九首	楚			上博九卜 1	讀「頫首」。
九侯	晉			璽彙 1095	
九嗌	晉			璽彙 1551	
		艽嗌		璽彙 2294	
三人	晉			司馬成公權 集成 10385	
十月	楚			包山 176	
				九 A78	
				新蔡甲三 191	

⿱大冋月	訢月	亯月	中月	必月		水月
晋	晋	楚	晋	晋		晋
 璽彙 4034	 璽彙 1841	 包山 200	 璽彙 0463	 璽彙 1191	 璽考 313	 珍戰 103
 璽彙 5618		 包山牘 1	 璽彙 3067	 璽彙 1210		 璽彙 0464
 璽考 285		 九 A78	 璽彙 3336			 璽彙 0465
						 璽彙 2061

告月	鬼月	酓月	爨月	厶尔		厶官
晉	晉	齊	楚	晉		晉
					厶坏	
 趙告月戈  璽彙 1312	 璽考 287  程訓義 1－16 讀「禝月」。	 是立事歲戈 集成 11259	 包山 125	 璽考 341 讀「私璽」。	 璽彙 4618  璽彙 4619 讀「私璽」。	 中私官鼎 集成 2102.2  信安君鼎 集成 2773.1  私官鼎 集成 1508 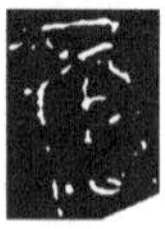 陶録 5・71・1

	厶庫	女亓	女曷	上下	上月	上各
	晉	楚	晉	楚	齊	晉
 長信侯鼎 集成 2304 讀「私官」。	 私庫嗇夫 蓋杠接管 集成 12050  私庫嗇夫 蓋杠接管 集成 12051  私庫嗇夫鑲 金銀泡飾 集成 11863  兩漢印帚 讀「私庫」。	 上博一 緇 11 讀「如其」。	 璽彙 1536 讀「如曷」。	 九 A26  上博一 孔 4  上博四 曹 16  上博四 曹 34  清華四 筮法 41	 山璽 160	 璽彙 3228 讀「上洛」。

下沱	土帝	尚蝗	上帝	上庫	上官	上高
晉	楚	晉	楚	晉	晉	晉
 璽彙 4057	 清華二 繫年 001	 璽考 299 讀「上唐」。	 清華一 程寤 4	 二十八年 晉陽戟 珍吴 199	 垣上官鼎	 璽彙 0919
 璽彙 4059			 上博四 柬 6		 璽彙 3967	 璽彙 3783
			 清華五 封許 03		 璽考 296	 璽彙 0425
			 清華二 繫年 001		 璽彙 3970	 璽彙 1518
					 璽彙 3971	

亡忌	亡羊	亡丘	亡喪	亡孟	亡尸	下庫
晉	晉	晉	楚	楚	楚	晉
 璽彙 1385	 璽彙 3583	 璽彙 4140	 上博三 周 32	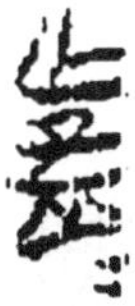 清華四 別卦 1 讀「無妄」。	 清華四 別卦 5 讀「明夷」。	 二十一年 □國戟 珍吴 104  十一年閃 令趙狽矛 集成 11561  三年鈹 集成 11661  八年玆氏 令吴庶戈 集成 11323

亡畏	亡魚	亡智	亡澤	大夫		
晉	晉	晉	晉	秦	楚	
亡戟						
 璽彙 1628  璽彙 2674	 璽彙 0563	 璽彙 2982	 璽考 249  璽彙 0858	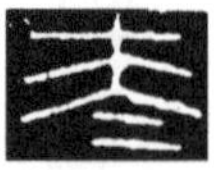 珍秦 126  珍秦 280  傅 1148  雲夢日乙 104  嶽麓叁 62	 璽考 166  璽考 167  璽考 167  璽考 167  包山 26	 包山 130  郭店緇衣 23  上博五姑 9  上博一緇 12  上博七吳 7

卜大夫

晋		燕	齊		晋	
 璽彙 0106	 郭大夫釜甑 考古 1994.4  十三年戈 集成 11339A	 大夫北鏃 集成 11988  大夫北鏃 集成 11989	 辟大夫虎符 集成 12107  璽彙 0098  山東 006	 珍戰 18  璽彙 0103  璽彙 0107	 公朱左自鼎 集成 2701  中山王方壺 集成 9735  □年邦府戟 集成 11390  三年大將 弩機 文物 2006.4	 清華二 繫年 011  上博一 緇 14  上博八 命 2  上博八 命 6

大人	大富	大⿺辶化	大管	大⿰爿⿱冖⿹戈貝	大弔	大吉
秦	秦	楚	楚	楚	晉	楚
 珍秦 177  珍秦 220  珍秦 244	 陝西 1718	 清華四 別卦 6 讀「大過」。	 清華四 別卦 2 讀「大畜」。	 清華四 別卦 4 讀「大壯」。	 璽彙 3350  璽彙 3428 讀「大叔」。	 璽彙 2635

	小人			夫人	大陰	大料
	楚	齊	晉	楚	晉	楚
 郭店 尊德 25	 包山 144	 𤼷墜夫人燈 新收 1084	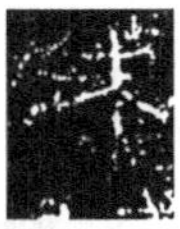 漆圓盒 文物 1980.9	 新蔡甲三 213	 貨系 827	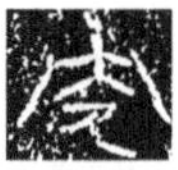 垣上官鼎
 郭店 語四 11	 包山 136	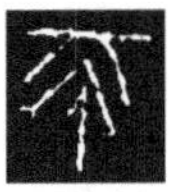 𤼷墜夫人燈 山東 748		 新蔡乙一 13		 安邑下官鍾 集成 9707
 上博五 季 7	 清華五 三壽 09	 𤼷陵夫人 銀匜 山東 718		 新蔡乙三 46		
 上博三 周 31	 清華一 保訓 4	 璽考 31				
 上博三 中 16	 郭店 成之 32					

少帀	少篙	少逃	少凶	少又		小子
晋	楚	楚	楚	楚	楚	秦
 十六年盜壽令戟 文物季刊 1992.4  璽考 299  璽彙 3203  璽彙 3204  邢臺圖 212・4	 清華四 別卦 8 讀「小畜」。	 清華四 別卦 4 讀「小過」。	 清華四 筮法 37 讀「小凶」。	 清華四 別卦 7 讀「小有」。	 新蔡零 39、527  清華一 程寤 1	 秦駰玉版 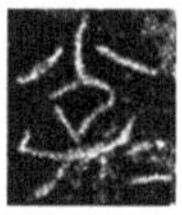 秦駰玉版

	工帀	少府	少臣		少曲	少斗
	晋	晋	晋		晋	晋
 二十八年戟 珍吴 117	 王立事鈹 新收 1481	 少府盉 集成 9452	 璽彙 1862	 璽彙 3404	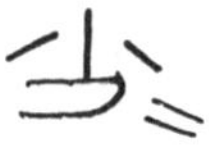 十二年少曲令戈 集成 11355	 湏脒鼎
 四年春平侯鈹 集成 11707	 七年安搙令戈 吉博			 程訓義 1－66	 上皋落戈 考古 2005.6	 湏脒鼎
 七年邦司寇矛 集成 11545	 八年吂令戈 集成 11344			 璽考 299	 十一年皋落戈 考古 1991.5	 安邑下官鍾 集成 9707
 宜陽戈 考文 2002.2	 八年新城大令戈 集成 11345			 先秦編 99	 十一年令少曲慎录戈 雪二 116	
 右冢子鼎 新收 308				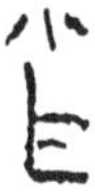 先秦編 99		

之日	之夕	土地	工行			
楚	楚	楚	燕			
 燕客銅量 集成 10373  包山 226  包山 201  新蔡乙四 148  上博二 容 51	 新蔡甲三 126、零 95  新蔡甲三 134、108	 郭店 六德 4	 貨系 2963	 六年格氏 令戈 集成 11327 讀「工師」。	 陶彙 9·106  三年槊令戈 集成 11338  司馬成公權 集成 10385  璽考 320	 十一年皋 落戈 考古 1991.5  三年𥁰 余令戈 集成 11319  九年鄭令矛 集成 11551  三十三年 鄭令鈹 集成 11693

	之所		之志	之先	之市	之月
	楚	楚	秦	楚	楚	楚
 清華一 金縢 13	 郭店 太一 5  郭店 太一 7  上博五 季 9  上博五 季 12	 郭店 性自 45  上博五 季 7	 雲夢 日甲 129	 清華五 湯丘 15  清華五 湯丘 15  清華五 啻門 21	 包山 63	 包山 2  包山 226  新蔡甲三 8、18  新蔡乙一 28

之時	之歲	之母	之家		止之	古之
楚	楚	晉	晉		楚	楚
 新蔡零 417	 包山 221  包山 226  包山 267  新蔡甲三 1  新蔡甲三 259	 港續 80	 十三茉壺 集成 9693  十茉燈座 集成 10402  十茉銅盒 集成 10358  十二茉銅盒 集成 10359  十一茉壺 集成 9684  十三茉壺 集成 9686	 坪安君鼎 集成 2793  右使車嗇夫鼎 集成 2707 讀「之重」。	 上博四 昭 1  清華二 繫年 023	 上博三 中 21

子馬	子柏		子孫	先人	先之	寺之
晉	晉		楚	楚	楚	楚
 珍戰 38	 璽考 350	 上博二 民 12	 郭店 老乙 16  上博四 柬 10  清華一 保訓 9  清華一 皇門 6	 清華二 繫年 015  上博二 從甲 17  上博七 吳 1  新蔡甲三 13  清華五 湯丘 06	 郭店 尊德 16	 港甲 8

孔子				季子	孥子	孯子
楚				楚	楚	楚
 上博三 中 1  上博三 中 12  上博三 中 26  上博五 季 1  上博五 季 2	 上博八 顔 6  上博八 顔 10  上博四 相 4  上博四 相 2	 上博一 孔 1  上博一 孔 7  上博一 孔 21  上博一 孔 27  上博二 子 9	 上博二 民 1  上博二 民 5  上博二 民 8	 九 B34  上博五 弟 1  上博五 弟 1	 清華一 楚居 11  清華二 繫年 097  清華二 繫年 098 讀「孺子」。	 新蔡乙四 57  新蔡零 102、59

屯留	還子	厚子	斿子	長子	范子	方子
晋	齊	齊	晋	晋	晋	晋
					㞢子	
 廿二年屯留令戟 珍吴 244	 璽彙 5681	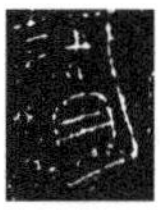 工師厚子鼎 新收 1075	 向斿子鼎 集成 1349  向斿子鼎 集成 1349  己斿子壺 集成 9541  樂斿子盉 四海尋珍 84 頁  公朱右自鼎 集成 2396	 錢典 268	 璽彙 5348	 十一年方子令趙結戈 新收 1299

日月	月夕	五月	五鹿	亓上	亓母	公子
楚	楚	晉	晉	晉	晉	晉
 帛書甲  帛書乙  上博六天甲 5  上博六天乙 5	 清華四筮法 39	 璽彙 1613  璽彙 0462	 璽彙 3275  璽彙 0458  璽彙 2762  璽彙 2103	 集粹 193	 璽彙 4001  璽彙 4004  璽彙 4002  璽彙 4003 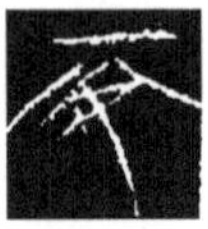 陶彙 6・20 讀「綦母」。	 曹公子沱戈集成 11120  公子裙壺集成 9514 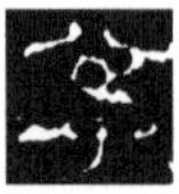 璽彙 0240  璽彙 3735

公乘	公孟				公孫	公子耳
晉	晉	燕	齊	晉	楚	晉
 璽考 300  守丘刻石  璽彙 4068  璽彙 4069	 璽考 313	 璽彙 3850	 璽考 312  璽考 312  璽考 311  璽考 311  璽考 312  璽考 312	 十五年守相杢波鈹 集成 11701  港續 108  璽考 313  璽彙 3865  璽彙 3858	 珍戰 29  珍戰 31  璽彙 3907  包山 145	 璽彙 2212

不坏	不伓	勻君	公區	公卿	公石	公釿
晋	楚	楚	齊	齊	齊	晋
 程訓義 1－84	 上博一 緇 13	 璽考 150	 陶録 2・36・1  陶録 2・37・2  陶録 2・37・1  陶録 2・38・1  陶録 2・38・4	 陶録 2・381・4	 璽彙 0266	 貨系 554

内郭		文是	武王	文王	不□	不脂
齊		晉	楚	楚	晉	晉
	聞是					
 陶録 2・3・1  陶録 2・3・2  陶録 2・3・4	 璽彙 3256	 歷博 22  珍戰 32  璽彙 2892  璽彙 2897  璽彙 2916  璽彙 2913	 清華五 封許 03	 清華五 封許 02	 璽彙 1067	 璽彙 2735

中昜	中山	中弔		中心	氏祁	氏半
燕	齊	晉	晉	楚	晉	晉
 璽彙 5562	 齊陶 165	 璽考 297 讀「中叔」。	 温縣 WT1K1：3105	 上博六孔 3	 先秦編 302  貨系 1850  貨系 1863  先秦編 302	 聚珍 208・2  聚珍 208・4  貨系 767

左 右	左 田	虫 余	巨 亡	介 單	六 分	内 明
楚	楚		晉	晉	晉	晉
 清華五 三壽 21  上博八 命 4	 秦風 23	 珍戰 26	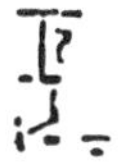 港續 79	 珍戰 14	 滎陽上官皿 文物 2003.10	 璽彙 2089

左邑	左鞭	白牛	黑牛	白犬	白羊	玄羊
晋	晋	晋	晋	楚	晋	晋
 璽彙 0046  璽彙 0110  璽彙 0113  璽彙 0109	 珍展 2	 吉林 181	 璽彙 1389	 包山 208	 璽彙 3099 或釋爲「膚（獻）」。	 璽考 318 或釋爲「羘（鮮）羊（陽）」。

	司徒		司工	千金	千羊	百牛
燕	晉		晉		晉	晉
 陶録 4·211·4	 璽彙 3762	 璽考 98  璽彙 5544  陶録 5·41·1  璽考 97	 六年相邦司空馬鈹 保利藏金 276 頁  珍戰 25  璽彙 0091  璽彙 2227  璽彙 0090	 璽彙 5494	 璽彙 4461	 璽彙 3280

禾秭		司寇				司馬
晋		晋	燕			晋
 司馬成公權 集成 10385	 璽考 100  璽考 102  璽考 103	 二十二年 屯留戟 珍吳 244  珍展 2  璽彙 0066  璽彙 3839  集粹 168	 璽考 336  璽考 337	 璽彙 3767  璽彙 3779 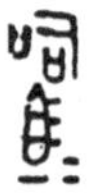 璽彙 3810  璽 文物 1988.6	 集粹 163  璽考 95  璽考 337  璽彙 0046  璽彙 3829	 十二年邦 司寇矛 集成 11549  言令司馬 伐戈 集成 11343  十六年喜 令戈 集成 11351  王立事鈹 新收 1481

句丘	句犢	去疾	平匋	是日		兄弟
晉	晉	晉	晉	楚		楚
					氏日	
 璽彙 0340	 璽彙 0353  璽彙 3430	 璽考 294	 先秦編 243  先秦編 243  貨系 1148  貨系 1146	 新蔡甲三 268  新蔡乙三 42  新蔡零 281	 新蔡零 290	 郭店五行 33

尸陽		石子		四分	疋歔	疋于
晋	齊	晋		晋	晋	晋
 五年鄭令矛 集成 11553  璽彙 2548  璽彙 2652 讀「夷陽」。	 璽彙 2202	 龍石庶子燈 文物 2004.1  璽彙 2371	 右冢子鼎 文物 2004.9	 右冢子鼎 文物 2004.9  三十二年 坪安君鼎 集成 2764  坪安君鼎 集成 2793  武士頭像 金飾件	 集粹 79	 璽考 316  璽彙 3260 讀「且于」。

申辵	旬日	右行	必正	北宮	北九門	北坪
晋	楚	晋	晋	燕	晋	燕
 璽彙 2625 讀「申屠」。	 清華一 尹至 1	 璽彙 4066	 璽彙 5221  璽彙 5222  璽彙 5223  璽彙 5224	 璽彙 3274	 貨系 2477  先秦編 376	 陶彙 3・752

北茲	邶祁	仚山	同人	忍人	身人	聖人
晉	晉	燕	楚	楚	楚	楚
 聚珍 196  貨系 1030	 貨系 2220	 璽彙 5106	 清華四 別卦 1	 清華五 命訓 13  清華五 命訓 13	 清華五 命訓 06 讀「信人」。	 郭店 尊德 6

禾人	它人		良人	雩人	寡人	善人
晉	晉	齊	晉	晉	晉	燕
 璽考 340	 璽彙 2542  璽彙 3986	 璽彙 1556	 右使車嗇夫鼎 集成 2707	 璽彙 1550 讀「越人」。	 中山王鼎 集成 2840	 璽彙 5383

至于		安臧	安陰	曲陽	叁分	厽余
楚	晉	晉	晉	晉	晉	晉
 清華二 繫年 002  清華二 繫年 090  清華二 繫年 092	 令狐君壺 集成 9719	 貨系 647  貨系 674  貨系 677  貨系 679  貨系 680	 貨系 1453  貨系 1452	 襄公鼎 集成 2303  靈壽圖 75・6  十七年蓋 弓帽 集成 12032	 上樂廚鼎 集成 2105  梁上官鼎 集成 2451	 璽彙 0305 讀「三臺」。

玉珩	玉虎	玉它	行昜	行子	竹篓	郘鄙
晋	晋	晋	晋	晋	楚	晋
 玉珩 中山 138 頁  玉珩 中山 139 頁	 玉虎 中山 138 頁	 玉環 中山 135 頁  玉環 中山 136 頁  玉飾 中山 140 頁	 王立事鈹 新收 1481  貨系 2463  貨系 2462 讀「行唐」。	 璽彙 5347	 包山 260	 璽彙 2226  璽彙 2245

玉環	艸茅	多柔	赤陰	此雟	困頁	色白
晉	楚	晉	晉	秦	晉	晉
 玉環 中山 135 頁	 郭店 唐虞 16	 璽考 329  璽彙 3193  璽彙 3192	 璽彙 4070	  雲夢 日甲 87 讀「觜觽」。	 集粹 89	 集粹 138

余爲	余唯	余亡		余子		君子
晉	晉	晉		晉		楚
 璽彙 1360	 璽彙 3118	 貨系 2482	 璽彙 0907	 璽彙 0109	 上博一 孔 12	 郭店 成之 34
			 玉萃 18	 璽彙 0110	 上博一 緇 3	 郭店 成之 3
				 璽彙 5345	 上博一 緇 16	 郭店 成之 16
				 璽彙 0594	 郭店 性自 20	 郭店 忠信 5
				 陶録 7・19・4	 郭店 六德 38	 郭店 忠信 7

車右	社稷	言禾	於忤	豆里	尾石	余者
晉	楚	晉	晉	齊	晉	晉
 珍戰 58  璽彙 4088  璽彙 0835  璽彙 3024	 郭店 六德 22	 璽彙 3092	 璽彙 2461	 陶録 2·499·2  陶録 2·525·2  陶録 2·502·2  陶録 2·461·1  陶録 2·461·4	 集粹 150	 璽彙 3238  璽彙 3311

並立		邯鄲	弟原	冢襄	車左	
楚		晉	晉	晉	晉	齊
 郭店 太一 12	 二十四年 㠯令戈 商周 17229  六年襄城 令戈 新收 1900	 十二年少 曲令戈 集成 11355  璽彙 4037  集粹 171  璽考 328	 璽彙 0862  璽彙 1097	 璽彙 1218	 璽彙 2149	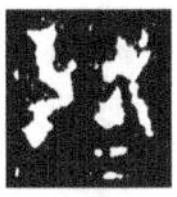 璽彙 5682

到于	門柏	祈求	取水	金夫	金銅	昱心
秦	晉	晉	晉	晉	晉	楚
 陶彙 5·384	 璽彙 4000	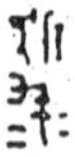 璽彙 4048	 璽印 歷刊 1979.1	 中山木條 中山 141 頁	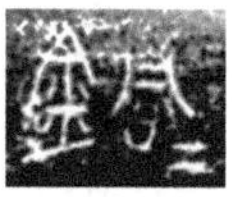 少府盉 集成 9452	 上博一 緇 13 讀「勸心」。

空侗	非字	昊天	澫丘	宧犬	郘邘	舍余
晉	齊	楚	楚	楚	楚	楚
 璽彙 3972  璽彙 3974  璽彙 3975  璽彙 3976  璽彙 3979	 璽彙 1365	 上博一 孔 6	 包山 256	 包山 145 讀「馻犬」。	 包山 169  包山 175  包山 175 或讀「宛櫜」。	 上博八 鶹 1

臯車	東谷	東方	東山	者又	茉牀	
楚	晉	燕	晉	楚	晉	
						容侗
 曾乙 206	 璽彙 3434	 璽彙 5669	 璽考 326	 上博三中 19	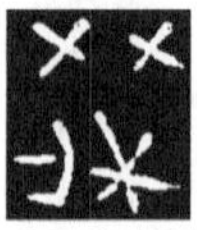 十四茉帳橛集成 10473	 璽考 331

字	國別		字形
坒車	楚		 曾乙 204
韋車	楚		 包山 273
敏車	楚		 曾乙 160  曾乙 204
革韄	楚		  包山 273
直牛	楚		 包山 222
戠牛	楚		 包山 205  天卜
青中			 璽彙 5385 讀「精忠」。

相里	怠心	胡剔	胡匋	俞即	明日	⿰加阝梁
晉	楚	晉	晉	晉	楚	晉
					昷日	
 璽考 318	 上博四 曹 45	 璽彙 0561	 璽彙 2736  璽彙 2737	 貨系 952  貨系 958  貨系 959  三晉 44 讀「榆次」。	 上博八 王 5  上博四 曹 31	 璽彙 3341

	馬重	頓首	拜手			相女
	晉	楚	楚	燕		晉
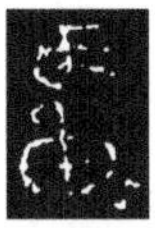 十七年坪陰鼎蓋 集成 2577  珍戰 88 讀「馬童」。	 二年主父戈 集成 11364  十七年蓋弓帽 集成 12032  珍戰 96  璽彙 1144	 上博九 邦 9	 新蔡乙四 70  清華一 祭公 2  清華一 祭公 9  清華五 厚父 05	 璽彙 0565  璽彙 0566	 璽彙 0788  珍戰 32  璽彙 1005	 璽彙 2789  璽彙 2041  璽考 318  珍戰 60 讀「相如」。

馬帀	馬正	馹正	馬帝	莫臣	疾已	疾百
晋	晋	晋	晋	晋	晋	晋
 三年馬師鈹 集成 11675  璽彙 4089 讀「馬師」。	 璽彙 3297	 璽彙 4075  璽彙 4077  璽彙 4078  璽考 344	 璽彙 4079  璽彙 4080  璽彙 4083  璽彙 4084  璽彙 4085 讀「馬適」。	 璽彙 3025	 陶彙 4・163	 璽彙 2331

冡子	冡冡	桐木	奚昜	羍鼻	羍金	奢奇
晋	楚	晋	晋	晋	晋	晋
 右冡子鼎 文物 2004.9 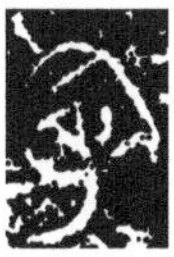 右冡子鼎 文物 2004.9  右冡子鼎 文物 2004.9  梁上官鼎 集成 2451  三十二年 坪安君鼎 集成 2764	 包山 243	 珍戰 36	 璽考 252  璽彙 3255	 璽彙 2566	 春成侯盉 新收 1484  春成侯盉 新收 1484	 璽彙 0555

珪玉	𤇾室	巠臣	書者	乘馬		
楚	楚	楚	楚	楚	晉	燕
 上博七 君甲 3  上博七 君乙 3	 九 A78 讀「營室」。	 上博一 緇 17 讀「緝熙」。	 上博五 季 6	 曾乙 124  曾乙 210	 璽考 324  璽考 324  璽考 324  珍戰 37	 西泠 11

祭豆	庸用	得孚	高女	乘車	乘臼	乘徒
齊	晉	晉	晉	楚	燕	晉
 陶録 3・12・2  陶録 3・72・2  陶録 3・72・5	 中山王鼎 集成 2840	 程訓義 1－79  璽考 341	 貨系 1432	 曾乙 137	 璽彙 5373  陶録 4・113・1  陶録 4・113・3 或讀「乘丘」。	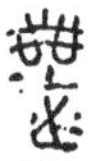 璽考 323 讀「勝徒」。

敝鞭	嗌⿱舌日	終古	得臣	淺澤	青清	得工
晉			晉	楚	楚	晉
 璽彙 4057	 璽彙 3758 讀「夷吾」。	 璽彙 1332	 璽彙 2368	 郭店 性自 22	 郭店 老乙 15 讀爲「清靜」。	 三十二年相邦冉戈 商周 18552

敬身	敬守	敬文	敬上	視日	貨貝	牽牛
晉	晉	晉	晉	楚	秦	秦
 璽彙 5704 讀「敬信」。	 璽彙 4231  璽彙 4232  璽彙 4233  璽彙 4234	 璽彙 4236  璽彙 4237  璽彙 4238  璽彙 4240	 璽彙 4209  璽彙 4210  璽彙 4211	 包山 132	 雲夢 日甲 103	 雲夢 日甲 155  雲夢 日甲 3 反  關沮 139

婺女	飲酒	琫石	剢生		敦于	敬事
秦	楚	楚	燕	燕	齊	晉
 雲夢 日乙 105  關沮 140	 上博四 昭 1  上博四 昭 5  上博四 曹 11  清華二 繫年 027	 信阳 2・8	 璽彙 3306  璽彙 3488	 璽彙 3194  璽彙 3195	 璽彙 4025  璽彙 4026  盛世 89  珍戰 34 讀「淳于」。	 璽彙 4193  璽彙 4196  璽彙 4161

悊之	悊終	罜之		閭丁	臧馬	鮮于
晉	晉	晉		齊	齊	晉
			斆之			
 璽彙 4311 讀「慎之」。	 天印 29 讀「慎終」。	 璽彙 1065 讀「斆之」。	 璽彙 1138	 陶録 2・432・3  陶録 2・432・4  陶録 2・433・3	 璽彙 3087	 璽彙 4015  璽彙 4018

獻于	閻门	僞爲	蠠爲	嗚呼	軌医	黃生
晋	楚	秦	楚	楚	晋	晋
 璽彙 4022	 上博二 昔 2	 雲夢 日甲 48 反	 清華一 程寤 1  清華一 程寤 4 讀「化爲」。	 上博八 成 12	 璽考 330	 璽考 131

鋘金	遜心	顏首	邪料	盧氏	駟馬	歐牛
晋	楚	楚	晋	晋	楚	晋
 少府盉 集成 9452	 上博一 緇 13	 九 A4  九 A5	 貨系 893	 貨系 586	 曾乙 146  曾乙 149	 戰編 1012 頁  港續 85

字頭	地域		字形	說明
疑矣	楚		 上博一孔8	
𢥞爲	楚		 上博一性39	讀「僞爲」。
軒轅	燕		 璽彙1321	或釋「彝吴」。
潰水	楚		 清華一保訓1	或釋爲「演」。
歸妹	楚		 清華四别卦4	
襦衣	楚		 上博四昭6  上博四昭7  上博四昭6	
躳身	楚		 郭店唐虞2  包山197  包山202  包山201  天卜	

	骨肉	雚君	教學	薑蟲	葬死	檀木
	楚	楚	楚	楚	楚	楚
 新蔡甲一 9  新蔡零 293	 上博七凡甲 5  上博七凡甲 6  上博七凡乙 4  上博七凡乙 5	 璽彙 0230	 郭店語一 61	 郭店老甲 33	 清華四筮法 43	 九 A39 即「樹木」。

褻衣	蕎馬	營宮	顏色	犢邑	稽首	暴虎
秦	秦	秦	楚	齊	楚	齊
 雲夢 日乙 129  雲夢 日甲 118 反	 雲夢 雜抄 9  雲夢 雜抄 10	 雲夢 日甲 3 反  雲夢 日乙 80  關沮 143	 郭店 五行 32  上博九 史蕾 8	 璽彙 2131	 清華五 厚父 05  清華三 説命上 4  清華一 祭公 9  清華一 祭公 21  新蔡乙四 70	 璽彙 3994

	十二				十一	過思
晋	楚	燕	齊	晋	楚	秦
						過思
 十二茉盉 集成 9450  十二茉壺 集成 9685  貨系 1048  貨系 2458	 清華三 琴舞 12 背  清華四 筮法 12	 先秦編 548  先秦編 415  先秦編 549  先秦編 573	 考古 1973.1	 三晋 55  先秦編 593	 清華三 琴舞 11 背  清華四 筮法 11	 嶽麓一 爲吏 68 過思爲禍。

十五		十四			十三	
楚	晉	楚	燕	晉	楚	齊
 清華三 琴舞 15 背  清華四 筮法 15	 貨系 1049  貨系 1129  貨系 1649  先秦編 504	 清華三 琴舞 14 背  清華四 筮法 14	 十三年戈 集成 11339A	 貨系 1647 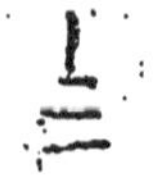 先秦編 368	 清華三 琴舞 13 背  清華四 筮法 13	 考古 1973.1

十八			十七		十六	
楚	燕	晉	楚	晉	楚	晉
 清華三 芮良夫18背  清華四 筮法18	 陶録 4・2・2  陶録 4・3・1  陶録 9・11・1	 貨系2475	 清華三 芮良夫17背  清華四 筮法17	 先秦編329  貨系872 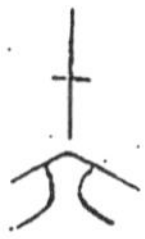 貨系2375  貨系938	 清華三 琴舞16背  清華四 筮法16	 先秦編352  貨系841  貨系2471  先秦編364  貨系1650

十九

二十

齊		晉	楚	晉	楚	晉
 考古 1973.1	 先秦編 573	 坪安君鼎 集成 2793	 清華二 繫年 008	 貨系 1093	 清華三 芮良夫 19 背	 貨系 823
 考古 1973.1	 先秦編 564	 合陽鼎 集成 2693	 清華四 筮法 20	 貨系 2469	 清華四 筮法 19	 貨系 1094
 考古 1973.1	 先秦編 598	 二十七年大梁司寇鼎 集成 2610	 清華四 算表 8			 貨系 1051
	 先秦編 598	 東周左自壺 集成 9640	 新蔡乙四 6			 先秦編 314
	 先秦編 596					

二十一		二十二		二十三		二十四
楚	晋	楚	晋	楚	晋	楚
 清華四 筮法 21	 貨系 843	 清華四 筮法 22	 貨系 1095  先秦編 354	 清華四 筮法 23	 貨系 844  貨系 1041  貨系 1132	 清華四 筮法 24

二十七		二十六		二十五		
晋	楚	晋	楚	晋	楚	晋
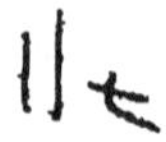 貨系 728  先秦編 365  先秦編 365	 清華四 筮法 27	 貨系 851  先秦編 365  貨系 850  先秦編 346	 清華四 筮法 26	 貨系 1146  貨系 1172  先秦編 325	 清華四 筮法 25	 先秦編 315  貨系 1170 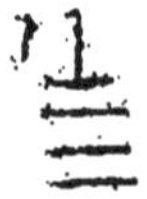 先秦編 354

三十		二十九		二十八		
晉	楚	晉	楚	齊	晉	楚
 陵陰令戈 中國文字研究第一輯 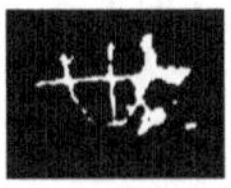 坪安君鼎 集成 2793  筡鼎 集成 2306  三十三年 鄭令鈹 集成 11693  先秦編 333	 包山 107  清華二 繫年 004  新蔡乙三 46  清華四 筮法 30  清華四 算表 21	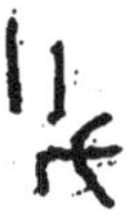 貨系 802  先秦編 323	 清華四 筮法 29	 考古 1973.1  考古 1973.1	 貨系 728  貨系 775	 清華四 筮法 28

三十三		三十二		三十一		
楚	齊	楚	齊	晉	楚	齊
 清華四 筮法 33	 貨系 780  貨系 1137  先秦編 348  先秦編 346	 清華四 筮法 32	 考古 1973.1	 貨系 779  貨系 1136	 清華四 筮法 31	 先秦編 401  考古 1973.1  考古 1973.1  考古 1973.1

三十六		三十五		三十四		
晉	楚	晉	楚	晉	楚	晉
 貨系 858  貨系 941  先秦編 343	 清華四 筮法 36	 貨系 739  貨系 1138  先秦編 343  貨系 856	 清華四 筮法 35	 先秦編 354  先秦編 343	 清華四 筮法 34	 貨系 782  先秦編 346

三十七		三十八		三十九		四十
楚	晉	楚	晉	楚	晉	楚
 清華四 筮法 37	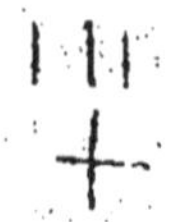 貨系 859	 清華四 筮法 38	 先秦編 323	 清華四 筮法 39	 先秦編 343  幣編 255	 包山牘 1  清華四 筮法 40  清華四 算表 1  清華四 算表 11  九 A7

四十二			四十一			
楚	燕	晉	楚	燕	齊	晉
 清華四 筮法 42	 貨系 3116	 貨系 786	 清華四 筮法 41	 先秦編 588	 四十一年 工右耳杯 新收 1077	 十二苿盉 集成 9450 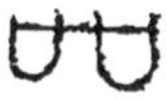 貨系 2405  兆域圖版 集成 10478  貨系 861

		四十三	四十四		四十五	
晉	燕	楚	楚	晉	楚	晉
 貨系 788  先秦編 365 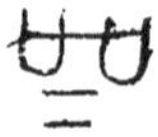 貨系 2404	 貨系 3553	 清華四筮法 43	 清華四筮法 44	 貨系 790	 清華四筮法 45	 貨系 792  貨系 791

四十六		四十七	四十八		四十九	
楚	晉	楚	楚	晉	楚	晉
 清華四 筮法 46	 貨系 2407	 清華四 筮法 47	 清華四 筮法 48	 貨系 793  先秦編 343	 清華四 筮法 49	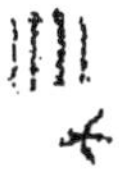 先秦編 343

五十		五十一		五十二		
楚	晉	楚	晉	楚	晉	燕
 郭店 唐虞 26  清華一 保訓 1  新蔡零 444  清華四 筮法 50  清華四 算表 11	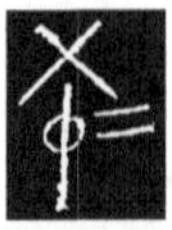 徝宫左自 方壺 集成 9590  兆域圖版 集成 10478  十苿燈座 集成 10402  先秦編 218  先秦編 365	 清華四 筮法 51	 貨系 794  貨系 2411	 清華四 筮法 52	 貨系 1173  貨系 2413	 貨系 2928

五十六		五十五		五十四		五十三
楚	晉	楚	晉	楚	晉	楚
 清華四筮法 56	 先秦編 322  貨系 798	 清華四筮法 55	 先秦編 343  先秦編 343  先秦編 343  聚珍 208	 清華四筮法 54	 先秦編 343  貨系 795  貨系 2414	 清華四筮法 53

六十		五十九		五十八		五十七
楚	秦	晉	楚	晉	楚	楚
 清華四筮法 60  清華四算表 11  清華四算表 1	 嶽麓二數 26  嶽麓二數 40	 貨系 1104	 清華四筮法 59	 先秦編 343  先秦編 343  貨系 1103  貨系 2450	 清華四筮法 58	 清華四筮法 57

	六十三		六十二	六十一		
晉	楚	晉	楚	楚	燕	晉
 貨系 2455	 清華四 筮法 63	 貨系 2417	 清華四 筮法 62	 清華四 筮法 61	 先秦編 452  先秦編 588  先秦編 588	 十二茉壺 集成 9685  右使車嗇 夫鼎 集成 2707  貨系 2417  貨系 2419

六十四	六十四	六十五	六十八	七十	七十	七十三
晉	燕	晉	晉	秦	楚	晉
 貨系 2418	 貨系 3569	 貨系 1107	 貨系 2420	 雲夢答問 40	 郭店窮達 5	 貨系 2386
 貨系 1105	 貨系 3570			 嶽麓二數 62	 上博七君甲 8	 貨系 2385
				 嶽麓二數 143	 清華四算表 1	
				 嶽麓二數 165	 清華四算表 14	
				 里 J1⑨7 正		

七十七	八十				八十一	八十厶
晉	秦	楚	晉	燕	燕	晉
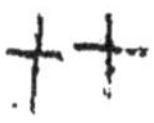 先秦編 351  先秦編 351	 嶽麓二數 165  嶽麓二數 166	 包山 140 反  新蔡甲三 90  清華四算表 1	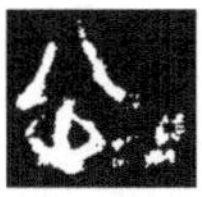 十一茉壺集成 9684  兆域圖版集成 10478	 先秦編 426  先秦編 564	 先秦編 506  貨系 3392	 先秦編 556 讀「八十四」。

九十		九十二	九十九	一百	八百	一行
秦	楚	燕	晉	齊	晉	燕
 嶽麓二數 32  嶽麓二數 67	 上博九舉 31  清華四算表 3	 先秦編 549	 先秦編 351  先秦編 351	 貨系 2652  貨系 2653  齊幣 156  齊幣 157	 璽彙 5597	 貨系 2828

二千		二丏	三丏	六丏		七丏
齊	燕	齊	齊	齊	燕	齊
 考古 1973.1	 先秦編 570  聚珍 141.6  先秦編 551	 中國錢幣 2000.2  考古 1973.1 讀「二万」。	 考古 1973.1 讀「三万」。	 考古 1973.1 讀「六万」。	 先秦編 565  先秦編 565	 考古 1973.1 讀「七万」。

			千丏	十丏	八丏	
			齊	齊	燕	齊
			 考古 1973.1  考古 1973.1 讀「千万」。	 考古 1973.1 讀「十万」。	 港印 176  貨系 2909  貨系 2908	 考古 1973.1  考古 1973.1  考古 1973.1 讀「八万」。

引書簡稱表

三代　《三代吉金文存》
録遺　《商周金文録遺》
集成　《殷周金文集成》
新收　《新收殷周青銅器銘文暨器影彙編》
周金　《周金文存》
小校　《小校經閣金文拓本》
善齋　《善齋吉金録》
雙劍　《雙劍誃古器物圖録》
集録　《近出殷周金文集録》
銘文選　《商周青銅器銘文選》
集存　《山東金文集存》（先秦編）
山東　《山東金文集成》
遺珠　《歐洲所藏中國青銅器遺珠》
珍吴　《珍秦齋藏金（吴越三晋篇）》
珍銅　《珍秦齋藏金（秦銅器篇）》
商周　《商周青銅器銘文暨圖像集成》
通考　《鳥蟲書通考》（增訂本）
中日　《中日歐美澳紐所見所拓所摹金文彙編》
戰編　《戰國文字編》
中山　《中山王譽器文字編》
譽墓　《戰國中山國國王之墓》
趙卿　《太原晋國趙卿墓》
靈壽　《戰國中山國靈壽城——一九七五～一九九三年考古發掘報告》
發現　《二〇〇四中國重要考古發現》
十鐘　《十鐘山房印舉》

莒縣　《莒縣文物志》
尋繹　《天津古史尋繹》
瀓秋　《瀓秋館印存》
南京　《南京市博物館藏印選》
盛世　《盛世璽印録》
鑒印　《鑒印山房藏古璽印菁華》
璽彙　《古璽彙編》
璽文　《古璽文編》
山璽　《山東新出土古璽印》
故宫　《故宫博物院藏古璽印選》
湖南　《湖南省博物館藏古璽印集》
吉林　《吉林出土古代官印》
吉大　《吉林大學藏古璽印選》
天印　《天津市藝術博物館藏古璽印選》
珍展　《珍秦齋古印展》
珍秦　《珍秦齋藏印（秦印篇）》
珍戰　《珍秦齋藏印（戰國篇）》
港印　《香港中文大學文物館藏印集》
港續　《香港中文大學文物館藏印續集一》
輯存　《古代璽印輯存》
集粹　《中國璽印集粹》
玉萃　《古玉印精萃》
玉存　《古玉印集存》
鴨雄　《鴨雄緑齋藏中國古璽印精選》
程訓義　《中國古印程訓義古璽印集存》
類編　《中國璽印類編》
分域　《戰國璽印分域編》
璽考　《古璽彙考》
書道　《書道全集》一
書全　《中國法書全集第一卷·先秦秦漢》
秦風　《秦代印風》
新見　《新見戰國古璽印一一七方》
陝西　《陝西新出土古代璽印》
金薤　《金薤留珍》
印帚　《兩漢印帚》（增補篇）
篋齋　《篋齋古印集》
善齋　《善齋吉金録·璽印》（上、中、下）
續齊　《續齊魯古印攈》
尊古　《尊古齋金石集》
上博　《上海博物館藏印選》

風過	《風過耳堂秦印輯録》
璽下	《中國璽印篆刻全集》—《璽印下》
集證	《秦文字集證》
官印	《秦漢南北朝官印徵存》
西泠	《西泠印社藏銅印精選》
封成	《古封泥集成》
陶彙	《古陶文彙編》
陶録	《陶文圖録》
秦陶	《秦代陶文》
齊魯	《齊魯陶文》
歷博	《中國歷史博物館藏法書大觀第三卷：陶文、磚文、瓦文》
吉陶	《吉林大學文物室藏古陶文》
後李	《臨淄後李齊國陶文》
集拓	《中國古代陶文集拓》
秦集	《秦封泥集》
傅	《秦封泥彙考》
新封	《新出封泥彙編》
齊陶	《新出齊陶文圖録》
邢臺	《邢臺糧庫遺址》
西安	《西安相家巷遺址秦封泥的發掘》
于京	《于京新見秦封泥中的地理内容》
北郊	《西安北郊秦墓》
新鄭	《新鄭鄭國祭祀遺址》
塔	《塔兒坡秦墓》
秦都	《秦都咸陽考古發掘報告》
鄭州	《鄭州商城考古新發現與研究》
任家咀	《任家咀秦墓》
輝縣	《輝縣孫村遺址》
新泰	《新泰出土田齊陶文》
喬村	《侯馬喬村墓地一九五九～一九九六》
步黟堂	《步黟堂藏戰國陶文遺珍》
桓臺	《桓臺文物》
貨系	《中國歷代貨幣大系(一)先秦貨幣》
先秦編	《中國錢幣大辭典》第一卷《先秦編》
秦漢編	《中國錢幣大辭典》第二卷《秦漢編》
齊幣	《齊幣圖釋》
三晋	《三晋貨幣》
錢典	《古錢大辭典》
聚珍	《燕下都東周貨幣聚珍》

通論　《先秦貨幣通論》
叢考　《古幣叢考》
幣編　《古幣文編》
鐵雲　《鐵雲藏貨》
天幣　《天津歷史博物館藏歷代貨幣》第一卷《先秦部分》
新典　《古錢新典》
起源　《我國古代貨幣的起源和發展》
發展史　《中國古代貨幣發展史》
蚌埠　《蚌埠藏泉選集》
民間　《中國民間泉幣藏珍》
東亞　《東亞錢誌》
幣研　《先秦貨幣研究》
邱二　邱文明《中國錢幣百科辭典》第二册
邱三　邱文明《中國錢幣百科辭典》第三册
内蒙　《内蒙古金融研究：錢幣專刊》
山西　《中國山西歷代貨幣》
新出　《新出簡帛研究》
信陽　《信陽楚墓》
包山　《包山楚簡》

望山　《望山楚簡》
曾乙　《曾侯乙墓》
九A　《九店楚簡》五六號墓
九B　《九店楚簡》六二一號墓
新蔡　《新蔡葛陵楚墓》
郭店　《郭店楚墓竹簡》
上博一　《上海博物館藏戰國楚竹書（一）》
上博二　《上海博物館藏戰國楚竹書（二）》
上博三　《上海博物館藏戰國楚竹書（三）》
上博四　《上海博物館藏戰國楚竹書（四）》
上博五　《上海博物館藏戰國楚竹書（五）》
上博六　《上海博物館藏戰國楚竹書（六）》
上博七　《上海博物館藏戰國楚竹書（七）》
上博八　《上海博物館藏戰國楚竹書（八）》
上博九　《上海博物館藏戰國楚竹書（九）》
清華一　《清華大學藏戰國竹簡》（壹）
清華二　《清華大學藏戰國竹簡》（貳）
清華三　《清華大學藏戰國竹簡》（叁）
清華四　《清華大學藏戰國竹簡》（肆）
清華五　《清華大學藏戰國竹簡》（伍）

源流	《簡帛古書與學術源流》
仰天湖	《長沙楚墓·仰天湖竹簡》
港甲	《香港中文大學文物館藏簡牘·甲篇》
雲夢	《秦簡牘合集·睡虎地秦墓簡牘》
龍崗	《秦簡牘合集·龍崗秦墓簡牘》
關沮	《秦簡牘合集·周家臺秦墓簡牘》
放馬灘	《秦簡牘合集·放馬灘秦墓簡牘》
里耶	《里耶秦簡》
里	《簡牘名迹選一·里耶秦簡》
嶽麓	《嶽麓書院藏秦簡》
北大	《北京大學藏秦代簡牘書迹選粹》
考文	《考古與文物》
歷刊	《中國歷史博物館館刊》
古研	《古文字研究》
雪二	《雪齋學術論文二集》
二集	《第二屆國際中國古文字學研討會論文集》
三集	《第三屆國際中國古文字學研討會論文集》
四集	《第四屆國際中國古文字學研討會論文集》

參考文獻

巴　納、張光裕編纂：《中日歐美澳紐所見所拓所摹金文彙編》，臺北藝文印書館，一九七八年。
白於藍：《簡牘帛書通假字字典》，福建人民出版社，二〇〇八年。
白於藍：《戰國秦漢簡帛古書通假字彙纂》，福建人民出版社，二〇一二年。
保利藏金編輯委員會：《保利藏金》，嶺南美術出版社，一九九九年。
北京大學出土文獻研究所：《北京大學藏秦代簡牘書迹選粹》，人民美術出版社，二〇一四年。
曹錦炎：《吳越歷史與考古論叢》，文物出版社，二〇〇七年。
曹錦炎：《鳥蟲書通考》，上海書畫出版社，一九九九年。
曹錦炎、吴毅强：《鳥蟲書字彙》，上海辭書出版社，二〇一四年。
曹錦炎：《古璽通論》，上海書畫出版社，一九九五年。
陳寶琛：《澂秋館印存》，上海書店影印本，一九八八年。
陳光田：《戰國璽印分域研究》，嶽麓書社，二〇〇九年。
陳　劍：《甲骨金文考釋論集》，綫裝書局，二〇〇七年。
陳　劍：《戰國竹書論集》，上海古籍出版社，二〇一三年。

陳介祺：《簠齋古印集》，人民美術出版社，二〇一二年。
陳漢平：《金文編訂補》，中國社會科學出版社，一九九三年。
陳漢平：《屠龍絶緒》，黑龍江教育出版社，一九八九年。
陳夢家：《西周年代考·六國紀年》，中華書局，二〇〇五年。
陳斯鵬：《簡帛文獻學與文學考論》，中山大學出版社，二〇〇七年。
陳斯鵬：《新見金文字編》，福建人民出版社，二〇一二年。
陳松長：《香港中文大學文物館藏簡牘》，中文大學文物館，二〇〇一年。
陳　偉：《郭店竹書別釋》，湖北教育出版社，二〇〇二年。
陳　偉：《新出楚簡研讀》，武漢大學出版社，二〇一〇年。
陳偉主編：《秦簡牘合集》，武漢大學出版社，二〇一四年。
陳偉武：《愈愚齋磨牙集》，中西書局，二〇一四年。
陳昭容：《秦系文字研究——從漢字史的角度考察》，臺灣中研院史語所，二〇〇三年。
陳昭容主編：《古文字與古代史》第一輯，臺灣中研院史語所，二〇〇七年。
程訓義：《中國古印——程訓義古璽印集存》，河北美術出版社，二〇〇七年。
程　燕：《望山楚簡文字編》，中華書局，二〇〇七年。
程　燕：《詩經異文輯考》，安徽大學出版社，二〇一〇年。
董楚平：《吴越徐舒金文集釋》，浙江古籍出版社，一九九二年。
董蓮池：《新金文編》，作家出版社，二〇一一年。
董　珊：《戰國題銘與工官制度》，北京大學博士學位論文，二〇〇二年。
董　珊：《簡帛文獻考釋論叢》，上海古籍出版社，二〇一四年。

董珊輯：《新見戰國古璽印一一七方》，《中國古文字研究》第一輯，吉林大學出版社，一九九九年，第一三七—一四六頁。

丁福保：《古錢大辭典》，中華書局，一九九五年。

丁佛言：《說文古籀補補》，中華書局，一九八八年。

段玉裁：《說文解字注》，上海古籍出版社，一九八一年。

方濬益：《綴遺齋彝器款識考釋》，商務印書館，一九三五年。

方　勇：《秦簡牘文字編》，福建人民出版社，二〇一二年。

馮勝君：《郭店簡與上博簡對比研究》，綫裝書局，二〇〇七年。

復旦大學出土文獻與古文字研究中心編：《出土文獻與古文字研究》（第一—三輯），復旦大學出版社，二〇〇六—二〇一〇年。

復旦大學出土文獻與古文字研究中心編：《出土文獻與古文字研究》（第四—六輯），上海古籍出版社，二〇一一—二〇一五年。

復旦大學出土文獻與古文字研究中心：《出土文獻與傳世典籍的詮釋——紀念譚樸森先生逝世兩周年國際學術研討會論文集》，上海古籍出版社，二〇一〇年。

伏海翔：《陝西新出土古代璽印》，上海書店出版社，二〇〇五年。

傅嘉儀：《秦封泥彙考》，上海書店出版社，二〇〇七年。

傅嘉儀：《篆字印彙》，上海書畫出版社，一九九九年。

高　明：《古陶文彙編》，中華書局，一九九〇年。

高　明：《中國古文字學通論》，北京大學出版社，一九九六年。

高　明、涂白奎：《古文字類編（增訂本）》，上海古籍出版社，二〇〇八年。

高　明、葛英會：《古陶文字徵》，中華書局，一九九一年。
顧廷龍：《古匋文孴録》，上海古籍出版社，二〇〇四年。
廣東炎黃文化研究會編：《容庚先生百年誕辰紀念文集》，廣東人民出版社，一九九八年。
郭沫若：《郭沫若全集》（考古編），科學出版社，二〇〇二年。
郭永秉：《帝系新研：楚地出土戰國文獻中的傳説時代古帝王系統研究》，北京大學出版社，二〇〇八年。
郭永秉：《古文字與古文獻論集》，上海古籍出版社，二〇一一年。
郭永秉：《古文字與古文獻論集續編》，上海古籍出版社，二〇一五年。
郭裕之：《續齊魯古印攈》，上海書店影印本，一九八九年。
韓天衡、孫慰祖：《古玉印集存》，上海書店出版社，二〇〇二年。
何家興：《戰國文字分域研究》，安徽大學博士學位論文，二〇一〇年。
何琳儀：《戰國古文字典——戰國文字聲系》，中華書局，一九九八年。
何琳儀：《古幣叢考》，安徽大學出版社，二〇〇二年。
何琳儀：《戰國文字通論（訂補）》，江蘇教育出版社，二〇〇三年。
何琳儀：《安徽大學漢語言文字研究叢書·何琳儀卷》，安徽大學出版社，二〇一三年。
河北省文物研究所：《燕下都（上、下）》，文物出版社，一九九六年。
河北省邢臺市文物管理處：《邢臺糧庫遺址》，科學出版社，二〇〇五年。
河南省文物研究所：《信陽楚墓》，文物出版社，一九八六年。
河南省文物考古研究所：《新蔡葛陵楚墓》，大象出版社，二〇〇三年。
河南省文物局：《輝縣孫村遺址》，科學出版社，二〇一二年。
河南省文物考古研究所：《新鄭鄭國祭祀遺址》，大象出版社，二〇〇六年。

洪　颺：《古文字考釋通假關係研究》，福建人民出版社，二〇〇八年。
胡長春：《新出殷周青銅器銘文整理與研究》（上、下），綫裝書局，二〇〇八年。
湖北省博物館：《曾侯乙墓》，文物出版社，一九八九年。
湖北省荆沙鐵路考古隊：《包山楚簡》，文物出版社，一九九一年。
湖北省文物研究所、北京大學中文系：《望山楚簡》，文物出版社，一九九五年。
湖北省文物研究所、北京大學中文系：《九店楚簡》，文物出版社，二〇〇〇年。
湖北省荆州市周梁玉橋遺址博物館：《關沮秦漢墓簡牘》，中華書局，二〇〇一年。
湖北省博物館：《曾侯乙墓》（上、下），文物出版社，一九八九年。
湖南省文物考古研究所：《里耶秦簡》（壹），文物出版社，二〇一二年。
華東師範大學編：《中國文字研究》（第一—二十一輯），一九九九—二〇一五年。
黄德寬、陳秉新：《漢語文字學史（增訂本）》，安徽教育出版社，二〇一四年。
黄德寬：《漢字理論叢稿》，商務印書館，二〇〇六年。
黄德寬主編：《古文字譜系疏證》，商務印書館，二〇〇七年。
黄德寬等：《古漢字發展論》，中華書局，二〇一四年。
黄德寬：《古文字學》，上海古籍出版社，二〇一五年。
黄德寬、何琳儀、徐在國：《新出楚簡文字考》，安徽大學出版社，二〇〇七年。
黄　濬：《尊古齋金石集》，上海古籍出版社，一九九〇年。
黄錫全：《先秦貨幣通論》，紫禁城出版社，二〇〇一年。
黄錫全：《古文字與古貨幣文集》，文物出版社，二〇〇九年。
黄錫全：《古文字論叢》，藝文印書館，一九九九年。

黄錫全：《湖北出土商周文字輯證》，武漢大學出版社，一九九二年。
吉林大學古文字研究室編：《中國古文字研究》第一輯，吉林大學出版社，一九九九年。
吉林大学古籍整理研究所：《吉林大學古籍所建所十五周年紀念文集》，吉林大學出版社，一九九八年。
吉林大学古籍整理研究所：《吉林大學古籍所建所二十周年紀念文集》，吉林文史出版社，二〇〇三年。
吉林大学古籍整理研究所：《吉林大學古籍所建所三十周年紀念文集》，上海古籍出版社，二〇一四年。
季旭昇主編，陳霖慶、鄭玉姍、鄒濬智合撰：《上海博物館藏戰國楚竹書（一）》讀本，萬卷樓圖書股份有限公司，二〇〇三年。
季旭昇主編，陳美蘭、蘇建洲、陳嘉凌合撰：《上海博物館藏戰國楚竹書（二）》讀本，萬卷樓圖書股份有限公司，二〇〇三年。
季旭昇主編，陳惠玲、連德榮、李繡玲合撰：《上海博物館藏戰國楚竹書（三）讀本》，萬卷樓圖書股份有限公司，二〇〇五年。
季旭昇主編，袁國華協編，陳思婷、張繼淩、高佑仁、朱賜麟合撰：《上海博物館藏戰國楚竹書（四）讀本》，萬卷樓圖書股份有限公司，二〇〇七年。
［日］加藤慈雨樓：《平盦考藏古璽印選》，臨川書店，一九八〇年。
［日］菅原石廬：《中國璽印集粹》，日本二玄社，一九九七年。
［日］菅原石廬：《鴨雄緑齋藏中國古璽印精選》，二〇〇四年。
金祥恒：《陶文編》，臺北藝文印書館，一九六四年。
荊州市博物館：《郭店楚墓竹簡》，文物出版社，一九九八年。
康　殷、任兆鳳輯：《印典》，中國友誼出版社，二〇〇二年。
賴　非：《山東新出土古璽印》，齊魯書社，一九九八年。

李家浩：《著名中年語言學家自選集·李家浩卷》，安徽教育出版社，二〇〇二年。
李家浩：《安徽大學漢語言文字研究叢書·李家浩卷》，安徽大學出版社，二〇一三年。
李　零：《李零自選集》，廣西師範大學出版社，一九九八年。
李　零：《郭店楚簡校讀記（增訂本）》，中國人民大學出版社，二〇〇九年。
李　零：《上博楚簡三篇校讀記》，中國人民大學出版社，二〇〇七年。
李　零：《簡帛古書與學術源流》，三聯書店，二〇〇七年。
李　零：《楚帛書研究》（十一種），中西書局，二〇一三年。
李守奎：《楚文字編》，華東師範大學出版社，二〇〇三年。
李守奎、曲　冰、孫偉龍：《上海博物館藏戰國楚竹書（一～五）文字編》，作家出版社，二〇〇七年。
李天虹：《楚國銅器與竹簡文字研究》，湖北教育出版社，二〇一二年。
李學勤：《綴古集》，上海古籍出版社，一九九八年。
李學勤：《四海尋珍》，清華大學出版社，一九九八年。
李學勤：《重寫學術史》，河北教育出版社，二〇〇二年。
李學勤：《新出青銅器研究》，文物出版社，一九九〇年。
李學勤：《當代學者自選文庫——李學勤卷》，安徽教育出版社，一九九九年。
李學勤：《文物中的古文明》，商務印書館，二〇〇八年。
李學勤：《通向文明之路》，商務印書館，二〇一〇年。
李學勤：《東周與秦代文明》，上海人民出版社，二〇〇七年。
李學勤、艾　蘭：《歐洲所藏中國青銅器遺珠》，文物出版社，一九九五年。
李學勤主編：《清華大學藏戰國竹簡》（壹—伍），中西書局，二〇一一—二〇一五年。

李學勤、謝桂華主編：《簡帛研究》第一輯，法律出版社，一九九三年。
李學勤、謝桂華主編：《簡帛研究》第二輯，法律出版社，一九九六年。
李學勤、謝桂華主編：《簡帛研究》第三輯，廣西教育出版社，一九九八年。
李學勤、謝桂華主編：《簡帛研究二〇〇一》，廣西師範大學出版社，二〇〇一年。
李學勤、謝桂華主編：《簡帛研究二〇〇二、二〇〇三》，廣西師範大學出版社，二〇〇五年。
李運富：《楚國簡帛文字構形系統研究》，嶽麓書社，一九九七年。
李宗焜主編：《古文字與古代史》（第二—四輯），臺北中研院史語所，二〇〇九、二〇一二、二〇一五年。
林　澐：《林澐學術文集》，中國大百科全書出版社，一九九八年。
劉國勝：《楚喪葬簡牘集釋》，科學出版社，二〇一一年。
劉洪濤：《論掌握形體特點對古文字考釋的重要性》，北京大學博士學位論文，二〇一二年。
劉信芳：《包山楚簡解詁》，藝文印書館，二〇〇三年。
劉信芳：《荊門楚墓竹簡〈老子〉解詁》，藝文印書館，一九九九年。
劉信芳：《楚簡帛通假彙釋》，高等教育出版社，二〇一一年。
劉　釗：《出土簡帛文字叢考》，臺灣古籍出版有限公司，二〇〇四年。
劉　釗：《古文字構形學》，福建人民出版社，二〇〇六年。
劉　釗：《古文字考釋叢稿》，嶽麓書社，二〇〇五年。
劉　釗：《郭店楚簡校釋》，福建人民出版社，二〇〇五年。
劉　釗：《書馨集——出土文獻與古文字論叢》，上海古籍出版社，二〇一三年。
劉　雨、盧　岩：《近出殷周金文集録》，中華書局，二〇〇二年。
劉　雨、嚴志斌：《近出殷周金文集録二編》，中華書局，二〇一〇年。

羅福頤：《古璽彙編》，文物出版社，一九八一年。
羅福頤：《古璽文編》，文物出版社，一九八一年。
羅福頤主編：《秦漢魏晋南北朝官印徵存》，文物出版社，一九八七年。
吕金成：《夕惕藏陶》，山東畫報出版社，二〇一四年。
吕金成主編：《印學研究》（第一—七輯），山東大學出版社、文物出版社，二〇〇九—二〇一五年。
馬承源主編：《商周青銅器銘文選》（第一—四册），文物出版社，一九八六—一九九〇年。
馬承源主編：《上海博物館藏戰國楚竹書》（第一—九），上海古籍出版社，二〇〇一—二〇一二年。
馬飛海總主編，汪慶正主編：《中國歷代貨幣大系（一）先秦貨幣》，上海人民出版社，一九八八年。
濮茅左：《楚竹書〈周易〉研究》，上海古籍出版社，二〇〇六年。
强運開：《説文古籀三補》，中華書局，一九八六年。
裘錫圭：《古文字論集》，中華書局，一九九二年。
裘錫圭：《古代文史研究新探》，江蘇古籍出版社，一九九二年。
裘錫圭：《裘錫圭學術文集》，復旦大學出版社，二〇一二年。
饒宗頤主編：《上博藏戰國楚竹書字匯》，安徽大學出版社，二〇一二年。
容　庚：《金文編》，中華書局，一九八五年。
山東大學歷史文化學院考古學系、山東博物館、新泰市博物館：《新泰出土田齊陶文》，文物出版社，二〇一四年。
山東省錢幣學會編：《齊幣圖釋》，齊魯書社，一九九六年。
山東省文物考古研究所：《臨淄齊故城》，文物出版社，二〇一三年。
山西省考古研究所：《侯馬喬村墓地：一九五九—一九九六》，科學出版社，二〇〇四年。
陝西省考古研究院：《西安尤家莊秦墓》，陝西科學技術出版社，二〇〇八年。

陝西省考古研究所：《西安北郊秦墓》，三秦出版社，二〇〇六年。
上海書畫出版社：《上海博物館藏印選》，上海書畫出版社，一九七九年。
商承祚：《先秦貨幣文編》，書目文獻出版社，一九八三年。
史樹青主編：《中國歷史博物館藏法書大觀》第三卷《陶文、磚文、瓦文》，上海教育出版社，二〇〇〇年。
施謝捷：《古璽彙考》，安徽大學博士学位論文，二〇〇六年。
石永士、石　磊：《燕下都東周貨幣聚珍》，文物出版社，一九九六年。
睡虎地秦墓竹簡整理小組：《睡虎地秦墓竹簡》，文物出版社，一九九〇年。
四川聯合大學歷史系：《徐中舒先生百年誕辰紀念文集》，巴蜀書社，一九九八年。
宋華强：《新蔡葛陵楚簡初探》，武漢大學出版社，二〇一〇年。
蘇建洲：《〈上博楚竹書〉文字及相關問題研究》，萬卷樓圖書公司，二〇〇八年。
蘇建洲：《楚文字論集》，萬卷樓圖書公司，二〇一一年。
孫　剛：《齊文字編》，福建人民出版社，二〇一〇年。
孫合肥：《戰國文字形體研究》，安徽大學博士学位論文，二〇一四年。
孫家潭：《大風堂古印舉》，西泠印社，二〇〇九年。
孫敬明：《考古發現與齊史類徵》，齊魯書社，二〇〇六年。
孫詒讓：《古籀拾遺·古籀餘論》，中華書局，一九八九年。
太原市文物考古研究所：《晉國趙卿墓》，文物出版社，二〇〇四年。
唐存才：《步黟堂藏戰國陶文遺珍》，上海書畫出版社，二〇一三年。
唐　蘭：《中國文字學》，上海古籍出版社，二〇〇五年。
唐　蘭：《古文字學導論》，齊魯書社，一九八一年。

湯志彪：《三晉文字編》，作家出版社，二〇一三年。
湯餘惠主编：《戰國文字編》，福建人民出版社，二〇〇一年。
湯餘惠：《戰國銘文選》，吉林大學出版社，一九九三年。
滕壬生：《楚系簡帛文字編（增訂本）》，湖北教育出版社，二〇〇八年。
天津博物館：《天津博物館藏璽印》，文物出版社，二〇一三年。
田　煒：《古璽探研》，華東師範大學出版社，二〇一〇年。
宛鹏飞：《飛諾藏金（春秋戰國篇）》，中州古籍出版社，二〇一二年。
王恩田：《陶文圖録》，齊魯書社，二〇〇六年。
王恩田：《陶文字典》，齊魯書社，二〇〇七年。
王國維：《觀堂集林》，中華書局，一九五九年。
王國維：《王國維遺書》，上海書店出版社，一九八三年。
王　輝：《秦銅器銘文編年集釋》，三秦出版社，一九九〇年。
王　輝、程學華：《秦文字集證》，臺北藝文印書館，一九八一年。
王輝主编：《秦文字編》，中華書局，二〇一五年。
王人聰：《古璽印與古文字論集》，香港中文大學文物館，二〇〇〇年。
王人聰：《香港中文大學文物館藏印續集》，香港中文大學出版社，一九九九年。
王守功、許淑珍：《臨淄後李齊國陶文》，《揖芬集——張政烺先生九十華誕紀念文集》，社會科學文獻出版社，二〇〇二年。
王獻唐：《海岳樓金石叢編》，青島出版社，二〇〇九年。
王獻唐：《海岳樓金石叢拓》，青島出版社，二〇〇九年。

王獻唐：《寒冷金石文字》，青島出版社，二〇〇九年。
魏宜輝：《楚系簡帛文字形體訛變分析》，南京大學博士學位論文，二〇〇三年。
吴大澂：《説文古籀補》，中華書局，一九八八年。
武漢大學簡帛研究中心等：《楚地出土戰國簡册合集》（一）、（二），文物出版社，二〇一一、二〇一三年。
吴良寶：《中國東周時期金屬貨幣研究》，社會科學文獻出版社，二〇〇五年。
吴良寶：《先秦貨幣文字編》，福建人民出版社，二〇〇六年。
吴良寶：《戰國楚簡地名輯證》，武漢大學出版社，二〇一〇年。
吴硯君：《盛世璽印録》，藝文書院，二〇一三年。
吴振武：《古璽文編校訂》，人民美術出版社，二〇一一年。
吉林大學歷史系文物陳列室：《吉林大學藏古璽印選》，文物出版社，一九八七年。
吴鎮烽：《商周青銅器銘文暨圖像集成》，上海古籍出版社，二〇一二年。
吴鎮烽：《商周金文資料通鑒》（光碟），二〇一三年。
［日］西林昭一：《簡牘名蹟選一・里耶秦簡》，二玄社，二〇〇九年。
咸陽市文物考古研究所：《任家咀秦墓》，科學出版社，二〇〇五年。
咸陽市文物考古研究所：《塔兒坡秦墓》，三秦出版社，一九九八年。
香港中文大學中國語言及文學系：《第二届國際中國古文字學研討會論文集》，香港中文大學中國語言及文學系，問學社有限公司，一九九三年。
香港中文大學中國文化研究所、中國語言及文學系：《第三届國際中國古文字學研討會論文集》，香港中文大學中國語言及文學系，一九九七年。
香港中文大學中國語言及文學系：《第四届國際中國古文字學研討會論文集》，香港中文大學中國語言及文學系，二〇〇三年。
香港中文大學文物館：《香港中文大學文物館藏印集》，香港中文大學，一九八〇年。
蕭春源：《珍秦齋古印展》，澳門市政廳出版文化康樂部，一九九三年。
蕭春源：《珍秦齋藏印・秦印篇》，臨時澳門市政局文化暨康體部，二〇〇〇年。
蕭春源：《珍秦齋藏印・戰國篇》，澳門基金會，二〇〇一年。
蕭春源：《珍秦齋藏金・吴越三晋篇》，澳門基金會，二〇〇八年。
蕭聖中：《曾侯乙墓竹簡釋文補正暨車馬制度研究》，科學出版社，二〇一一年。
徐寶貴：《石鼓文整理研究》，中華書局，二〇〇八年。
徐在國：《隸定「古文」疏證》，安徽大學出版社，二〇〇二年。
徐在國：《傳抄古文字編》，綫裝書局，二〇〇六年。
徐在國：《楚帛書詁林》，安徽大學出版社，二〇一〇年。
徐在國：《安徽大學漢語言文字研究叢書・徐在國卷》，安徽大學出版社，二〇一三年。
徐在國：《新出齊陶文圖録》，學苑出版社，二〇一四年。
徐在國：《戰國文字論著目録索引》，綫裝書局，二〇〇七年。
徐在國、黄德寬：《古老子文字編》，安徽大學出版社，二〇〇七年。
許　慎：《説文解字》，中華書局，一九五九年。
許雄志：《秦代印風》，重慶出版社，二〇一一年。
許雄志：《鑒印山房藏古璽印菁華》，河南美術出版社，二〇〇六年。
姚孝遂：《姚孝遂古文字論集》，中華書局，二〇一〇年。
楊廣泰：《新出封泥彙編》，西泠印社，二〇一〇年。

楊樹達：《積微居金文説》，中華書局，一九九七年。
楊澤生：《戰國竹書研究》，中山大學出版社，二〇〇九年。
嚴志斌：《四版〈金文編〉校補》，吉林大學出版社，二〇〇一年。
于省吾：《雙劍誃吉金文選》，中華書局，一九九八年。
于省吾：《于省吾著作集》，中華書局，二〇〇九年。
袁仲一、劉　鈺：《秦文字類編》，陝西人民教育出版社，一九九三年。
袁仲一、劉　鈺：《秦陶文新編》，文物出版社，二〇〇九年。
曾憲通：《曾憲通學術文集》，汕頭大學出版社，二〇〇二年。
曾憲通：《古文字與出土文獻叢考》，中山大學出版社，二〇〇五年。
趙　誠：《古代文字音韻論文集》，中華書局，一九九一年。
趙平安：《隸變研究》，河北大學出版社，二〇〇九年。
趙平安：《金文釋讀與文明探索》，上海古籍出版社，二〇一一年。
趙平安：《新出簡帛與古文字古文獻研究》，商務印書館，二〇〇九年。
趙　熊：《風過耳堂秦印輯録》，中國書店，二〇一二年。
張光裕：《雪齋學術論文集》，臺北藝文印書館，一九八九年。
張光裕：《雪齋學術論文二集》，臺北藝文印書館，二〇〇四年。
張光裕、曹錦炎：《東周鳥篆文字編》，香港翰墨軒出版有限公司，一九九四年。
張光裕、黄德寬：《古文字學論稿》，安徽大學出版社，二〇〇八年。
張光裕主編，袁國華合編：《包山楚簡文字編》，藝文印書館，一九九二年。
張光裕主編，袁國華合編：《望山楚簡校録》，藝文印書館，二〇〇四年。

張　頷：《古幣文編》，中華書局，一九八六年。
張頷等：《侯馬盟書》（增訂本），山西古籍出版社，二〇〇六年。
張懋鎔：《古文字與青銅器論集》（第一—四輯），科學出版社，二〇〇二—二〇一四年。
張守中：《睡虎地秦簡文字編》，文物出版社，一九九四年。
張守中：《中山王譽器文字編》（重訂本），人民美術出版社，二〇一一年。
張守中：《郭店楚簡文字編》，文物出版社，二〇〇〇年。
張顯成主編：《簡帛語言文字研究》（第一—七輯），巴蜀書社，二〇〇二—二〇一五年。
張新俊：《上博楚簡文字研究》，吉林大學博士學位論文，二〇〇五年。
張新俊、張勝波：《新蔡葛陵楚簡文字編》，巴蜀書社，二〇〇八年。
張亞初：《殷周金文集成引得》，中華書局，二〇〇一年。
張振謙：《齊魯文字編》，學苑出版社，二〇一四年。
張政烺：《張政烺文集》，中華書局，二〇一二年。
鍾柏生、陳昭容、黃銘崇、袁國華：《新收殷周青銅器銘文暨器影彙編》，臺北藝文印書館，二〇〇六年。
中國古文字研究會編：《古文字研究》（第一—三〇輯），中華書局，一九七九—二〇一四年。
中國文字學會編：《中國文字學報》（第一—六輯），中華書局，二〇〇六—二〇一五年。
中國社會科學院考古研究所：《殷周金文集成》（第一—十八卷），中華書局，一九八四—一九九四年。
中國社會科學院考古研究所：《殷周金文集成》（修訂增補本），中華書局，二〇〇七年。
中國璽印篆刻全集編輯委員會：《中國璽印篆刻全集一：璽印下》，上海書畫出版社，一九九九年。
周法高：《金文詁林》，香港中文大學，一九七五年。
周法高：《金文詁林補》，臺灣中研院史語所，一九八二年。

周進集藏，周紹良整理，李零分類考釋：《新編全本季木藏陶》，中華書局，一九九八年。
周曉陸：《二十世紀出土璽印集成》，中華書局，二〇一〇年。
朱德熙：《朱德熙古文字論集》，中華書局，一九九五年。
朱漢民、陳松長：《嶽麓書院藏秦簡》（壹—叁），上海辭書出版社，二〇一〇—二〇一三年。
中國文字編輯委員會：《中國文字》（新一—四十一輯），臺北藝文印書館，一九八〇—二〇一五年。
武漢大學簡帛研究中心：《簡帛》（第一—十輯），上海古籍出版社，二〇〇六—二〇一五年。
國家文物局古文獻研究室等編：《出土文獻研究》（第一—十三輯），文物出版社，一九八五—二〇一四年。

拼音檢字表

A

ā

阿 1962

āi

哀 152
㥈 154
譪 309
㑷 1171

ái

敳 432

ài

艾 57
餲 688
愛 729
䁥 859
僾 1137
欬 1256
㤅 1467
堨 1837

ān

菴 90
鞌 374
安 1028
侒 1143
躷 1196
铵 1223
䆔 1496

àn

案 781
岸 1307
豻 1348

āng

肮 572

áng

卬 1180

àng

盎 669

áo

警 286、313
敖 538、816
礮 1333
熬 1404
爨 1404

ǎo

芺 56
郁 895
祅 1214

ào

驐 1360
奡 1436
婺 1685
坳 1856
墺 1856

B

bā

八 111
柭 784
巴 2001

bá

茇 66
癹 179
犮 1383
拔 1662
臬 1663

bǎ

把 1657

bà

霸 968
罷 1111
吧 1126

罷 1401

ba

罷 1111

bái

筥 622
白 1126

bǎi

百 488
柏 759
佰 1144
捭 1664
絔 1786

bài

敗 439
稗 995
粺 1009

bān

班 38
攽 432
瘢 1083
般 1236

bǎn

板 799
版 985
坂 1857
阪 1963

bàn

半 120
料 1934

bāng

邦 864

bàng

蒡 97
謗 312

bāo

苞 57
剥 591
褒 1203
勹 1292
包 1295

báo

雹 1603
霳 1603

bǎo

瑶 35
葆 83
飽 687
飽 687
寶 1034
保 1130
侮 1168
緥 1767

bào

暴 946
瀑 1091
豹 1346
報 1433
暴 1435
抱 1658

bēi

卑 403
桮 779
椑 781
庳 1315
悲 1487

běi

北 1184
意 1505

bèi

貝 102
誖 312

鞁 373
鞴 378
葡 467
背 554
孛 817
貝 836
備 1139
倍 1152
北 1184
被 1206
狽 1395
潃 1584

bēn

犇 129
奔 1428

běn

本 761

bēng

崩 1305
繃 1754

běng

繃 1754
紺 1778

bèng

迸 224
泵 1561
繃 1754
堋 1854

bī

逼 224
偪 1175

bí

鼻 489

bǐ

彼 242
筆 408

bì

字	頁
胈	579
箄	613
啚	724
柀	749
鄙	868
疕	1076
俾	1149
匕	1178
比	1183
庇	1323
妣	1675
妼	1675

bì

字	頁
壁	29
薜	57
蔽	70
苾	72
必	117
避	209
斁	441
畢	529
髀	548
臂	556
鷩	603
箅	612
篦	625
畁	632
韠	736
賁	839
鼊	860
邲	920
痹	1082
痺	1089
瘭	1101
幣	1116
敝	1127
屄	1127
佖	1134
歆	1259
廦	1313
庇	1316
駜	1360
黪	1418

字	頁
怭	1499
潷	1548
閟	1633
閉	1635
婢	1676
彈	1732
弲	1733
弼	1735
繹	1755
綼	1767
繴	1776
綼	1787
壁	1837
陛	1974

biān

字	頁
邊	223
鞭	375
鬙	1424

biǎn

字	頁
扁	270
貶	860

biàn

字	頁
釆	118
變	433
辨	588
昪	921
便	1148
覍	1243
忞	1503
纏	1778
辯	2006

biāo

字	頁
熛	64
標	765
杓	781
彪	1281
鷚	1327
麃	1374
儦	1406
鑣	1910

biǎo

字	頁
囊	826
表	1199
錶	1915

biào

字	頁
贆	859

biē

字	頁
癟	1088
虌	1822

bié

字	頁
別	547

bīn

字	頁
玢	34
賓	845
臏	846
宓	1041
瀕	1592

bīng

字	頁
兵	354
并	1182
冰	1599

bǐng

字	頁
鞞	372
秉	397
稟	723
稟	723
檁	723
檁	724
斅	736
柄	784
檲	784
邴	884
屏	1229
怲	1490
丙	1997
酉	1997

bìng

字	頁
訹	327
垪	704
病	1074
并	1182
竝	1447

bō

字	頁
址	177
剥	591
波	1549
播	1663
皳	1663
綹	1767

bó

字	頁
薄	71
博	283
誖	312
轉	374
髆	548
胉	574
脖	576
柏	759
邦	891
疱	1095
帛	1124
彴	1140
僰	1163
襮	1200
駁	1359
泊	1579
搏	1656
勃	1888
鎛	1908

bǒ

字	頁
跛	265

bū

字	頁
逋	213
誧	308
舖	686

bǔ

字	頁
敧	457
卜	462
補	1209
捕	1664
搏	1862

bù

字	頁
步	180
賠	567
部	872
布	1122
不	1620

C

cái

字	頁
芆	92
材	770
才	811
財	837

cǎi

字	頁
采	790
悷	1475

cài

字	頁
蔡	70
菜	71

cān

字	頁
驂	1362

cán

字	頁
賤	573
蠶	1812

cǎn

字	頁
晉	644
憯	1487

càn

字	頁
粲	1008

字	頁
屟	2016

cāng

字	頁
蒼	67
鶬	521
倉	698
滄	1569

cáng

字	頁
藏	87
臧	414

cāo

字	頁
敳	457
操	1655

cáo

字	頁
曹	81
曺	644
嘈	1094
漕	1576

cǎo

字	頁
屮	44
艸	46
草	47

cào

字	頁
鄵	915

cè

字	頁
萴	57
崈	90
册	269
策	616
筴	618
芅	618
側	1143
廁	1314
測	1550

cēn

字	頁
篸	608

忡 1490
沖 1548

chóng

郚 910
重 1191
橦 1213
蟲 1816

chǒng

寵 1038

chōu

犨 124
雔 125
瘳 1086

chóu

壽 100
讎 292
斁 444
椆 748
稠 991
儔 1153
仇 1159
鬲 1219
紬 1757
綢 1779
疇 1872
時 1874

chǒu

睪 377
醜 1299
丑 2017

chòu

臭 1384

chū

初 585
出 816
貙 1347

趍 168
遲 207
縒 577
棍 805
馳 1364
豈 1441
弛 1731
它 1731
鍉 1916

chǐ

齒 258
侈 1154
傂 1176
移 1204
褫 1209
尺 1231
恥 1494
垑 1852

chì

啻 147
彳 239
敕 434
卶 523
瘛 1085
佁 1154
斥 1318
斥 1318
熾 1409
赤 1419
懘 1509
鍪 1867
勑 1881
飭 1888

chōng

衝 256
舂 1015
橦 1213
充 1241
惷 1475
憧 1479
意 1479

chèn

齔 259
稱 1002
疢 1083
稱 1224

chēng

堂 172
爯 531
稱 1002

chéng

珵 35
呈 145
誠 302
丞 351
盛 667
棄 741
郕 886
程 1002
秶 1259
懲 1495
承 1658
永 1658
城 1848
成 1999

chěng

騁 1364

chèng

稱 1002

chī

吃 150
雄 503
笞 618
癡 1086
絺 1777
蚩 1807

chí

莡 75

cháo

巢 822
樔 822
轡 823
朝 953
艚 1237
淖 1545
鼂 1822
噩 1823
鼂欠 1823

chē

車 1937

chě

趚 169
偖 1169
尺 1231

chè

屮 44
徹 427
頙 1274
蠿 1424
联 1649
坼 1854
斷 1885

chēn

瞋 475

chén

迧 226
晨 368
臣 413
陳 435
晨 967
侸 1174
愖 1504
沈 1564
陳 1972
辰 2019
唇 2020

chǎn

剗 593
産 820
幝 1120
闡 1640

chàn

剗 593
幝 1120
顫 1271

chāng

昌 944
倀 1153

cháng

腸 553
嘗 652
常 1118
裳 1120
償 1147
辰 1323
長 1334
場 1855

chǎng

敞 432
場 1855

chàng

鬯 683
韔 734
䍑 734
圅 735
暘 1876

chāo

超 166
譟 340
訬 317
鈔 1911

篙 608

cén

岑 1304

chā

差 637

chá

茬 67
詧 298
槎 790
梌 798
秅 1003
察 1031
瘵 1089
侀 1170

chà

侂 1174

chái

柴 770
豺 1347

chǎi

茝 51

chài

瘥 1085
蠆 1803
蠆 1803

chān

延 254
輡 377
緂 1762

chán

讒 319
廛 1314
毚 1376
纏 1752
孱 2016

chú

芻 76
雛 502
廚 1311
媰 1672
除 1974

chǔ

鞮 377
楮 755
杵 779
楚 809
褚 1211
處 1924

chù

遀 236
亍 250
豉 451
臅 582
觸 600
鄐 875
鄐 875
歜 1256
閦 1639
絀 1760
埱 1851
畜 1875
處 1924
罿 1992

chuān

穿 1067
川 1593

chuán

椯 783
傳 1151
船 1236

chuǎn

喘 136

chuàn

串 44

chuāng

刅 595
創 595
窗 1418

chuáng

橦 1213

chuǎng

闖 1638

chuàng

創 595
愴 1487

chuī

炊 1404

chuí

箠 617
椎 783
郵 927
顀 1266
垂 1856
錘 1906
陲 1975

chūn

春 84

chún

犉 124
䓺 125
脣 552
章 719
淳 1571
純 1742
輴 1743
杶 1743
錞 1909

醇 2027

chǔn

蠢 1814

chuò

辵 185
龟 1376
惙 1490
婌 1680
婥 1685
䵵 1800
綽 1800

cī

柴 514
刺 593
疵 1076

cí

祠 14
禨 15
袮 15
薋 67
雌 505
詞 1284
慈 1462
慈 1462
坒 1866
辭 2005
辝 2005
辤 2005

cǐ

此 181

cì

刺 593
賜 843
朿 984
伺 1164
次 1256
庛 1318

cōng

璁 32
蔥 79
樅 759
悤 1418
潨 1585
聰 1645
聦 1645
聦 1645

cóng

叢 84
藂 103
從 1181
从 1181

cū

麤 1375

cú

退 189
殂 544

cù

趗 266
卒 1210
緅 1791
酢 2029

cuàn

蕢 91
爨 369
竄 1069
篡 1301

cuī

衰 1210
崔 1305

cuì

萃 68
啐 150
翠 492
脆 568
竁 1049
倅 1163
毳 1225

cūn

邨 893

cún

存 2012

cùn

寸 421

cuó

蘆 76
膗 577
虘 661
鄌 884
痤 1079
瘥 1085

cuǒ

脞 576
鬖 1282

cuò

逪 196
譜 311
剉 590
郪 922
鮨 1613
錯 1902

D

dá

荅 48
達 210
羍 511
怛 1487

dà

眔 472
衭 1214
大 1420
夻 1421

dǎi

歹 544

dài

毒 46
逮 207
待 243
詒 312
戴 362
隶 411
殆 545
貣 840
貸 840
帶 1117
繻 1117
代 1147
甍 1273
黛 1418
忿 1476
紿 1746
緫 1798
鈦 1905

dān

丹 677
鄲 877
鄲 877
邢 877
儋 1139
襌 1205
担 1666
妉 1686
酖 2028

dǎn

膽 552
亶 724
黕 1416

肺 552
費 848
賣 848
廢 1317
屝 1321

fēn
玢 34
岎 46
芬 47
分 111
餴 684
紛 1774
繽 1775

fén
坟 447
羒 512
粉 758
鼢 1399
焚 1405
燓 1510
汾 1533
濆 1557

fěn
粉 1011

fèn
奮 506
轟 529
僨 1155
忿 1483
憤 1486

fēng
眆 479
豐 660
丰 820
酆 871
寴 1052
俸 1167
襃 1216
風 1817

方 1238
沴 1579
匚 1723
坊 1857

fáng
魴 1611
房 1627
坊 1857
防 1970
陛 1970

fǎng
訪 296
仿 1137
扐 1666
紡 1747

fàng
放 538

fēi
昔 470
淉 1583
飛 1620
非 1621
妃 1672
蜚 1817

féi
腓 559
肥 571
痱 1097
悲 1498

fěi
翡 492
篚 616
胐 968

fèi
萉 49
芾 88
吠 154

fán
蕃 83
蘩 83
樊 359
膰 578
笲 622
杋 797
柉 807
煩 1271
燔 1403
繁 1773
緐 1773
凡 1827

fǎn
返 204
反 397
橎 757
仮 1164

fàn
芝 71
范 81
范 609
笵 611
飯 685
販 850
伊 1167
匤 1306
犯 1382
訉 1441
寔 1506
氾 1550
泛 1561
範 1944
軓 1945
軬 1945
挽 2008

fāng
芳 72
枋 751
邡 883

邇 217
鬟 383
餌 383
爾 468
枏 798
祢 1214
戀 1511
洱 1587
耳 1641

èr
誀 338
貳 845
佴 1142
二 1823
弍 1825

F

fā
㩳 1445
發 1732

fá
乏 184
厰 481
罰 591
伐 1158
垡 1712

fǎ
灋 1370

fà
髮 1282

fān
番 118
簸 612
歠 1260
繙 1751
轓 1953

E

ē
娿 1675
婀 1683
阿 1962

é
莪 60
哦 156
誐 308
譌 317
訛 329
蝅 1812

è
噩 161
咢 161
遏 218
餓 688
餓 689
鄂 882
癋 1082
厄 1627
搹 1657
扼 1657
堨 1837

ēn
恩 1463

ēng
鞥 373

ér
荋 71
兒 1239
而 1338
胹 1339

ěr
珥 31
尔 112

瘄 1099

duì
杸 416
敦 436
敦 438
憝 1215
兌 1240
隊 1966

dūn
敦 438
惇 1459

dùn
遯 213
盾 481
頓 1269
坉 1858
鈍 1912

duō
多 979
㕁 1258

duó
敠 436
奪 506
鐸 1907

duǒ
朵 765
椯 783
袳 1204

duò
隋 564
鈼 690
柁 797
嚃 1304
憜 1478
掇 1661
陸 1968

哥 649
仡 1136
歌 1254
戈 1698

gé

葛 61
革 370
骼 549
格 767
楁 778
閣 1630
挌 1664
敋 1701
戨 1702

gě

蓋 73
笴 620

gè

茖 52
各 151
鉻 1911

gěi

給 1755

gēn

根 763

gèn

栕 794
艮 1180
亘 1827

gēng

羹 382
更 433
耕 597
賡 858
㪅 1259
㢜 1323
絙 1766

岡 1303

gàng

杠 775

gāo

䓘 89
羔 511
膏 554
鼛 657
髙 711
高 711
櫜 826
絈 826
韍 826
貼 826
韐 826
皋 1436

gǎo

槀 768
杲 770
稾 997
㾸 1099
臭 1433
縞 1757
鎬 1901

gào

禞 22
告 132
吿 132
鋯 195
誥 302
𢍆 303
郜 884
鄗 885
鄐 885
𣢑 1258
鋯 1915

gē

胳 556
割 589

gǎi

改 433

gài

蓋 73
槩 779
溉 1539
瀣 1578
匄 1721

gān

迀 219
干 274
肝 552
竿 615
甘 641
疳 1093
忓 1471
泔 1567
乾 1995

gǎn

敢 542
桿 805
橄 805
衦 1208
感 1489

gàn

干 274
榦 772
贛 841
贑 841
贑 842
贑 842
贑 842
倝 952
淦 1561
澉 1585

gāng

剛 587
杠 775

頫 1270
酺 1276
府 1308
撫 1659
斧 1926
釜 1927
輔 1947

fù

萯 69
赴 165
復 240
父 392
腹 557
副 588
复 728
椱 782
負 845
貟 845
𩜁 845
賦 851
賨 851
戝 852
富 1031
覆 1115
傅 1141
付 1143
複 1204
服 1237
鰒 1614
婦 1672
縛 1754
緮 1789
輹 1940
阜 1959
附 1971
隔 1980

G

gāi

賅 857
晐 947

孚 383
𠬝 398
鳧 420
葡 467
㚕 495
符 610
箙 617
富 721
畐 721
畐 721
榑 770
桴 772
柫 779
郛 869
宓 1030
罦 1111
罘 1111
幅 1116
市 1123
伏 1157
俘 1159
服 1237
醅 1275
由 1299
豧 1341
烰 1403
佛 1478
涪 1526
浮 1550
扶 1655
㪔 1655
弗 1694
蝠 1808
鉘 1921

fǔ

䢊 225
鬴 380
甫 466
脯 565
簠 615
郙 893
鄜 895
俌 1141

封 1841

féng

逢 199
夆 739
夆 739
縫 1768

fěng

風 1817

fèng

奉 351
鳳 519
縫 1768

feng

豐 1342

fóu

紑 1762

fǒu

否 152
缶 701
𡋣 701
𨧽 701
𥒥 702

fū

蒱 100
尃 423
邞 890
鄜 895
夫 1437
捊 1658
鈇 1911

fú

福 8
茀 72
芙 86
苻 94
菔 99

郭 890
⿸疒瓜 1094

guó

虢 665
國 828
⿰或阝 829
聝 1649
馘 1649

guǒ

菓 94
果 764
椁 796
裹 1209

guò

過 190

H

hǎi

海 1544
醢 2030

hài

⿰言萬 316
⿱萬虫 733
⿱𠂎叏 733
害 1044
駭 1364
濭 1586
亥 2035
⿱亥口 2035

hán

琀 33
含 135
韓 735
邯 877
邗 888
函 980
寒 1044
厂 1319

鬹 380
嶲 501
邽 872
騩 1358
規 1438
鮭 1613
閨 1630
嫢 1679
鼃 1820
圭 1855
珪 1856

guǐ

詭 322
𣪘 418
簋 614
鬼 1297
氿 1586
姽 1679
蟡 1811
⿰金危 1909
癸 2007

guì

跪 263
⿰骨鬼 549
桂 746
樻 749
檜 778
貴 854
⿸疒會 1100
⿰犭癸 1391
鱥 1614
螝 1806

gǔn

裷 1215
惃 1503
鯀 1610
緄 1764

guō

鍋 670
𩫏 715

guài

夬 393
怪 1476

guān

莞 55
棺 795
冠 1105
倌 1152
觀 1246
涫 1566
鰥 1610
關 1635
綸 1766
矜 1936
官 1956

guǎn

輨 374
筦 611
管 619
館 688
輨 1941
輐 1941
輨 1941

guàn

雚 507
盥 672
冠 1105
觀 1246
灌 1534
鑵 1919

guāng

光 1407

guǎng

廣 1313

guī

蘬 83
歸 173

鼓 656
盬 668
穀 754
糓 755
賈 848
買 850
⿰目古 861
轂 999
⿸疒骨 1098
罟 1110
⿱耂古 1222
⿰古欠 1257
愲 1504
汩 1576
谷 1598
蠱 1817
蛊 1817
鈷 1914
轂 1940

gù

故 430
梏 794
固 832
⿴囗固 833
顧 1268
顧 1273
⿱監古 1625
⿰鹵古 1625

guā

𠯑 154
瓜 1019
騧 1359
銛 1903

guǎ

寡 1042
⿰亻咼 1170
霣 1607

guà

詿 314
卦 462

鉤 278
痀 1079
佝 1155
溝 1558
緱 1769

gǒu

笱 277
枸 751
耉 1218
⿰句頁 1273
苟 1295
狗 1379

gòu

詬 324
訽 324
購 854
⿰貝句 861
坸 1866
彀 2009

gū

觚 602
柧 791
苽 1020
沽 1542
姑 1673
⿰女瓜 1687
⿰金瓜 1914
辜 2004
孤 2012
酤 2027
⿱古皿 2027
⿰酉盍 2027

gǔ

谷 275
古 279
詁 303
鼓 441
羖 512
骨 547
股 559

緪 1775
庚 2002

gěng

梗 758
耿 1642

gèng

更 433
緪 1775

gōng

⿱艹厶 104
公 115
⿺辶共 229
龏 355
共 360
龔 361
厷 391
攻 442
工 637
⿰共阝 901
宮 1062
躳 1064
恭 1461
⿰扌厷 1666
弓 1729
紅 1761
功 1880

gǒng

収 350
⿱日廾 367
鞏 371
⿰王巩 388
拲 1664

gòng

共 360
⿸厂貢 1325

gōu

句 276
拘 277

稼	990	譇	333	楫	789	幾	533	續	1744	慌	1500
袷	1123	劑	590	齎	840	肌	551	繪	1759	繢	1791
假	1146	既	682	棘	985	膌	578	**hūn**		**huī**	
駕	1361	邖	892	疾	1072	刏	588	昏	943	褌	22
嫁	1670	曁	952	疲	1084	觭	600	惛	1482	睢	472
jia		稷	993	伋	1133	笄	611	閽	1636	眭	478
家	1020	寄	1043	悈	1472	箕	629	婚	1671	灰	1404
jiān		屩	1110	急	1472	兀	631	**hùn**		恢	1461
菅	55	冀	1184	汲	1570	饑	688	圂	833	**huí**	
堅	412	亐	1295	姞	1670	飢	689	**huó**		回	827
肩	555	驥	1360	級	1751	檕	750	活	1567	繢	1744
兼	1006	悸	1480	亟	1825	机	760	**huǒ**		蚘	1802
監	1193	忌	1482	塈	1867	機	782	火	1401	蚘	1809
厬	1326	惎	1493	輯	1939	稽	822	**huò**		**huǐ**	
豜	1340	霽	1605	**jǐ**		郗	923	禍	16	粻	1013
湔	1528	紀	1745	乢	387	曦	950	褚	18	燬	1402
閒	1633	繫	1777	幾	533	旮	950	祡	18	悔	1486
間	1639	繼	1777	邔	892	期	969	藿	49	虫	1802
奸	1685	縣	1777	畿	1344	積	996	蔓	102	虺	1803
姦	1686	季	2010	濟	1542	秸	1003	蘷	507	魄	1806
戔	1709	**jiā**		脊	1667	羈	1112	蘿	517	毀	1853
韱	1709	珈	33	戟	1701	唐	1318	膗	677	**huì**	
韯	1709	葭	79	戔	1701	姬	1669	寁	829	薈	67
縑	1757	嘉	656	鈃	1701	基	1835	貨	837	誨	294
缄	1771	梜	790	找	1701	圾	1858	賹	837	諱	302
幵	1922	家	1020	戩	1701	畸	1873	曤	949	詯	314
jiǎn		伽	1167	戈	1702	几	1923	穫	996	讀	336
寋	264	毠	1341	給	1702	**jí**		獲	1384	彗	400
詃	341	挾	1656	戔	1755	蕀	99	惑	1481	惠	534
襉	493	加	1886	几	1923	吉	147	濩	1563	會	697
簡	609	**jiá**		己	2000	偮	284	或	1705	檜	796
笅	609	頰	1265	吕	2000	齨	389	鑊	1901	晦	943
檢	787	夾	1422	异	2001	及	396			薈	1104
梘	800	**jiǎ**		**jì**		彶	396	**J**		顯	1268
柬	824	叚	400	祭	12	棘	518	**jī**		慧	1460
賕	860	胛	574	禝	22	集	518	薺	316	恚	1484
儉	1149	假	1146	薺	58	膌	561	觳	416	澮	1533
減	1575	甲	1993	迹	186	耤	598	雞	501	潰	1553
蕑	1741	**jià**		徛	247	籍	608			濊	1576
繝	1741	賈	848	計	305	即	681			闠	1631
				記	309	皀	681				
				薺	316	人	694

jiàn

建 254
踐 264
諫 303
諓 307
劍 596
箭 605
硂 606
餞 688
楗 779
檻 794
梘 800
賤 851
俴 1153
件 1163
監 1193
濕 1194
見 1245
覵 1251
薦 1370
漸 1535
澗 1559
鑑 1901
陵 1975

jiāng

薑 50
將 421
橿 751
江 1527
姜 1669
繮 1774
畺 1877
畕 1877
疆 1877

jiǎng

講 311
獎 1381

jiàng

將 421
匠 1723
弜 1735
强 1804
勥 1882
降 1967
醬 2029
酱 2029
酒 2031
醬 2031
醬 2031

jiāo

这 199
教 459
膠 570
郊 868
灰 1323
驕 1360
爨 1406
焦 1407
交 1429
僑 1497
鮫 1612
轇 1955

jiǎo

儌 242
敽 435
敫 539
角 598
餃 690
矯 707
疖 1076
痞 1088
痰 1096
皎 1126
畠 1306
譥 1332
狡 1380
絞 1429
撟 1660
蟜 1803
鉸 1915

jiào

珓 35
訆 317
教 459
皎 789
校 789
覺 1247
轎 1948

jiē

萋 62
街 256
皆 483
楬 796
秸 1003
痎 1082
湝 1547
揭 1660
結 1753
階 1974

jié

疌 174
訐 319
詰 322
節 607
桀 740
傑 740
嵥 740
桔 750
傑 1132
頡 1270
卩 1285
竭 1439
潔 1577
滐 1584
結 1753
絜 1779
劼 1881
劫 1888
鉣 1910
孑 2015

jiě

解 601

jiè

芥 78
介 115
戒 354
丯 597
矫 710
疥 1080
痓 1095
借 1146
屆 1227
疥 1318
浙 1579
畍 1874

jīn

聿 408
筋 583
今 696
巾 1115
衿 1200
衾 1200
飽 1290
黔 1415
津 1560
絵 1766
紟 1766
勧 1888
金 1895
斤 1926
釿 1928
矜 1936

jǐn

堇 79
謹 299
緊 412
槿 803
錦 1125
僅 1147
堇 1868

jìn

禁 18
唫 137
進 192
近 216
靳 374
盡 671
晋 940
寖 1056
僅 1147
侓 1170
僭 1171
隶 1405
焳 1405
寖 1541
浸 1541
䢤 1622
縉 1760
紟 1766
勁 1883

jīng

荊 63
腈 575
京 716
旌 956
晶 966
精 1008
競 1242
驚 1364
涇 1530
巠 1593
經 1743

jǐng

井 679
阱 680
頸 1266
憼 1462

jìng

莖 64
徑 239
競 343
竟 344
脛 559
靜 678
桱 776
俓 1177
踁 1250
敬 1295
憼 1514
弳 1735
勁 1883

jiōng

冂 712
冋 713
扃 1628

jiǒng

侰 1176

jiū

丩 278
糾 279
鳩 519
朻 766
樛 766
究 1069
衵 1212

jiǔ

久 739
韭 1019
九 1988
酒 2026

jiù

諮 334
救 435
舊 508
就 717
亭 717
敀 718
敦 718
臺 718

臼 1014
咎 1160
廏 1312
柩 1725

jū

苴 75
拘 277
鞠 372
鵙 522
郥 870
宭 1051
痀 1079
裹 1215
居 1226
匊 1292
駒 1356
籥 1434
泃 1590
據 1656
鋸 1905
尻 1924
且 1924
車 1937

jú

局 155
橘 744
暴 781
臭 1380
繘 1775

jǔ

筥 612
矩 710
枸 751
柜 754
邱 897
舉 1393
沮 1529
舉 1660

jù

苣 77
岠 172
遽 223
距 265
句 276
詎 326
具 356
眲 480
瞿 517
巨 639
虡 662
郇 891
窶 1044
倨 1136
俱 1141
聚 1188
屨 1234
懼 1466
愳 1466
寠 1517
悬 1518
勮 1886
鋸 1905
鉅 1912

juān

鵑 524
梋 804
圈 830
稍 997
涓 1546
捐 1665
躅 1806

juǎn

卷 1287

juàn

类 353
雋 506
桊 783
圈 830
倦 1161
卷 1287
狷 1390
絹 1759
券 1886

jué

蕝 73
蹶 265
矞 275
訣 326
矍 517
鴂 519
腰 577
爵 683
橛 801
疦 1078
屩 1231
覺 1247
厥 1320
駃 1365
龟 1376
玃 1388
決 1559
抉 1659
攫 1662
氒 1697
絕 1747
繘 1775
蟨 1808
陜 1975
叕 1983

jūn

菌 63
君 138
麇 1374
龜 1820
均 1832
鈞 1906
鈎 1906
軍 1943

jùn

郡 866
俊 1132
竣 1440
浚 1567
睿 1599
濬 1599

K

kāi

覞 1249
開 1633

kǎi

剴 584
豈 658
鍇 1897

kài

瘂 1082
欬 1256

kān

看 475
刊 588
戡 1706
堪 1837

kǎn

凵 159
轗 729
褰 1213
侃 1594

kàn

看 475

kāng

穅 997

kàng

犺 1382
亢 1434

kǎo

攷 442
丂 646
考 1220

kào

犒 131

kē

苛 69
牱 129
柯 784
疴 1075
顆 1268
頦 1272
坷 1854

kě

可 646
渴 1564

kè

課 304
敍 453
刻 588
剋 593
克 988
客 1042
瘂 1082
袔 1214
欯 1257
恪 1500

kēi

剋 593

kěn

肎 570
豤 1341
豤 1349

kēng

誙 340
硻 1330
阬 1970

kōng

空 1067

kǒng

恐 1492
孔 1619

kǒu

叩 872

kòu

寇 440
敂 442
彀 522
佝 1155
扣 1665
釦 1904

kū

哭 163
枯 768
朏 968
窋 1068
頌 1271

kǔ

苦 54

kù

借 1168
庫 1311
絝 1769
酷 2027

kuā

奢 328
侉 1168
夸 1423
姱 1687

kuà

胯 556

kuài

鄶 885
褱 1173
廥 1314
快 1457
塊 1835

kuān

寬 1042

kuǎn

款 1253

kuāng

匡 1723

kuáng

誑 307
狂 1387
軖 1946

kuàng

礦 1329
卝 1329
況 1548

kuī

刲 590
剄 595
虧 650
窺 1068
頯 1267
悝 1479

kuí

葵 49
夅 354
睽 472
楑 748
畦 948
頯 1265
奎 1422
戣 1700
鍨 1700
耋 1803
魁 1934
隗 1965
馗 1989
逵 1989

kuǐ

趌 169

kuì

喟 137
饋 687
餽 689
飢 690
媿 1685
愧 1685
匱 1724

kūn

昆 947
髡 1282
崑 1305
蚰 1812
坤 1830

kùn

困 833

kuò

闊 1637
銛 1903

L

lā

邋 217

là

臘 563
腊 573
剌 824
腊 947
鑞 1918

lái

萊 80
藾 128
筙 620
來 725
李 727
郲 923
倈 1177
淶 1543
婡 1687
綝 1787
錸 1915

lài

亰 329
賴 845
癘 1081

lán

蘭 51
藍 51
籃 614
籣 617
惏 1480
闌 1635
闑 1635

lǎn

擥 1656

làn

濫 1550

láng

琅 33
郎 887
宸 1027
狼 1389

lǎng

朖 969

làng

莨 63
閬 1632

láo

牢 126
勞 1885

lǎo

老 1218
潦 1563

lào

絡 1776

lè

勒 375
樂 785

léi

羸 513
欙 787
靁 1602
靊 1602
纍 1769
絫 1982

lěi

藟 56
膃 582
耒 597
厽 966
漯 1542

lèi

祱 21
頪 1271
頛 1271
騠 1367
類 1388
泪 1587
纇 1746

léng

棱 791

lí

蘺 50
菞 95
犛 127
謍 478
離 502
勬 589
黎 1007
罹 1112
緾 1199
貍 1349
驪 1357
棃 1483
纚 1762
縭 1777
繡 1777
离 1990
禽 1990
蘺 1990

lǐ

禮 8
豊 659
李 745
郢 881
裏 1199
澧 1537
纚 1762
蠡 1813
里 1869
醴 2027

lì

吏 4
荔 80
苙 88
歷 173
鬲 379
隸 411
利 584
櫟 755
朸 769
酈 894
鄹 895
曆 948
栗 981
穲 1008
癘 1081
癧 1086
詈 1112
傐 1171
覼 1251
厲 1320
礪 1331
磿 1331
麗 1374
戾 1383
立 1438
砅 1561
力 1880
勆 1949
叕 1983

lián

連 212
廉 1315
憐 1495
溓 1564
聯 1643
聠 1643

liǎn

斂 434
綸 1793

liàn

蕀 52
賺 860
戀 1518
慈 1518
湅 1575
瀲 1586
婖 1690
練 1757

liáng

良 721
梁 787
粱 1008
糧 1010
量 1192
欵 1263
輬 1938

liǎng

兩 1108
倆 1169

liàng

諒 289
俍 1169
量 1192
亮 1241

liáo

瘵 1094
尞 1198
繚 1752

liǎo

蓼 893
繆 1779

liào

廖 1318
料 1933

liè

茢 90
列 588
裂 1208
覶 1251
獵 1383
鬣 1448

lín

埜 157
遴 210
林 807
鄰 867
厸 868
臨 1194
麐 1373
粼 1592

lǐn

亩 722
稟 723

lìn

藺 55
吝 151
閵 500
賃 853
閔 1403

líng

靈 33
蔆 59
蔆 59
笭 616
夌 728
櫺 774
霝 1513
淩 1537
凌 1599
零 1604
鈴 1612
綾 1757
紷 1757
鈴 1906
陵 1958
霝 1603

lǐng

領 1266

lìng

藟 62
令 1285

liú

蕾 96
劉 593
斿 959
瘤 1079
騮 1358
流 1591
留 1875
鏐 1909

liǔ

栁 752

liù

遛 236
翏 494
餾 685
六 1986

lóng

癃 1084
瘙 1084
礱 1331
龘 1513
龍 1619
聾 1649
蠪 1806

lǒng

壟 1855

lòng

癮 1091

lóu

蔞 56
嘍 157
謱 312
樓 774
鄭 880
寠 1044
僂 1159
廔 1317
婁 1684
螻 1806

lǒu

簍 613
褸 1004
塿 1854

lòu

屚 1604
㔷 1721
鏤 1897

lú

臚 551
盧 668
廬 1310
爐 1411
虍 1411
瀘 1577
鱸 1613
壚 1834
鑪 1902

lǔ

菡 77
魯 484
虜 980
鹵 1624

lù

禄 8
璐 36
宍 46
虂 104
逯 211
路 265
麓 810
綦 811
賂 841
㬛 950
彔 988
鹿 1372
䨳 1604
露 1605
琭 1666
戮 1706
殍 1707
坴 1834
勠 1885
輅 1939
陸 1961
陸 1962
隙 1962
六 1986

luán

總 313
臠 561
欲 1258
鑾 1910

luǎn

卵 1823

luàn

亂 539
亂 1995
嬰 1995
亂 1996

lún

侖 695
棆 748
掄 1657
綸 1766
輪 1946

lùn

論 296

luó

巖 570
羅 1110

luǒ

蓏 48

luò

珞 37
諾 295
雒 500
鵅 520
笿 614
谿 1062
駱 1359
洛 1532
濼 1537
絡 1776

lǘ

驢 1366
閭 1630

lǚ

孚 541
梠 773
旅 960
吕 1063
僂 1159
履 1233
縷 1768
鋁 1920

lǜ

律 247
膂 565
籚 626
慮 1449
慮 1450
緑 1759
勴 1881

lüè

略 1874

M

má

蔴 103
麻 1018

mǎ

馬 1355

mà

⿸疒馬 1078
罵 1112
傌 1175
⿱髟馬 1282
⿰阝馬 1980

mái

薶 77
⿰目買 473

mǎi

買 850

mài

⿰言萬 316
麥 727
賣 817

mán

謾 311
鞔 371
㒼 1108
蠻 1808

mǎn

滿 1553

màn

蔓 63
曼 393
鄤 927
澫 1561
縵 1758
⿰車曼 1939

máng

芒 65
吂 158
盲 477
宋 775
邙 873
⿰盲阝 873
⿰禾亡 1004
龙 1379

mǎng

莽 107

máo

茅 54
茆 82
犛 128
枆 799
楙 810
旄 960
毛 1222
髳 1282
氂 1414
矛 1935
軞 1949

mǎo

⿸厂卯 1323
卯 2018

mào

眊 470
瞀 473
⿰木冒 775
貿 847
旄 960
秏 995
冒 1107
袤 1201
毷 1224
皃 1242
㒵 1242
覒 1249
懋 1469

méi

禖 16
玫 447
玫 447
眉 481
梅 744
枚 765
沒 1562

měi

每 45
美 514
⿰馬美 1418
媄 1677
娓 1678

mèi

袜 18
眛 477
昧 939
寐 1072
袂 1202
沬 1569
釁 1569
妹 1675
媚 1677

mén

門 1629

mèn

悶 1487

méng

萌 63
蒙 80
瞢 509
鄸 882
幪 1120

měng

冡 1106
猛 1382
黽 1822

mèng

夢 976
孟 2010

mí

迷 211
⿸疒靡 1087
麋 1373
麛 1373
靡 1622

mǐ

眯 477
米 1007
弭 1729

mì

慣 129
謐 306
訛 306
謐 306
宓 1030
密 1304
糸 1741
蜜 1813

mián

臱 482
緜 1743
綿 1743

miǎn

冕 1106
免 1164
丏 1276
㤁 1500
沔 1532
湎 1568
緬 1742
勉 1883
俛 2008

miàn

⿱罒免 1114
面 1275

·miáo

苗 69
瞙 479

miǎo

眇 477

miào

廟 1317
繆 1779

miè

蔑 509
⿰禾蔑 991
烕 1409
滅 1575

mín

玟 33
民 1692
緍 1776

mǐn

敃 428
敏 428
敯 444
皿 666
忞 1468
⿱昏心 1468
愍 1488
泯 1576
閔 1637

míng

蓂 63
名 137
瞑 476
鳴 522
榠 802
鄍 875
冥 963
朙 972
明 973
明 973
⿰亻明 1170
銘 1912

mìng

命 139
⿰亻命 1175

miù

繆 1779

mó

髍 549

mò

莫 106
⿱目又 398
眛 472
⿰食末 690
末 763
⿱莫夕 978
寞 1055
冒 1107
⿰石靡 1331
貘 1347
獏 1347、1392
驀 1361
默 1381
沫 1528
絔 1786
縸 1790
纆 1794
墨 1845

móu

牟 124
謀 295
繆 1779

mǒu

某 90
某 760

P	nú	niǎo	nèn	nài	mǔ
pā	奴 1676	鳥 518	恁 1473	奈 744	牡 122
皅 1126	伖 1677	褭 804	**néng**	佴 1142	駐 124
pà	**nǔ**	裊 1211	能 1400	耐 1339	拇 1653
怕 1471	努 1732	**niè**	**ní**	**nān**	母 1672
pài	弩 1732	齧 260	郳 891	囡 832	嗨 1873
杤 1017	**nù**	讘 319	郳 891	**nán**	畞 1874
湃 1583	怒 1484	踂 341	倪 1150	難 519	畝 1874
pān	**nuǒ**	痙 1103	尼 1228	南 818	**mù**
番 118	袲 1204	臬 1431	貎 1350	男 1879	莫 106
攀 359	**nuò**	涅 1556	泥 1543	**nǎn**	鞪 372
潘 1567	諾 291	聶 1650	況 1583	戁 1458	牧 446
pán	穤 1004	钀 1728	鯢 1611	湳 1544	目 469
督 472	**nǔ**	蠥 1808	坭 1860	**náng**	睦 472
膰 578	女 1668	臬 1867	輗 1946	囊 825	木 743
槃 779	**nù**	孽 2011	輗 1946	蠰 1806	楘 787
盤 779	恧 1494	**nì**	**nǐ**	**náo**	穆 992
鎜 779	**nüè**	疒 274	柅 750	譊 311	鈰 1001
槃 779	虐 662	**nìng**	儗 1177	橈 767	幕 1120
盤 779	瘧 1081	寧 647	旾 2016	獶 1380	墓 1224
爿 985	褻 1213	寍 1027	**nì**	撓 1659	慕 1469
泮 1580		佞 1500	逆 197	鐃 1907	沐 1569
pàn	**O**	侫 1682	迡 227	**nǎo**	繆 1779
胖 121	**ōu**	**niú**	誽 332	瑙 1178	縸 1790
牐 121	毆 417	牛 122	膩 568	**nào**	墓 1855
盼 470	軀 521	**niǔ**	怒 1472	臑 556	募 1888
版 582	歐 1255	狃 1382	恩 1472	**nè**	
畔 1874	**ǒu**	鈕 1903	溺 1530	呐 275	**N**
pāng	藕 48	丑 1903	匿 1721	**něi**	**ná**
瘴 1084	耦 598	**nóng**	**nián**	脮 971	脟 579
滂 1547	**òu**	農 368	年 998	**nèi**	挐 1003
páng	慪 1510	**nòng**	**niàn**	內 700	**nà**
旁 6		弄 353	廿 283	魶 1223	郍 902
彷 250		**nòu**	唸 852		納 1746
篣 629		檽 778	念 1457		**nǎi**
					乃 645
					嬭 1691

Column 1

騎 1361
驥 1368
愆 1508
愁 1512
淇 1534
戠 1711
緕 1762
綦 1762
齏 1804
錡 1904
隑 1972

qǐ

芑 82
起 167
啓 425
䣄 923
企 1132
移 1204
䭫 1277
綺 1788

qì

气 38
葺 73
晜 143
迟 209
器 272
訖 310
棄 530
肶 573
膳 577
氣 1010
磧 1330
契 1423
泣 1574
滅 1585
揭 1660
噁 1825

qià

㓞 597

Column 2

pù

暴 946
鋪 1911

Q

qī

蒇 98
猗 261
踦 263
栖 797
夅 823
鄭 879
郂 890
期 969
膩 1250
欺 1257
欼 1258
慽 1490
漆 1532
淒 1562
棲 1623
妻 1671
戚 1714
綾 1759
七 1987

qí

祈 15
琦 34
萁 48
齎 557
奇 648
岐 869
祁 876
旗 954
旂 957
齊 983
痹 1096
侯 1135
耆 1218
頎 1272
騏 1357

Column 3

pō

頗 1271
坡 1830
波 1830
波 1831

pó

鄱 883

pò

敀 429
魄 1298
破 1331

pōu

抙 1658

pǒu

音 677

pū

攴 425
敇 457
仆 1156
鋪 1911

pú

莆 48
蒲 55
僕 349
羕 349
樸 750
仆 1156
屦 1322
蘧 1441

pǔ

䑃 345
樸 769
圃 831
溥 1545
浦 1557

Column 4

便 1148
駢 1362
緶 1778

piāo

剽 590
縹 1760

piǎo

縹 1760

pīn

姘 1685

piào

票 1407

pín

砒 33
貧 852

pǐn

品 267

pìn

牝 123
馳 124
聘 1648

pīng

甹 647

píng

苹 51
荓 69
平 650
坪 651
鉼 704
鉼 704
枰 791
邢 893
屏 1229
馮 1363
坪 1831

Column 5

pī

邳 888
怀 1152
被 1206
鈚 1903
鉟 1903

pí

皮 424
鞞 657
鞞 657
椑 781
郫 882
疲 1084
罷 1111
貔 1347
埤 1850
毗 1876
鈹 1902

pǐ

訾 330
諀 334
痞 1084
匹 1722
馽 1722

pì

革 75
副 588
僻 1154
辟 1291
淠 1537
闢 1632
埤 1850

piān

翩 494
偏 1082
偏 1153

pián

胼 574

Column 6

pàng

胖 579
瘇 1088

pāo

脬 553
橐 826

páo

鞄 371
袍 1201

pēi

虾 675

péi

𰿕 875

pèi

珮 35
斾 955
佩 1132
狒 1382
沛 1543
蠻 1801
配 2027

pēn

噴 150

pēng

敉 450

péng

蓬 83
篷 621
篣 629
彭 655
倗 1136
傰 1167
驓 1360
塴 1854
輣 1952

qián

芊	86
荓	89
牽	125
趌	169
遷	203
千	282
謙	306
鵮	363
臤	411
羥	512
僉	695
櫏	802
騫	1203
褰	1215
攲	1255
慳	1480
汧	1532
攘	1654
掔	1660
妍	1810

qián

蕁	55
夒	174
虔	661
黔	1416
潛	1561
籡	1625
鉗	1904
錢	1904
乾	1995

qiǎn

罜	127
遣	206
譴	320
淺	1556
撢	1667

qiàn

嗛	134
椠	801

qiè

嗛	134
妾	347
竊	1011
痰	1084
悫	1492
匥	1723

qīn

窺	1031
侵	1146
親	1248
欽	1251
崟	1503
駸	1511

qín

芹	58
鈙	444
邻	898
秦	1001
瘽	1075
懂	1509
聆	1649
琴	1717
勤	1886
矜	1936
禽	1989

qǐn

赾	169
寢	1041

qìn

窺	1031
沁	1534

qīng

青	678
郬	906
寈	1053
傾	1143
卿	1290
圊	1305
清	1551
鯖	1613
輕	1938

qíng

黥	1417
情	1451

qǐng

謦	287
請	290
頃	1178

qìng

親	1248
慶	1463

qióng

瓊	28
睘	471
邛	885
穹	1057
窮	1069
蛩	1808

qiū

萩	60
邱	892
秋	1000
丘	1185
裘	1213
忔	1499
湫	1565
龜	1820

qiú

芁	78
叴	150
述	212
遒	216
訄	325
梂	755
囚	832
赇	853
贅	853
邟	892
仇	1159
裘	1217
求	1218
欨	1257
恴	1501
漻	1582
汌	1586
妹	1691
酋	2033

qiǔ

糗	1010

qū

苴	74
趨	164
詘	322
胠	555
罜	1114
俱	1152
仳	1168
祛	1202
屈	1232
驅	1363
敺	1363
區	1721
曲	1727
蛆	1803
蟲	1803
坥	1854
阹	1975

qú

朐	493
臞	561
胸	566
邘	897
渠	1559
絇	1771
斪	1928
鴝	1942

qiāng

羌	515
腔	572
槍	775
斨	1927

qiáng

蘠	61
牆	725
檣	725
彊	1508
嬙	1508
彊	1730、1878
強	1804

qiāo

顙	1267
繰	1762

qiáo

譙	321
樵	758
橋	787
鄡	928
僑	1135
喬	1427
嫶	1691
嬌	1691

qiǎo

巧	638

qiào

鞘	736

qiě

且	1924

qiān

倩	1134
歕	1256
輤	1955

qǔ

猦	261
齲	262
詓	331
取	398
傝	1177
聚	1215
訽	1439
踽	1445
娶	1671
曲	1727

qù

趣	165
去	673

quān

圈	830

quán

菨	96
牷	125
觠	599
佺	700
全	700
權	753
棬	753
槫	805
瘍	1089
佺	1172
泉	1595
拳	1654

quǎn

稯	1003
袪	1214
犬	1378
畎	1592
甽	1592

quàn

券	592

quē

缺 705
歑 716
闕 1632

què

趞 167
雀 501
䧿 528
鄐 916
卻 1287
踖 1440
愨 1456
塙 1833

qūn

逡 210
夋 728
囷 830

qún

群 513
帬 1119
裠 1120

R

rán

肰 569
然 1402
燃 1750

rǎn

苒 89
冉 1338
染 1572

ráng

蘘 50
鄴 880
穰 998

rǎng

䑋 561
纕 1768
壤 1833

ràng

讓 320
欀 798

ráo

饒 687
嬈 1685

rǎo

擾 1659

rào

繞 1753

rè

熱 1408

rén

人 1129
仁 1131
任 1148
壬 2006

rěn

忍 1495

rèn

靭 375
刃 595
韌 738
任 1148
衽 1200
紝 1744
紉 1770

réng

𨑒 225
卤 646

rì

日 937
馹 1365

róng

茸 84
蓉 86
融 381
榮 756
容 1033
宊 1035
戎 1700

rǒng

冗 1034

róu

柔 769
柔 769
脜 1274
輮 1940

ròu

肉 550

rú

茹 76
翟 505
邚 933
𤸃 1095
伃 1167
襦 1205
濡 1542
挐 1664
如 1680
絮 1777

rǔ

汝 1533
乳 1620
辱 2020

rù

蓐 105
入 699
縟 1762

ruǎn

耎 1437
阮 1972

ruǐ

繠 1527

ruì

瑞 31
芮 67
叡 543
兌 1240

rùn

閏 26

ruò

若 74
箬 606
叒 812
若 812
疛 1087
弱 1279

S

sǎ

訯 330
灑 1568
洒 1568
纚 1762

sà

卅 284
鈒 1909

sāi

揌 1667

塞 1851

sài

賽 855
寋 856
塞 1851

sān

三 24
弎 26

sǎn

傘 1167

sàn

散 452
散 569
㪔 1018

sāng

桑 813

sàng

喪 163

sāo

鄵 915
騷 1365
溞 1588
繰 1762

sào

瘙 1090

sè

嗇 724
色 1288
銫 1289
寋 1464
澀 1585
瑟 1717
塞 1851

shā

殺 419
髿 1231
沙 1556

shà

翣 495
箑 616

shāi

諰 309

shān

羴 516
脠 567
山 1302
潸 1573
霖 1573

shǎn

夾 1425
陝 1971

shàn

善 341
譱 342
敾 457
膳 564
𤸁 1090
𧝓 1216
𧳏 1343
扇 1627
擅 1661
嬗 1681
繕 1769
墠 1852

shāng

商 276
殤 544
觴 603
傷 1156
𣿭 1566

T

tā

鉈 1724
它 1818

tà

遝 195
沓 644
闒 1630

tāi

胎 550

tái

邰 869
臺 1622

tài

態 1476
忲 1496
泰 1572
太 1572
汰 1573

tān

貪 852
痑 1085

tán

談 289
檀 755
郯 888
痰 1089
倓 1134
婒 1688
壇 1840
埮 1861
錟 1909

tǎn

菼 59
袒 1208

倠 1161
雖 1802

suí

隨 188
隋 564
綏 1780

suì

祟 17
㒸 114
歲 180
遂 238
誶 321
旞 957
采 995
澻 1584
隧 1982

sūn

蓀 86
孫 1742

sǔn

敗 453
隼 519
腸 567
膞 582
筍 606
笋 606

suō

莎 79
蓑 97

suǒ

瑣 32
索 817
索 1046
所 1929

榎 787
廋 1319
獀 1379
溲 1567

sǒu

叜 392

sū

蘇 49
穌 1000
穌 1007
窣 1069

sú

俗 1149

sù

速 196
遬 196
遡 238
肅 407
殂 978
粟 982
宿 1040
褸 1215
涑 1572
泝 1576
素 1800
莤 2029

suān

酸 2029

suǎn

匴 1724

suàn

筭 619
算 620

suī

芕 101
睢 472

牭 124
嗣 269
寺 421
胴 579
笥 613
飤 685
相 778
梩 778
枱 778
俟 1135
似 1148
伺 1164
俬 1169
待 1212
肆 1344
肆 1345
駟 1362
竢 1439
泗 1538
洍 1544
汜 1557
姒 1689
娰 1689
四 1982
巳 2021

sōng

松 758
柗 758
嵩 1305

sǒng

嵷 1307

sòng

送 206
誦 293
訟 319
谿 333
宋 1046
頌 1264

sōu

蒐 57

脽 558

shuǐ

水 1525

shuì

祱 21
逆 229
說 305
稅 1000
涗 1566

shùn

舜 733
順 1269

shuō

說 305

shuò

箾 618
朔 967
碩 1267

sī

虒 665
楒 802
私 992
凘 1078
司 1283
厶 1301
思 1448
㴲 1541
系 1741
緦 1778
絲 1801
斯 1930

sǐ

死 546

sì

祀 12
祒 18

述 189
術 255
豎 412
尌 655
樹 760
束 823
棘 824
羼 824
侸 1144
僂 1176
輸 1198
俞 1235
庶 1316
澍 1562
戍 1703
鉥 1902
隃 1972

shuāi

衰 1175
衰 1210
款 1259
衰 1507

shuài

逹 256
帥 1116
蟀 1807
蟀 1807

shuàn

槫 805

shuāng

雙 517
瀧 1563
霜 1605
雲 1606

shuǎng

爽 468

shuí

誰 323

tù	**tòng**	**tíng**	替 1448	**tào**	忐 1518
兔 1376	痛 1074	廷 252	愓 1493	輪 736	綖 1762
錗 1921	同 1105	邘 919	涕 1574		坦 1840
tuān	**tong**	停 1163	**tiān**	**tè**	**tàn**
湍 1551	童 346	壬 1188	天 3	特 123	傝 1134
tuán	**tōu**	庭 1310	宊 1050	忑 1498	炭 1404
摶 805	緰 1778	墾 1368	**tián**	慝 1510	探 1663
团 835	錗 1921	**tǐng**	胋 274	**téng**	坎 1861
塼 1862	**tóu**	梃 765	敁 445	滕 311	**tāng**
剸 1931	頭 1263	頲 1268	寶 1068	誊 332	蓎 56
tuàn	投 1659	娗 1685	佃 1153	籐 629	**táng**
彖 1345	**tòu**	**tìng**	恬 1461	腾 1122	唐 149
tuí	埱 1851	梃 765	綖 1762	騰 1365	喝 149
穨 1005	**tū**	**tōng**	填 1840	滕 1548	棠 746
儑 1135	突 1069	通 200	田 1872	䲢 1614	楊 1013
積 1245	禿 1245	痌 1074	旬 1873	滕 1614	堂 1838
魋 1299	**tú**	**tóng**	**tiǎn**	縢 1771	笝 1838
隹 1317	荼 82	峒 129	銛 1903	縢 1771	坣 1838
隤 1966	赴 187	哃 158	**tiāo**	綘 1773	璗 1838
tuǐ	箂 607	詷 308	條 765	**tī**	**tāo**
儑 1135	梌 798	彤 677	佻 1154	剔 593	韜 734
tuì	圖 828	桐 756	**tiáo**	梯 784	謟 734
退 243	煮 828	瞳 947	蓨 56	**tí**	轁 736
悸 1469	圕 828	癄 1082	條 765	堤 36	襄 1214
tūn	峑 1005	同 1105	卤 981	謕 328	慆 1470
涒 1568	瘏 1076	僮 1130	**tiào**	褆 1204	滔 1546
tún	屠 1229	侗 1135	覜 1249	騠 1290	媷 1690
屯 44	涂 1529	疃 1196	**tiě**	騠 1366	條 1767
屍 1227	塗 1856	獞 1392	鐵 1897	提 1657	**táo**
豚 1345	夆 1856	潼 1527	**tīng**	緹 1761	萄 81
犹 1394	酴 2026	銅 1896	桯 775	騠 1761	逃 214
忳 1518	**tǔ**	**tǒng**	廳 1319	**tǐ**	鞀 372
坉 1858	圫 919	侗 251	聽 1645	體 548	匋 702
	土 1828	笝 615	耵 1645	**tì**	桃 745
		桶 785	綎 1750	逖 220	檮 791
		侗 1135	町 1872	邊 221	疛 1092
				倜 1163	綯 1213
				廗 1326	陶 1973

tuō

託	309
脫	561
佗	1174
尾	1230

tuó

詫	313
柁	797
橐	825
囿	825
佗	1137
駝	1365
驒	1366
慫	1502
沱	1527
紽	1784
鼉	1822
鴕	1949
阤	1968
陀	1968

tuǒ

妥	1686

tuò

唾	136
胇	579
柝	769

W

wā

窒	1066
霆	1607

wá

娃	1683

wǎ

瓦	1728

wāi

咼	153

wài

外	977
額	1271

wān

登	659
彎	1731

wán

玩	31
完	1031
頑	1268
丸	1327

wǎn

宛	1025
綰	1760

wàn

蔓	63
購	838
蕙	1511
灣	1561
萬	1990

wāng

洼	1548

wáng

王	25
亾	1718

wǎng

往	241
敄	443
枉	767
旺	945
网	1109

wàng

睥	945
望	1190
忘	1478
望	1721

wēi

蓑	96
微	243
癓	1100
散	1145
巍	1302
危	1327
威	1674

wéi

唯	141
違	209
爲	384
韋	734
圍	833
幃	1120
帷	1120
惟	1465
維	1773

wěi

蔿	61
葦	79
薲	102
韙	185
偉	185
諉	306
腲	581
箽	623
墇	747
痏	1083
偽	1154
懸	1154
尾	1232
磈	1333
洧	1537
渨	1562
委	1679
医	1726
緯	1744
鍡	1911
隗	1965

wèi

胃	95
味	136
衛	257
謂	289
爲	384
胃	553
位	1140
罡	1225
畏	1300
壼	1306
闈	1400
尉	1405
熭	1410
渭	1531
暳	1941
未	2023

wēn

盌	672
溫	1528
輼	1938

wén

玟	33
疫	1093
文	1280
彣	1280
聞	1647
瞔	1647

wěn

吻	134

wèn

問	141

wēng

翁	493

wèng

甕	704
罋	704
甕	704

wǒ

婐	1679
我	1714

wò

臥	1193
沃	1577
捪	1655

wū

誣	312
謢	327
烏	526
巫	640
杅	775
鄔	876
屋	1229
欨	1254
恁	1503
汙	1565

wú

蕪	69
唔	250
梧	756
無	808
郚	889
鯢	1250
猒	1395
吳	1425
淏	1578
戲	1619
毋	1692

wǔ

舞	732
伍	1144
侮	1155
倄	1155
廡	1310
憮	1467
憮	1468
忤	1514
武	1707
五	1985
午	2022
啎	2023

wù

物	128
誤	314
敄	429
瘀	1102
悟	1165
憨	1305
勿	1336
惡	1485
洿	1583
霚	1605
雾	1605
婺	1679
務	1882
鋈	1896
戊	1998

X

xī

悉	120
犀	127
犧	128
呬	151
肸	283
識	331
翕	493
腊	573
觶	603

（最右列）

字	頁
義	649
兮	649
虙	660
醯	669
析	791
肵	791
栖	797
鄎	879
鄝	889
昔	946
夕	974
稀	991
瘜	1078
希	1123
皙	1126
傒	1172
傒	1172
屖	1228
歙	1256
卻	1287
郤	1287
豨	1342
騽	1399
熙	1410
煬	1412
奚	1436
息	1451
惜	1488
谿	1598
溪	1598
西	1623
娭	1680
蟋	1809
鼇	1870
錫	1896

xí

字	頁
習	491
席	1121
襲	1201
隰	1965

xǐ

字	頁
菓	96

字	頁
徙	201
諰	309
譆	324
喜	653
憙	654
枲	1017
歆	1255
顄	1273
齛	1447
齛	1447
洗	1570
纚	1762
蟢	1843
鉨	1843
㻿	1844
㙤	1844

xì

字	頁
冊	286
舄	528
虩	664
舋	676
畫	876
郤	1127
屃	1157
係	1227
屓	1420
戲	1704
戯	1704
系	1742
細	1751
繫	1777
縣	1777
綌	1778
墍	1839

xiá

字	頁
瑕	32
敤	453
筪	624
䩄	732
柙	795
硤	1333

字	頁
騢	1358
黰	1416
匣	1725
笚	1725
鎋	1917
轄	1945

xià

字	頁
下	6
迀	8
夏	730
傆	1171
澲	1584

xiān

字	頁
銛	1019
屳	1163
先	1244
忺	1255
鮮	1611
鱻	1612
銛	1903

xián

字	頁
嗛	134
咸	145
叹	411
胘	581
賢	838
孯	838
次	1263
齃	1326
鹹	1624
閒	1633
嫻	1679
嫌	1683
玹	1687
弦	1741
銜	1910

xiǎn

字	頁
蘚	92
譾	328
顯	373

字	頁
曓	946
顯	1272
玁	1383
鮮	1611
險	1964

xiàn

字	頁
莧	50
誢	339
腺	569
梘	800
臽	1015
見	1245
羨	1263
縣	1277
獻	1385
霰	1603
霓	1603
霰	1603
睍	1839
鋧	1915
陷	1965

xian

字	頁
憲	1458

xiāng

字	頁
葙	95
相	473
欀	798
鄉	935
香	1007
襄	1205
塵	1375
湘	1535
纕	1768

xiáng

字	頁
祥	8
庠	1310
絴	1796
降	1967

---

xiǎng

字	頁
宣	718
糡	1014
偐	1171
想	1466

xiàng

字	頁
相	473
蚼	705
鄡	934
衖	935
巷	935
向	1024
像	1161
項	1266
象	1351

xiāo

字	頁
蕭	60
嘵	151
嚻	271
鴞	519
削	584
梟	796
宵	1040
歊	1255
謬	1381
恷	1500
憢	1526
綃	1743
銷	1900

xiáo

字	頁
殽	418
郩	895
崤	1306
洨	1542

xiǎo

字	頁
芇	101
小	109
筱	606

---

xiào

字	頁
詨	327
殽	418
效	429
肖	559
笑	620
校	789
孝	1221
猇	1392

xiē

字	頁
歇	1252

xié

字	頁
講	315
覡	376
脅	554
邪	889
偕	1141
襭	1212
頁	1263
夦	1425
綊	1773
絜	1779
劦	1898
協	1899
燮	1899

xiě

字	頁
血	675
寫	1040

xiè

字	頁
謝	309
燮	393
寫	1040
偞	1167
褻	1207
眉	1227
爕	1414
恊	1478
渫	1571
絬	1769

瘂 1095
厓 1319

yǎ

雅 500

yà

迓 225
瘂 1082
閜 1635
亞 1984

yān

𦎧 514
焉 528
鄢 881
郔 881
傿 1153
殷 1197
覎 1249
煙 1407
闉 1636

yán

琂 32
嚴 160
延 254
喦 268
言 286
訮 315
琂 333
筵 611
檐 773
顏 1264
嵒 1304
炎 1413
鹽 1624
瀘 1624
盬 1624
鹽 1625
閻 1631

yǎn

琰 31

穴 1064

xuě

雪 1602
霻 1602

xuè

血 675
窨 1071
疦 1078

xūn

壎 1841
塤 1841
勳 1880
勛 1880

xún

巡 186
循 242
詢 326
尋 422
鄩 873
郇 877
旬 1293
恂 1464
紃 1767

xùn

遜 204
訓 294
訊 298
巽 633
卂 1622

Y

yā

亞 1984

yá

衙 256
牙 260
邪 889

炣 1403
愻 1464
緒 1742
續 1748
絮 1776
畜 1875
阩 1979
罯 1992

xuān

吅 160
讙 599
宣 1024
駽 1358
愋 1504
軒 1937

xuán

璿 29
豙 114
玄 535
旋 959
妶 1687

xuǎn

選 205
痃 1095

xuàn

鞬 378
旬 475
券 592
楥 783
旋 959
泫 1547
絢 1758
繏 1792

xuē

薛 53
削 584

xué

斆 461

綉 1786

xū

吁 150
旱 150
訏 318
盱 471
胥 566
疛 1091
虛 1185
欨 1252
須 1278
需 1606
緰 1778
鑐 1918
戌 2034

xú

徐 243
郐 885
邪 889
俆 1152

xǔ

許 290
詡 307
栩 749
鄦 878
疛 1091
惛 1468
怴 1468
汻 1568

xù

壻 40
芧 52
蓄 84
蓿 92
畜 275
敘 446
卹 675
昫 941
序 1313
煦 1403

xìng

莕 62
荇 62
杏 744
幸 1428
興 1586
姓 1668
性 1670

xiōng

訩 316
兇 1016
凶 1016
兄 1241
匈 1293
胸 1293

xióng

雄 505
熊 1401

xiū

脩 565
𦞦 577
饈 693
休 793
髹 823
羞 2017

xiǔ

朽 544
宿 1040
滫 1567

xiù

齅 490
秀 990
宿 1040
宙 1071
褏 1202
酥 1274
岫 1304
繡 1758

繲 1793
离 1992

xīn

薪 77
芯 88
訢 304
欣 1253
心 1450
忻 1459
新 1931
辛 2002

xín

襑 1203
鐔 1910

xìn

信 299
脪 562
囟 1448

xīng

興 366
曐 963
星 964
猩 1381
鮏 1612

xíng

行 255
刑 592
刱 680
𢍁 681
邢 875
郱 876
郉 903
𢓛 1395
娙 1678
型 1846
鈃 1900
陘 1970

圉	1433
雨	1601
雩	1605
孿	1605
匧	1724
与	1923
舁	1934
禹	1992
壂	1992

yù

玉	28
芋	50
遇	199
御	248
馭	249
喬	275
語	288
訏	288
諭	295
譽	309
鷺	382
聿	408
鴿	522
棫	749
鬱	809
郁	869
昱	945
寓	1043
痏	1083
賈	1147
裕	1207
褒	1207
俞	1235
欲	1253
礜	1330
豫	1355
驕	1359
獄	1398
念	1474
淯	1533
潏	1549
浴	1569
嫗	1673

竽	618
于	650
虞	660
盂	666
餘	687
榆	757
邘	874
邪	874
邪	889
鄭	925
旟	956
腧	986
窬	1068
褕	1198
俞	1235
禺	1300
愚	1470
蝥	1501
魚	1609
歛	1614
漁	1614
揄	1660
娛	1679
堣	1830
釪	1912
与	1923
興	1939
隅	1964
隃	1972
臾	2025

yǔ

噳	156
與	364
敔	444
羽	491
予	537
瓜	1020
宇	1026
宇	1026
瘋	1104
顨	1270
嚣	1307

邮	872
游	958
斿	959
猶	1388
猷	1388
夒	1393
憂	1511
油	1536
滺	1586
尤	1996
忧	1997
茜	2029

yǒu

莠	49
友	400
櫌	793
有	971
牖	986
酉	1174
黝	1416
酉	2025
痏	2031

yòu

右	145
又	389
幼	532
囿	830
痏	1083
佑	1177
誘	1301
妋	1681

yū

宇	1026
瘀	1079
紆	1751

yú

余	117
逾	195
偷	195
予	537

yōng

庸	467
雝	503
癰	1080
佣	1158
傭	1173
廱	1309
灉	1538
埔	1850

yǒng

甬	980
俑	1157
涌	1551
永	1596
埇	1861
勇	1887
惥	1887

yòng

用	465
佣	1158

yōu

攸	437
幽	533
憂	729
櫌	778
庮	1375
忧	1489
悥	1491
泑	1582

yóu

邎	188
由	280
訧	324
卣	646
卣	646
䍃	704
楢	747
栖	747
邮	869

胤	560
窨	1065
印	1288
懋	1463
隱	1971

yīng

瓔	37
英	65
膺	291
膺	554
賏	855
嫛	1681
嬰	1682
纓	1763

yíng

迎	198
盈	671
瀅	671
桯	775
贏	844
營	1063
熒	1419
瀅	1513
榮	1557
瀅	1584
贏	1670
緼	1750
縈	1770
蠅	1822
鎣	1902

yǐng

樗	744
郢	881
穎	995
癭	1078
浧	1581

yìng

應	1453
媵	1690

繹	1741
垼	1835
釳	1913

yīn

禋	11
醒	12
音	343
因	831
痝	1087
殷	1197
瘗	1250
駰	1359
黔	1609
侌	1609
姻	1671
堙	1852
陰	1959
陰	1959

yín

闇	295
鄞	884
螾	976
唫	1079
垩	1191
碒	1334
狺	1381
狀	1398
淫	1555
銀	1896
寅	2018

yǐn

靷	374
尹	394
飲	692
殷	1197
歆	1260
引	1731
隱	1971

yìn

訜	320

鮓 1614

zhà

詐 318
痄 1094
乍 1719

zhāi

齋 11
齊 983
側 1143

zhái

驛 738
宅 1022
厇 1023

zhài

責 848

zhān

詹 115
詀 331
占 464
瞻 473
旃 957
氈 1223
毡 1290
沾 1534

zhǎn

琖 33
盞 34
展 1227
斬 1946

zhàn

占 464
膳 577
棧 783
湛 1561
戰 1704
組 1769

zé

蘀 99
迮 196
齰 259
譛 311
則 586
笮 611
責 848
溭 1554
擇 1657

zè

昃 942
側 1143

zéi

賊 1702
戝 1703

zēng

蕾 98
曾 113
矰 707
憎 1486
嶒 1486
繒 1756
增 1850

zèng

贈 841
繒 1756

zhā

叡 395
柤 775
樝 803
瘧 1085

zhá

札 787

zhǎ

譛 311

zài

再 531
戴 892
在 1839
載 1942

zān

簪 1242

zàn

贊 840
酇 868

zāng

臧 414
牂 512
牂 579

zǎng

駔 1365

zàng

葬 107
臧 414

záo

鑿 1903
鑿 1903

zǎo

早 938
棗 984
澡 1570
蚤 1813

zào

趮 166
造 192
艁 193
喿 268
簉 621
竈 1065
燥 1409

yún

芸 58
囩 827
鄖 882
邔 897
勻 1292
昀 1293
沄 1548
雲 1608
云 1609
妘 1670

yǔn

齳 259
允 1239
隕 1967

yùn

運 206
鄆 873
慍 1485
孕 2008

Z

zā

迊 235
帀 814

zá

雥 517
雜 1207

zāi

哉 143
栽 771
烖 1406
災 1407
甾 1728

zǎi

宰 1036

轅 1941

yuǎn

遠 219

yuàn

瑗 29
苑 71
杬 798
寃 1056
褑 1213
顧 1265
願 1267
愿 1460
怨 1484
掾 1657
院 1975

yuē

曰 643
約 1752

yuè

越 166
逃 219
龠 268
説 305
鴳 520
刖 590
籥 608
櫟 755
樂 785
月 967
嶽 1303
悅 1501
閱 1636
抈 1663
嬥 1689
戉 1714

yūn

熅 1407

絾 1797
鋊 1901
与 1923
育 2016
毓 2016

yuān

淵 208
鳶 521
蒬 523
肙 570
褑 1215
冤 1377
悁 1483
困 1552
嬛 1678
嫚 1678

yuán

元 2
芫 62
薗 97
趄 169
邍 221
謜 307
靬 377
爰 539
楥 783
圜 827
圓 827
園 831
員 835
邧 885
宣 1071
偣 1175
袁 1205
褑 1350
猨 1397
沅 1529
原 1596
援 1662
敳 1663
緣 1767
垣 1835

zhāng

璋 30
蔁 58
章 344
鄣 888
暲 949
彰 1279
漳 1534
張 1730

zhǎng

掌 1653

zhàng

丈 281
脹 575
賬 864
仗 1164
韓 1417
紻 1783
障 1971

zhāo

釗 591
昭 940
朝 953
佋 1162
艁 1237
駋 1366
招 1658

zhǎo

叉 391
沼 1558

zhào

召 141
趙 168
詔 303
肇 428
兆 465
罩 1109
狣 1392
肁 1627
肇 1699

zhē

折 77
遮 218

zhé

忎 138
讋 318
磔 740
橐 765
乇 821
糴 1010
悊 1460
蟄 1808
輒 1940
轍 1947

zhě

者 485
欷 1258
赭 1420
鍺 1916

zhè

柘 756
浙 1528

zhēn

珍 34
蓁 67
貞 463
箴 618
鑯 618
亲 746
楨 769
寊 1055
真 1178
砧 1332
甄 1728
鍼 1902

zhěn

診 323
殳 416
枕 776
袗 1198
畛 1874
軫 1940

zhèn

敐 459
檏 803
賑 838
朕 1236
震 1602
紖 1775
填 1840

zhēng

正 182
征 188
爭 541
御 896
壬 1188
徵 1189
崝 1304
烝 1403
登 1403
鉦 1907
丁 1998

zhèng

正 182
諍 310
證 322
政 430
鄭 871
鄭 871
邔 899

zhī

祇 9
鼡 10
芝 48
芪 59
只 275
識 331
支 407
脂 567
知 709
枝 764
之 813
卮 1285
織 1744
絓 1796

zhí

鷙 727
植 774
稟 774
侄 1168
衰 1213
執 1432
職 1646
戠 1708
直 1718
埴 1834

zhǐ

歨 171
只 275
旨 652
枳 753
疻 1083
黹 1127
壬 1188
徵 1189
指 1653
紙 1776
墌 1865
軹 1941

zhì

迣 219
迭 237
德 252
智 487
雉 501
疐 535
制 591
觶 599
箕 625
致 728
櫛 777
栁 777
桎 794
質 847
郅 878
稺 991
秩 996
窒 1068
置 1111
製 1211
彘 1345
豸 1346
鷙 1356
鳶 1369
炙 1419
螹 1441
志 1452
懥 1512
治 1539
至 1621
摯 1655
織 1744
紩 1745
畤 1874
銍 1904
陟 1965

zhōng

中 41
伀 1134
衷 1207
忠 1456
妐 1692
終 1755
螽 1813
鍾 1900
鋏 1900
鐘 1908
鏞 1908

zhǒng

嶂 172
踵 266
腫 562
瘇 1082
冢 1294
塚 1294

zhòng

穜 990
種 1013
仲 1133
眾 1187
重 1191
媑 1690
堹 1868

zhōu

周 148
侜 1153
舟 1234
盩 1433
州 1594
輈 1942

zhóu

軸 1940

zhǒu

肘 557
帚 1121

zhòu

訧 338
晝 410
胄 1107
軸 1107
貄 1350
馰 1367
軸 1940

zhū

珠 32

諸 292
誅 324
豬 377
朱 762
株 763
邾 882
豬 1340
絑 1760
銖 1905

zhú

竹 605
窋 1068
燭 1405
竺 1827

zhǔ

詎 333
鬻 383
主 676
枓 781
宔 1048
罜 1110
褚 1211
屬 1232
舳 1237
砌 1332
渚 1541
陼 1972

zhù

祝 14
著 89
翥 493
箸 613
筑 619
壴 654
築 771
篫 771
笁 771
簗 771
柱 773
柽 773
杼 782

住 1165
駐 1364
注 1560
助 1881
勮 1881
鑄 1898
軴 1948

zhuā

髽 1282

zhuān

諯 320
叀 534
鄟 927
耑 1018
塼 1862

zhuǎn

竌 357
轉 1945
孨 2015

zhuàn

譔 582
僝 1134
傳 1151

zhuāng

莊 47
㦶 1512
㦶 1512
妝 1682
娤 1687

zhuàng

壯 40
戕 41
僮 1130
狀 1381

zhuī

追 214
隹 499

騅 519
椎 783
騅 1358
錐 1905

zhuì

還 238
腏 569
贅 846
餟 1215
惴 1490
隊 1966
綴 1984

zhūn

屯 44
諄 295
肫 551

zhǔn

綧 1788

zhùn

綧 1788

zhuō

䪼 1270
涿 1563
捉 1657
拙 1663
蚰 1803
蟲 1803

zhuó

斛 600
卓 1180
犳 1346
獾 1393
灼 1405
濁 1539
汋 1551
濯 1572
墌 1865
斫 1927

斲 1928
斮 1930
斱 1932
叕 1983
酌 2028

zī

茲 66
蓁 67
菑 72
咨 141
齜 258
訾 315
茲 536
資 837
貲 854
鄑 884
邶 901
髭 1283
恣 1519
滋 1556
濱 1563
龇 1681
姿 1683
甾 1728
緇 1762
紂 1762
錙 1906
孳 2012

zí

蓺 66

zǐ

茈 56
梓 749
杍 749
㭒 818
秭 1003
姊 1675
紫 1761
子 2007

zì

自 482
胾 568
眦 581
裛 1215
漬 1564
字 2009

zōng

葼 65
宗 1047

zǒng

縱 1750
總 1751

zòng

瘲 1076
疭 1076
從 1181
从 1181
縱 1750

zōu

菆 84
諏 299
棷 792
鄒 885
郰 886
騶 1365
緅 1781

zǒu

走 164

zòu

奏 1436

zū

柤 775
租 999

zú

足 261
轍 458
族 961
倅 1163
卒 1210
歒 1254

zǔ

祖 13
襢 22
詛 312
柤 775
組 1765
俎 1925
阻 1965

zuān

鑽 373

zuī

纗 1768

zuì

最 1108
冣 1108
罪 1109
辠 2003
醉 2028

zūn

尊 2033

zuó

笮 611
捽 1658

zuǒ

ナ 403
左 635
佐 1164
㳄 1397

zuò

筆畫檢字表

一畫

〔一〕

一 1

〔丶〕

く 1592

〔乛〕

乚 1717
乙 1994

二畫

〔一〕

十 281
𠂇 403
丂 646
厂 1319
匸 1723
二 1823
丅 1922
丁 1998

〔丨〕

卜 462
冂 712

〔丿〕

八 111
入 699
人 1129
匕 1178
勹 1292
乂 1694
几 1923
七 1987

〔乛〕

凵 159
丩 278
又 389
刀 583
乃 645
卩 1285
厶 1301
力 1880
九 1988

三畫

〔一〕

下 6
三 24
士 39
亍 250
干 274
丈 281
寸 421
丌 631
工 637
亐 650
才 811
厄 1327
大 1420
弋 1695
土 1828

〔丨〕

上 4
屮 44
口 133
卬 384
巾 1115
山 1302

〔丿〕

彳 239
千 282
亼 694
久 739
乇 821
夕 974
丸 1327
川 1593
亾 1718
凡 1827
勺 1923

〔丶〕

之 813

〔乛〕

小 109
刃 595
尸 1225
卂 1618
女 1668
也 1695
弓 1729
与 1923
己 2000
子 2007
孑 2015
巳 2021
已 2021

四畫

〔一〕

弌 1
元 2
天 3
王 25
屯 44
牙 260
廿 283
卅 284
厷 391
友 400
支 407
歹 544
巨 639
井 679
木 743
无 808
帀 814
丰 820
邛 919
邙 921
市 1123
比 1183
丏 1276
厄 1327
犬 1378
夫 1437
太 1572
云 1608
不 1620
戈 1698
匹 1722
瓦 1728
五 1985
尤 1996

〔丨〕

中 41
少 109
止 171
攴 425
曰 643
内 700
日 937
北 1329
冄 1338
水 1525

〔丿〕

气 38
分 111
公 115
介 115
牛 122
乏 184
厸 354
父 392
及 396
反 397
殳 415
仢 438
爻 467
丯 597
兮 649
丹 677
今 696
朩 818
邠 892
邡 919
月 967
凶 1016
仁 1131
仅 1143
什 1144
仆 1156
仇 1159
仉 1166
化 1178
卬 1180
从 1181
壬 1188
毛 1222
匀 1292
户 1328
勿 1336
夭 1426
手 1653
刈 1694
氏 1697
斤 1926
升 1934
壬 2006
午 2022

〔丶〕

厺 530
冗 1034
方 1238
文 1280
火 1401
亢 1434
心 1450
戶 1626
斗 1933
六 1986

〔乛〕

収 350
丮 387
㕚 391

五畫

〔一〕

〔丨〕

〔丿〕

〔丶〕

〔乛〕

六畫

〔一〕

字	頁	字	頁	字	頁	字	頁	字	頁	字	頁
〔一〕		辿	225	回	1126	曳	2025	圩	1857	邱	897
艸	46	庐	274	企	1132	〔丿〕		坂	1858	邵	897
牟	124	从	301	伊	1133	伆	61	夅	1866	邢	897
迉	167	类	353	仲	1133	籴	118	开	1922	邾	919
迅	168	支	375	仵	1134	刖	121	折	1932	邳	919
巡	186	攴	403	仿	1137	牝	123	成	1999	邰	952
迆	209	羊	510	伍	1144	名	137	存	2012	百	957
夆	244	肎	570	任	1148	各	151	戌	2034	斥	971
建	253	祁	876	似	1148	昏	154	〔丨〕		有	984
丞	351	邪	883	邘	1150	代	250	让	6	歹	1040
聿	408	邠	898	怀	1152	廷	252	芒	66	杒	1179
甹	428	郏	920	伏	1157	行	255	孛	110	老	1218
收	441	队	954	伐	1158	迲	265	吁	150	考	1220
放	447	迁	959	件	1163	舌	273	吃	150	芍	1295
羽	491	米	1007	仮	1164	兔	352	旱	150	厇	1322
阰	680	宅	1022	伴	1167	仪	392	吗	151	厍	1327
邪	788	宇	1026	伥	1174	杀	420	吐	157	而	1338
叅	812	安	1028	伙	1176	兆	465	叩	160	灰	1404
邢	920	守	1037	伝	1226	自	482	此	181	夻	1421
厽	964	宄	1057	舟	1234	肌	551	迆	235	夷	1423
禾	1130	宅	1057	伎	1242	刪	590	延	254	夸	1423
妊	1148	宊	1060	先	1244	竹	605	阬	465	変	1461
屈	1163	完	1105	后	1283	旨	652	肉	550	至	1621
艮	1180	并	1182	色	1288	血	675	囤	825	西	1623
尾	1230	衣	1197	匈	1293	合	694	回	827	耳	1641
屁	1230	充	1241	旬	1293	全	700	因	831	扦	1664
厚	1231	次	1256	囟	1299	缶	701	囟	832	扣	1665
忿	1476	亦	1424	危	1327	朱	762	团	834	戎	1700
忍	1486	交	1429	犷	1346	朵	765	囡	835	戍	1701
忌	1498	忏	1471	犴	1387	休	793	邬	884	戒	1703
凶	1579	忕	1496	狅	1390	邹	877	邯	898	匡	1712
妃	1672	江	1527	狃	1391	那	877	邨	898	匠	1723
妃	1672	汝	1533	犰	1394	邻	898	早	938	区	1723
好	1677	汋	1551	囟	1448	邝	898	旯	952	匜	1726
如	1680	汜	1557	忝	1498	邱	920	未	1018	区	1726
奸	1685	汗	1565	邳	1564	邸	920	同	1105	亘	1726
弋	1710	汲	1570	乓	1697	多	950	网	1109	地	1827
弛	1731	汗	1574	乩	1827	片	979	芢	1145	圪	1829
弨	1732	忼	1593	自	1857	年	985	屺	1305	在	1836
弱	1735	洲	1593	自	1955	臼	998	屽	1407	杜	1839
糸	1741	州	1594	自	1957	兇	1014	光	1681	圭	1839
杭	1889	冰	1599	〔丶〕		向	1016	叒	1727	圳	1855
夆	1889	字	2009	亩	158	向	1024	虫	1802	圩	1857
		亥	2035							圬	1857

卣 981
吕 1063
罒 1115
見 1245
岑 1304
吴 1425
忐 1552
囦 1552
晏 1680
妝 1682
戕 1709
呈 1867
里 1869
町 1872
畋 1873
男 1879
助 1881
勅 1889
劼 1891
旻 1925

〔丿〕

每 45
余 117
牡 122
告 132
含 135
赱 185
迎 198
返 204
彼 204
近 216
迲 225
迗 226
迏 226
仸 226
迮 227
迹 237
连 249
彷 250
彸 251
孟 251
欲 252
延 254

宍 46
岔 46
肖 53
邰 81
岣 110
省 110
困 126
吻 134
呈 145
吠 154
这 165
步 180
辿 201
迺 226
足 261
肏 275
呰 293
弁 357
昇 367
叟 398
卣 463
由 463
別 547
肖 559
肙 570
卣 646
粤 647
生 814
囩 827
困 833
固 834
囡 835
貝 836
邑 864
岐 869
耶 870
邮 872
邜 899
邔 900
郏 921
郇 921
旱 943
旷 951
昪 969

臣 1652
扶 1655
把 1657
扼 1657
抉 1659
投 1659
捐 1663
扮 1666
抾 1666
扨 1667
死 1719
医 1721
医 1722
医 1725
匣 1725
匨 1726
医 1726
歼 1826
均 1832
投 1835
坙 1835
坪 1841
坣 1847
坩 1848
坏 1854
坂 1857
坊 1857
坉 1858
坲 1858
块 1858
坪 1858
垦 1858
坛 1859
圩 1871
劫 1888
車 1937
辰 2019
酉 2025
医 2028

〔丨〕

走 5
串 44
尖 46

杓 781
机 797
孛 817
束 823
邯 877
邴 884
邳 888
郜 899
邱 899
邵 920
郄 920
朋 969
昏 969
克 988
求 1218
孝 1221
欣 1259
百 1277
茁 1303
缶 1306
庭 1313
圩 1313
底 1320
屆 1322
厕 1323
床 1324
尻 1327
厔 1328
砂 1332
豕 1339
龙 1379
岱 1392
炎 1406
赤 1419
夾 1422
夾 1425
丕 1442
志 1452
忒 1462
忌 1470
态 1496
忑 1498
至 1593
耴 1642

奔 107
吾 138
否 152
走 164
邺 166
达 215
王 219
迓 225
迒 227
迡 227
迺 235
迅 238
延 253
弄 353
戒 354
卉 359
茉 362
巩 388
杢 388
伐 432
攻 432
更 433
攻 442
戉 442
攸 447
甫 466
殀 546
到 594
亘 613
芹 617
英 620
巫 640
豆 658
匠 668
杏 744
李 745
杜 746
杼 749
杙 750
杖 767
材 770
杠 775
朽 775

劦 1892
阪 1963
防 1970
阬 1970
阮 1972
阦 1975
阱 1976
阹 1977
阤 1979
阡 1979
陆 1980
吕 2000
异 2001

七畫

〔一〕

玦 34
荄 41
芬 46
芦 48
芓 52
芙 56
芸 58
芹 58
芰 59
芫 62
鄀 64
芮 65
芮 67
芝 71
芳 72
折 77
苣 77
芥 78
芋 78
芚 85
芺 86
芾 88
芯 88
芵 93
芟 104
芸 104
蘙 104

字	頁	字	頁	字	頁	字	頁	字	頁	字	頁
谷	275	佗	1137	夂	1514	宎	1050	沛	1551	夋	728
兵	354	何	1138	谷	1598	宑	1050	沙	1556	屄	784
夅	354	呵	1138	佳	1669	宊	1050	汻	1557	邰	869
孚	383	位	1140	佞	1682	宎	1050	决	1559	邵	869
弝	386	作	1145	妥	1686	穷	1057	泛	1561	邶	874
返	396	复	1145	我	1714	宇	1058	沒	1562	郰	899
釜	416	佃	1152	系	1823	㝎	1060	沈	1564	郴	920
役	418	佁	1153	乭	1836	宄	1060	沐	1569	邢	921
迓	418	佝	1154	坐	1839	究	1069	汰	1573	甬	980
攸	437	侮	1155	坌	1859	疜	1076	袟	1573	吾	1029
攺	458	徉	1155	坒	1860	疝	1076	汩	1576	㐬	1137
孛	460	但	1157	甸	1873	尚	1127	涢	1577	里	1162
旬	475	佋	1158	孛	2012	室	1191	沃	1577	罜	1162
寽	541	佐	1159	矣	2013	祉	1212	尹	1579	尾	1232
肝	552	免	1162	〔、〕		次	1261	汸	1579	炙	1282
肘	557	伺	1164	祀	12	羑	1280	沜	1579	㑰	1284
肒	568	住	1164	社	16	序	1313	汱	1587	邵	1286
利	584	佂	1164	祃	18	字	1313	冶	1600	忌	1482
矵	594	伽	1165	祉	19	戌	1315	改	1659	忎	1485
角	598	佤	1167	祂	19	庇	1316	空	1834	忍	1495
命	648	彼	1167	审	42	庐	1318	劲	1891	忚	1530
肜	677	伷	1168	牢	126	灼	1405	辛	2002	攺	1670
皂	681	佑	1168	夳	151	趴	1441	〔一〕		妘	1670
肇	739	身	1168	迓	250	快	1457	壮	40	姊	1675
佅	793	兌	1177	言	286	忻	1459	希	70	姒	1675
邸	868	倪	1195	忏	301	忘	1478	君	138	玗	1677
郇	891	皃	1240	弅	357	忧	1489	刭	144	妒	1682
邱	892	禿	1241	羌	515	忡	1490	罟	154	妧	1686
邲	900	忐	1242	初	585	忼	1498	局	155	妞	1689
郎	900	岠	1245	刣	595	忴	1514	迟	223	妛	1689
邯	901	岠	1269	汤	671	沅	1518	坖	402	妙	1689
郇	921	豸	1328	良	721	汧	1529	取	428	妡	1692
那	930	犴	1328	弟	739	沔	1532	攷	431	弦	1735
邪	934	狒	1346	枭	775	汾	1532	改	433	弗	1736
炙	976	狁	1381	沙	788	沈	1533	𠬛	434	剐	1748
殂	978	狃	1382	邲	930	沂	1534	孖	543	幽	1748
秀	990	狂	1382	宏	1026	宋	1534	刜	578	纠	1758
私	992	狄	1382	完	1031	沂	1534	利	593	绍	1784
爸	1024	犯	1387	宑	1034	沛	1536	坒	633	里	1859
希	1123	独	1388	宎	1041	汪	1538	即	681	圣	1870
忎	1131	我	1390	寽	1046	沄	1543	臥	686	弡	1882
似	1134	狗	1394	宋	1050	冲	1547	夬	707	矛	1882
			1394				1548	矣	709	禺	1923
			1394				1548			妛	1936

八畫

〔一〕

〔丨〕

字	頁
堂	1189
由	1243
肖	1293
昀	1293
岡	1303
岫	1304
岸	1307
易	1350
炅	1409
忠	1456
盅	1592
非	1617
坐	1838
昌	1925
斨	1927
枓	1933

〔丿〕

字	頁
条	20
氖	38
咎	83
崇	83
价	115
物	128
牪	129
牣	129
牧	131
牥	132
命	139
和	142
周	148
智	157
征	188
迤	190
徙	191
徚	191
迥	196
迢	201
坒	204
丠	216
衍	222
迥	227
迤	228
徂	228

字	頁
往	241
彼	242
戕	257
爯	263
匊	278
肸	283
烝	396
秉	397
叔	399
卑	403
戗	420
戍	426
放	432
狃	445
牧	446
攽	448
敇	448
秕	460
隹	465
受	499
爭	540
朒	541
肤	551
肺	551
肧	552
股	554
肴	559
脊	564
胅	565
肥	569
胸	571
肮	572
胖	572
朋	579
制	580
刲	591
厷	592
刱	610
卹	674
侖	675
舍	695
匋	696
匋	702

字	頁
知	709
彩	710
枭	766
枀	778
采	790
斯	791
郘	872
郖	877
郢	882
鄕	901
郥	902
郖	902
郒	902
鄗	902
郜	902
郝	921
郒	922
昏	943
昆	947
版	985
耗	1003
秅	1004
秈	1004
秅	1015
咎	1024
匃	1034
爺	1122
帛	1124
佩	1132
侗	1135
侍	1142
佴	1142
依	1142
侒	1143
佰	1144
佸	1145
伎	1148
使	1150
佢	1152
侳	1153
佟	1154
佻	1154
俊	1156

字	頁
得	1159
咎	1160
㧕	1160
佷	1161
佾	1163
佯	1165
侗	1167
侢	1168
佲	1168
佢	1174
佻	1179
	1181、1182
兵	1185
坴	1191
乿	1223
衂	1223
服	1237
兒	1239
欣	1253
欤	1255
欨	1257
匊	1292
兔	1376
狗	1379
狐	1390
狙	1390
犴	1394
狒	1397
狉	1397
炙	1419
念	1457
忽	1478
忿	1478
忿	1483
忞	1498
忝	1514
侃	1594
㑹	1609
乳	1620
委	1679
戋	1701
竻	1709
虫	1809

字	頁
竺	1827
垂	1856
金	1895
斧	1926
所	1929
阜	1959
肹	1989
會	1989
季	2010
孥	2014
臾	2025

〔丶〕

字	頁
祈	15
祅	17
迨	209
迋	228
肓	291
訃	328
妾	347
殁	416
殳	426
盲	477
於	526
放	538
肩	555
刻	588
券	592
音	677
京	716
亯	722
舛	742
郊	868
郋	870
郖	878
郎	881
郎	887
邢	893
郓	903
郑	903
郖	903
郊	922
夜	975
宅	1022

字	頁
宛	1025
字	1026
定	1027
宓	1030
宋	1033
宜	1038
宕	1046
宗	1047
宝	1048
宕	1051
㝉	1051
宎	1051
宊	1051
宓	1052
宛	1058
宝	1058
空	1064
空	1067
突	1067
忐	1074
疲	1084
疠	1087
疗	1091
疔	1092
疚	1092
疝	1092
疛	1092
疢	1095
疗	1096
疤	1101
衣	1207
衦	1208
卒	1210
袄	1214
卷	1287
府	1308
㕔	1308
底	1315
法	1371
庚	1383
炊	1404
材	1407
炎	1413
臭	1432

九畫

〔一〕

〔丶〕

第六欄（最右）

字	號
秒	788
秡	822
負	845
香	853
郢	869
郤	876
郜	884
郯	885
郊	904
郣	904
鄄	905
邾	905
郫	905
郡	905
郢	922
鄩	922
鄝	922
郛	923
郪	931
胐	968
朏	968
胮	970
采	995
耗	995
秋	1000
秭	1003
稱	1004
香	1007
帥	1116
帨	1123
肥	1126
畚	1126
保	1130
俊	1132
俟	1135
佸	1138
備	1141
坐	1144
侸	1144
侵	1146
便	1148
俗	1149
使	1150

第五欄

字	號
徐	1152
係	1155
俑	1157
俘	1157
倍	1159
悟	1165
倛	1165
告	1167
悢	1168
悠	1169
佝	1169
俆	1169
酉	1169
倌	1174
倖	1176
侄	1177
重	1177
俞	1191
侴	1235
佫	1235
选	1242
欪	1244
欿	1252
卻	1257
卻	1287
匍	1287
鬼	1293
龜	1297
狡	1313
狆	1376
狦	1380
狨	1387
犾	1391
狪	1391
狙	1391
狌	1392
狋	1392
狛	1394
犾	1394
狀	1395
急	1395
怨	1428
怱	1472
怱	1484
怱	1495

第四欄

字	號
忌	1499
怠	1515
舫	1576
泉	1595
拜	1654
戲	1701
係	1739
風	1817
望	1832
匀	1833
勉	1883
勋	1888
俎	1925
斫	1928
軍	1943
偉	1965
禹	1992

〔、〕

字	號
帝	5
祇	9
神	10
祖	13
祝	14
祠	14
祙	18
祐	18
祚	18
祾	20
彖	114
宰	126
咨	141
哀	152
亡	164
前	173
迹	186
逆	197
迲	199
送	206
迷	211
进	224
扁	270
計	305
訐	317

第三欄

字	號
訊	325
訊	326
訪	328
音	343
弈	356
着	391
宴	392
度	402
逴	422
攺	431
美	514
差	637
穿	680
窅	702
亭	712
宸	718
郖	870
鄁	873
郊	895
郊	905
旆	955
施	958
斿	959
麥	975
桼	1012
豹	1012
室	1022
室	1023
宣	1024
宗	1031
宦	1036
客	1042
宽	1049
茲	1052
交	1052
交	1052
㕔	1052
范	1061
宮	1062
穿	1067
突	1069
疠	1074
疢	1076
疾	1078

第二欄

字	號
疥	1080
疲	1083
疫	1084
痒	1089
疾	1092
疽	1092
疵	1093
疹	1093
疫	1093
冠	1105
粒	1140
速	1151
袵	1200
袂	1202
膏	1210
袛	1212
袄	1214
袱	1214
亮	1241
首	1276
彥	1280
羼	1280
庭	1310
庠	1310
庭	1310
庮	1314
庶	1318
庯	1318
庮	1318
炮	1403
炊	1411
容	1421
朔	1440
距	1442
斫	1442
郑	1443
恢	1461
恬	1461
恂	1464
恃	1467
悍	1487
慌	1500
恪	1500

第一欄（最左）

字	號
恈	1500
恸	1523
洛	1532
涓	1537
洹	1538
洋	1539
洨	1542
衍	1545
洞	1551
家	1552
津	1560
洲	1565
洎	1566
活	1567
洒	1568
洗	1570
洪	1571
染	1572
洇	1580
浈	1581
彬	1582
洱	1587
洞	1589
坣	1595
涤	1598
扃	1628
宬	1635
递	1661
姜	1669
姿	1683
戗	1712
亮	1719
蚩	1809
恆	1825
羑	1857
卷	1864
抖	1933
料	1934
耕	1934
酋	2033
客	2035

〔一〕		
拉	40	
峾	46	
郗	70	
牂	107	
弲	119	
逭	167	
逘	176	
發	179	
癹	179	
屟	208	
退	243	
遂	244	
逄	265	
悤	295	
叚	400	
書	408	
敃	428	
敊	429	
敆	449	
敀	449	
敃	450	
眉	481	
羿	495	
娷	514	
幾	534	
羋	536	
挛	537	
陘	559	
隋	564	
胥	566	
盅	669	
盈	671	
既	682	
韋	734	
柔	769	
柔	799	
逃	809	
郡	866	
朤	943	
脣	945	
臬	1017	

牀	1072
甾	1180
袞	1206
眉	1227
屍	1228
屏	1229
屋	1229
屎	1230
屛	1231
欮	1258
象	1345
銅	1446
荳	1446
釘	1446
悉	1469
怠	1476
忌	1482
怒	1484
癹	1587
飛	1616
姚	1670
姞	1670
姻	1671
娙	1677
娓	1679
姷	1681
娃	1683
娗	1685
姘	1685
姦	1686
娉	1687
姮	1691
弭	1729
癹	1733
姱	1733
姲	1734
紀	1745
級	1751
紆	1751
約	1752
紅	1761
紂	1762
紃	1767
紉	1770

紋	1782
紕	1782
娡	1782
紕	1783
紃	1783
紑	1799
蚤	1813
勇	1887
祢	1936
矜	1936
陞	1964
陟	1965
坐	1966
陵	1968
陘	1970
陞	1970
陣	1970
陝	1971
陛	1974
除	1974
陌	1975
院	1975
陗	1977
陛	1978
陫	1979
陴	1979
陘	1981
癸	2007
序	2009
㝔	2011
盂	2011
學	2012
弄	2015
㞷	2017

十畫

〔一〕

珥	31
珠	32
珮	35
珣	35
玹	35

珤	35
珞	36
玽	37
班	38
莊	47
莆	48
莠	49
莧	50
莔	51
莞	55
莪	60
荟	62
莖	63
莜	64
莎	75
茶	79
茻	82
莆	89
荳	94
莒	94
荵	102
莨	102
莫	102
莔	102
尾	106
莽	107
舂	136
哲	138
殅	163
起	167
起	168
赴	187
逳	189
速	196
逗	208
逑	212
連	212
逋	213
逌	216
逎	222
逈	231
逅	231
逑	236
徑	239

逞	239
舃	261
莛	286
奄	328
畀	358
取	379
努	399
晉	411
逴	419
專	422
散	423
攷	456
敔	459
勘	538
殊	541
青	544
劃	562
耕	593
秤	597
晉	606
哥	640
盍	649
喬	676
麥	720
致	727
夏	728
奎	730
桃	742
桂	745
桐	746
桔	748
桫	749
桐	750
楷	753
株	756
根	760
梃	763
格	763
桎	765
栽	767
梠	767
栢	769
栢	773

枱	778
梔	782
栿	783
校	789
桯	794
栚	794
栢	795
桓	796
栖	797
柮	798
栜	798
柚	799
桯	799
桁	804
敖	816
索	817
華	821
柬	825
鄉	829
賁	840
都	866
郪	879
鄑	884
耼	886
鄧	889
鄀	895
郴	904
鄆	906
郲	906
鄏	906
郿	923
都	923
鄉	923
郵	923
遰	936
晉	940
厚	942
軌	952
栗	981
秦	1001
帚	1115
椢	1121
袷	1123

字	頁	字	頁	字	頁	字	頁	字	頁	字	頁
真	1178	耿	1651	盍	2027	圛	834	婓	1687	枚	324
至	1192	聯	1651	酌	2028	圖	834	哉	1709	舁	357
袁	1205	矼	1652	茜	2029	員	835	蚩	1807	毯	374
耆	1218	挾	1656	鼻	2034	財	837	蚩	1807	盇	381
欣	1259	捉	1657			貤	844	蚘	1809	釜	381
髟	1281	捊	1658	〔丨〕		冒	851	蚈	1810	殺	419
敬	1295	捕	1664			貴	855	蛟	1811	救	419
叙	1297	捍	1664	崇	17	財	856	登	1838	敉	420
厤	1312	捐	1664	喂	156	婴	867	畛	1874	曼	437
砥	1320	咸	1665	哦	156	鄧	887	畔	1874	堅	438
厞	1321	戜	1674	啞	159	鄗	893	畾	1877	敓	450
辰	1323	戜	1702	哭	163	斯	895	勒	1892	皳	458
屠	1324	戈	1710	寿	173	郭	907			學	461
厹	1325	戜	1710	墜	176	邸	921	〔丿〕		嗇	476
厥	1326	戜	1710	逆	230	郿	924			胄	489
破	1331	匜	1721	逃	231	鄒	934	蚕	18	翁	493
砧	1332	區	1723	造	241	時	938	帚	19	隹	506
砒	1333	匫	1724	散	243	暖	938	匑	76	隼	519
砠	1333	素	1800	喁	300	景	940	剔	78	鳥	526
狀	1343	坤	1830	半	347	晏	941	特	123	氣	547
馬	1355	堨	1839	罬	359	晐	947	牷	125	腾	556
裁	1406	塑	1847	敉	450	畦	948	牭	130	胳	556
威	1409	珪	1856	眜	472	虜	980	羍	131	脪	559
叟	1425	塔	1860	罧	472	冑	1107	牰	131	脩	565
忢	1460	埇	1861	眛	477	罜	1110	耆	156	脂	567
恭	1461	坢	1865	眐	479	罟	1110	徒	187	脡	567
忢	1470	堲	1866	明	480	罞	1113	造	192	脆	568
恚	1484	堎	1867	畢	529	罡	1113	逢	199	肵	572
惹	1485	畝	1873	剛	587	罬	1114	逖	220	肼	574
恐	1492	勑	1881	鄙	591	罻	1123	匐	221	胖	579
恋	1494	敇	1882	剔	593	常	1127	畱	221	胗	579
恥	1494	勍	1889	固	646	歂	1145	迻	230	釗	591
悡	1494	努	1890	嘩	648	若	1189	途	230	奐	601
恋	1519	勎	1892	豈	658	眠	1246	逐	237	筸	606
泰	1572	剌	1930	虔	661	眠	1246	徐	243	飤	614
栾	1575	劙	1930	虎	663	尋	1247	牫	248	笑	615
㴱	1581	軒	1937	崖	664	蒀	1289	徝	250	笑	620
原	1596	軩	1939	虐	665	畢	1303	得	251	笁	621
耿	1642	轟	1939	益	669	虖	1411	夋	257	笄	622
耽	1645	軗	1941	盅	672	悬	1449	瓬	265	筶	622
聅	1645	軒	1943	畾	731	慮	1450	胋	265	舁	630
聏	1646	塗	1966	柴	770	恩	1463	殺	324	虒	665
耴	1649	辱	2020	虡	801	恳	1501	栽	324	盃	670
聑	1651	配	2027	圓	831	悲	1519			䘔	675
				圖	833

𡨄	683	秬	1005	朕	1236	衼	20	乘	741	窊	1066
飤	685	氣	1010	航	1237	裓	20	㑁	741	窋	1068
飢	689	舀	1015	欸	1258	袼	20	案	781	窅	1070
飣	690	瓞	1020	卿	1290	裈	21	桊	783	窌	1071
倉	694	偤	1040	鸽	1290	袨	24	貟	856	疾	1072
舍	696	倓	1134	胸	1293	唐	149	部	872	病	1074
倉	698	倩	1134	晷	1306	忞	153	郯	888	疴	1075
䍃	704	倗	1136	眢	1309	逄	198	郭	890	痀	1079
缸	705	倨	1136	胅	1311	逌	210	鄐	909	痂	1081
缺	705	倎	1136	豹	1346	逆	229	郶	909	痃	1083
射	706	倚	1141	豺	1347	递	230	郰	909	疲	1084
矸	710	俱	1141	豻	1348	訓	294	郚	910	痄	1085
桀	740	倠	1142	隻	1384	訊	298	郛	910	疰	1087
臬	762	倇	1143	狼	1389	訐	301	郷	910	痞	1093
條	765	借	1146	狷	1390	䛐	303	旆	955	痁	1093
𣐄	804	俾	1149	狰	1392	記	309	旃	957	痏	1093
師	815	倪	1150	狭	1394	託	309	旂	957	瓜	1094
郵	869	倍	1152	猂	1395	訖	310	旅	960	疖	1094
郫	882	倌	1152	狽	1395	訏	315	旄	960	痖	1094
郳	891	倰	1153	狟	1397	討	318	旂	961	痄	1094
郶	893	倀	1153	臭	1412	訐	319	旋	962	痍	1094
郗	895	倡	1155	奚	1436	試	326	旆	962	症	1094
郍	907	敍	1160	皋	1436	訙	326	冥	963	疕	1094
郤	908	倦	1161	恁	1473	訋	328	朔	967	痆	1102
郐	908	倠	1161	悠	1500	訌	329	朗	969	冢	1106
鄂	908	朕	1161	忿	1500	訑	329	胥	975	冣	1108
邵	909	倜	1163	恙	1519	訍	329	兼	1006	席	1121
郄	909	倅	1163	恣	1519	冥	329	粉	1011	卷	1161
郏	924	倆	1169	粢	1570	訑	338	粓	1012	昔	1182
郤	924	偖	1169	枲	1663	竞	344	家	1020	覓	1191
郫	924	俾	1170	敍	1701	效	429	宸	1027	衫	1198
郴	924	佳	1170	皇	1853	赦	437	定	1028	衮	1200
郗	925	倜	1170	堃	1860	敝	450	宴	1030	衷	1200
郎	925	倗	1170	坚	1861	宦	470	容	1033	袍	1201
郘	925	倫	1175	留	1875	羔	511	案	1033	逦	1201
郜	932	倦	1175	储	1876	殺	512	宦	1033	祛	1202
郜	932	倍	1175	畜	1903	扮	512	宰	1036	袑	1203
秬	991	倈	1177	鈋	1912	脊	574	宵	1040	被	1206
秫	994	假	1177	叙	1912	胥	576	害	1044	衷	1207
秩	996	船	1194	釟	1920	剡	593	窀	1050	袒	1208
秤	998	殷	1197			益	670	客	1051	衰	1210
租	999	銨	1223	〔丶〕		敖	685	宦	1052	衮	1213
秸	1003	鍜	1223	旁	6	高	711	寽	1052	袮	1214
		般	1236	祥	8	富	721	窈	1053	袔	1214

十一畫

〔一〕

字	號	字	號	字	號	字	號	字	號	字	號
狊	1395	側	1143	笥	620	徟	387	戕	1712	賏	862
猲	1396	假	1146	笘	622	頷	389	蚰	1803	賏	862
猰	1396	候	1147	筭	622	夔	402	蚕	1807	鄂	882
狩	1396	徟	1151	笢	622	叚	418	蚰	1810	郬	910
猜	1398	偏	1153	苾	627	敏	428	蛆	1811	鄡	911
忿	1457	偃	1155	筫	627	敓	436	蛊	1817	鄥	925
愁	1474	停	1163	郊	627	敏	445	蛇	1818	鄑	925
悆	1493	傑	1166	筫	628	敘	446	堂	1838	鄛	926
恚	1500	傀	1167	盝	672	敌	452	野	1870	晧	942
悠	1502	偏	1170	飽	690	敖	452	略	1874	晦	943
悆	1502	律	1170	飪	691	救	456	時	1874	眭	945
悆	1503	俵	1171	舒	692	書	459	處	1924	琢	949
悫	1515	偤	1171	飲	692	殺	460	离	1992	睪	950
魚	1609	偪	1175	筳	710	敌	461			暗	950
會	1609	圖	1179	舣	789	售	500	〔丿〕		晨	966
篓	1688	從	1181	梟	796	售	504			晰	972
戗	1706	垔	1185	稜	822	鳥	518	祭	12	冕	1106
剴	1710	垔	1185	貨	837	爭	538	禜	19	冕	1106
戎	1711	垔	1187	貧	852	胴	550	翔	119	罞	1113
戚	1714	桼	1231	貪	852	脛	552	悉	120	常	1118
惣	1716	船	1236	貢	853	脬	553	羣	128	帷	1120
笧	1725	舺	1237	賀	862	脚	556	牰	130	剔	1156
坓	1829	睍	1237	鄍	895	脛	559	善	132	眾	1187
奎	1856	覓	1246	鄇	905	脫	561	進	192	敫	1189
畚	1874	欲	1249	鄒	911	脎	562	催	192	裛	1199
動	1885	忿	1253	郖	911	腹	563	戠	193	踓	1241
勛	1890	欥	1253	鄭	911	脯	565	散	193	齔	1249
釙	1898	腷	1258	郖	911	脫	575	徏	196	欨	1259
釦	1904	彤	1274	郵	925	胜	576	徙	201	郹	1302
鈇	1905	飽	1279	郒	926	脖	576	進	231	崝	1304
釙	1906	劦	1290	腺	969	脊	580	追	232	崑	1305
釬	1909	梟	1295	腰	971	股	583	遝	238	崔	1305
鈒	1909	脛	1297	彙	989	脒	583	從	243	崩	1305
釣	1911	豚	1311	稱	991	航	603	得	245	崎	1306
釬	1912	豸	1345	秋	994	舩	604	徛	247	崇	1307
鈘	1913	狄	1349	移	995	笵	609	很	251	嵷	1307
鈌	1913	豜	1349	秸	1003	笌	609	術	255	猷	1321
斛	1933	象	1349	笞	1121	符	610	禭	255	咼	1350
釷	1973	逸	1351	皎	1126	笪	611	後	264	圍	1433
膌	1989	俛	1377	裊	1129	筥	614	筍	277	睪	1434
悡	2013	猗	1377	裊	1129	等	616	傑	285	患	1491
悟	2023	猛	1380	息	1131	筥	618	悬	300	悬	1501
會	2031	狭	1382	俌	1134	戠	618	急	301,302	鹵	1624
		狄	1391	偕	1141	笙	619	餿	304	妻	1684
								筐	350

〔丶〕

字	頁
褆	13
裪	14
裌	16
褖	17
褚	18
祝	21
奈	21
剆	121
犖	125
牧	126
高	131
商	276
詁	288
許	290
訪	296
誓	303
訴	304
設	308
敔	308
訶	316
詡	316
訹	317
謅	319
訟	320
訦	324
訧	326
訣	326
詎	327
詠	329
訴	329
訨	330
訿	330
詅	330
設	330
敔	330
訮	331
詤	338
訦	344
章	388
執	425
旂	430
寇	440

字	頁
庸	467
畜	507
羝	511
粘	516
痠	562
羑	746
梁	787
酉	793
產	820
戚	829
扈	869
鄐	871
鄆	873
郭	912
鄗	926
旌	956
㫃	958
旋	959
族	961
旆	962
旎	963
康	997
麻	1018
宿	1040
逈	1041
寄	1043
裒	1049
宵	1053
窏	1054
寀	1054
寋	1054
寏	1058
寏	1058
耆	1058
䆟	1061
宬	1061
窒	1066
窒	1068
窔	1070
宣	1071
痈	1074
疵	1076
瘁	1077
瘁	1078

字	頁
疢	1082
痍	1083
痏	1083
瘇	1084
疼	1085
痿	1087
痙	1087
痼	1087
痀	1087
疸	1095
痏	1095
疱	1095
痥	1095
痕	1095
痴	1095
痤	1095
疲	1096
敝	1127
連	1151
望	1190
袠	1201
袬	1204
袤	1206
袳	1212
袠	1213
袞	1213
臺	1241
視	1245
詞	1284
羞	1301
密	1304
庳	1309
庫	1315
庶	1316
庵	1317
庿	1317
窗	1317
庽	1318
庿	1318
鹿	1372
烰	1403
焊	1411
煜	1412
煬	1413

字	頁
恩	1418
㟁	1440
䆟	1443
娸	1444
哥	1444
慌	1450
情	1451
悳	1456
惇	1459
忞	1459
惟	1465
意	1468
悻	1469
恆	1472
㤖	1475
惏	1480
悸	1480
惛	1482
惜	1488
愆	1489
惙	1490
悼	1492
惕	1493
惢	1499
惢	1502
惓	1503
惝	1503
悃	1503
懍	1515
悔	1516
悫	1519
棚	1520
慢	1527
涪	1526
淯	1533
淇	1534
深	1535
淮	1536
淩	1537
渚	1537
淶	1541
淖	1543
渀	1545
淛	1549

字	頁
清	1551
淑	1551
淫	1555
淺	1556
棐	1558
渠	1559
淦	1561
淒	1562
涿	1563
涫	1566
淡	1568
淳	1571
淈	1578
淮	1583
況	1583
淏	1583
湯	1583
渾	1583
羕	1597
厲	1628
屋	1628
盧	1628
蔫	1715
望	1720
徎	1778
鈞	1833
堅	1860
堃	1867
新	1931
宣	1957
庚	1971
朔	2004
婈	2015
梳	2016
寅	2018

〔一〕

字	頁
詽	87
問	141
逼	175
肇	179
重	200
逑	207
逐	211

字	頁
堲	224
遙	231
嵋	317
脂	330
夐	369
晝	410
將	421
效	429
敉	443
戲	444
敬	451
敯	452
敝	454
魯	480
習	491
鉤	493
翏	494
翼	495
習	496
翍	496
翟	498
習	499
敢	542
臂	559
隋	564
剮	594
脯	600
塗	733
槩	777
巢	822
紿	826
鈄	855
郭	926
鄧	932
鄉	935
參	964
貫	980
屠	1229
屜	1230
屢	1230
族	1239
脜	1382
脴	1502
惡	1503

十二畫

〔一〕

薯	97
蓐	97
蒡	97
蔦	97
蕎	97
蘘	97
蕾	97
莫	100
蔓	102
蓐	105
屩	121
駐	123
趄	169
趑	169
墅	176
遠	219
過	233
遇	238
猦	261
破	280
碟	285
瑟	296
戠	363
軯	374
靳	374
軔	377
豐	412
鼓	441
棍	474
䟽	490
雁	502
蔓	507
殊	544
狶	546
鬲	561
勞	589
剽	590
猷	642
鼓	656
薔	724
番	724
獐	735
楳	744
楷	747

陳	1978
隔	1980
陸	1981
絭	1982
辟	2005
援	2014
疏	2016
屢	2016
障	2034

十三畫

〔一〕

禁	18
瑗	29
瑞	31
瑕	32
盞	33
墁	36
瑅	36
蒝	48
蘭	50
蒲	55
蓓	56
蒾	59
蔆	59
蓍	60
蒸	61
蒙	62
蓂	63
蒼	67
蓁	67
蒔	69
蓋	73
蒙	80
蒿	82
荃	82
蓬	83
蓄	84
蓀	86
蓉	86
蒯	88
蒲	91
苴	96

彁	1733
弉	1734
弰	1734
弻	1735
彌	1735
紱	1745
絹	1745
絕	1747
紹	1749
結	1753
給	1755
絢	1758
絑	1760
絹	1760
絚	1766
絛	1767
絬	1769
綺	1769
絡	1776
絮	1776
練	1777
経	1778
綾	1778
綏	1786
綯	1786
絃	1786
緯	1787
絳	1796
綢	1796
絪	1797
総	1798
絲	1801
墅	1826
墜	1829
堊	1955
陸	1965
墾	1965
隕	1967
隆	1967
陸	1968
隘	1968
隱	1969
陝	1971
陶	1974

㮣	740
㮆	769
賀	839
費	848
貲	861
貿	970
桑	1011
綠	1017
㮂	1133
戡	1147
亶	1219
㝩	1230
㤌	1305
毻	1345
媿	1377
尉	1405
㞷	1429
㞷	1477
閆	1631
閔	1632
閦	1632
閒	1633
開	1633
閑	1633
閞	1636
閟	1637
閡	1637
閞	1638
閘	1638
間	1639
閔	1639
閑	1640
閞	1640
鬧	1640
開	1641
媸	1677
媚	1677
婆	1679
媿	1685
嫁	1688
婬	1690
嫲	1690
孏	1690
發	1732

愄	1674
愧	1685
旐	1702
戠	1708
㶄	1785
蚤	1804
寡	1808
董	1810
嵩	1834
覘	1839
勞	1885
勤	1889
孳	2012
痳	2030
尊	2033
尊	2033

〔丨〕

景	15
閒	26
貲	47
犀	127
楚	175
登	178
違	209
逮	221
逢	233
喬	275
喾	294
㥮	369
粥	382
畫	409
尋	422
覕	476
㬞	497
幾	533
㙙	533
巽	633
㒼	705
强	707
睯	682
粛	732
軒	735
軔	738

惛	1504
㥯	1504
惠	1505
意	1505
愦	1520
懷	1520
湔	1528
渭	1531
湘	1535
涮	1535
溉	1539
湳	1544
湝	1547
渙	1547
測	1550
湍	1551
淵	1552
滑	1554
滋	1556
滎	1557
渡	1560
湛	1561
溰	1562
渴	1564
湯	1565
湫	1565
溲	1567
湎	1568
湑	1568
湨	1569
渫	1571
渾	1573
減	1575
凍	1575
淋	1580
溢	1584
漾	1584
涵	1588
滼	1588
湥	1588
湒	1589
湲	1590
澡	1595
屠	1629

〔丶〕

十四畫

〔一〕

〔乛〕

十五畫

〔一〕

駒		殤		蕁		維		鄧		痲	
駟	1358	殤	544	蕁	55	維	1773	鄧	879	痲	1628
駝	1360	羸	549	葷	59	繪	1775	鄺	928	肇	1699
駉	1361	耦	598	蔦	61	縉	1776	瞖	943	羲	1704
駰	1362	憂	729	蕒	61	綝	1779	暨	952	羲	1716
毆	1363	磔	740	蕪	69	緅	1781	頣	956	縈	1770
駐	1364	椾	759	蔰	73	緅	1781	頗	1270	縶	1771
駝	1364	敷	760	蓷	80	綟	1786	頗	1271	蜜	1813
駔	1365	標	765	蕃	83	綵	1787	韍	1344	魂	1835
駲	1366	樛	766	蕘	91	緺	1787	熊	1401	窶	1851
駑	1366	樓	774	蔬	98	綼	1787	㜎	1454	墊	1862
駙	1367	榴	791	蓸	98	綺	1788	慸	1464	袋	1885
馳	1367	橾	793	蔉	99	緄	1788	愬	1473	諸	2012
豖	1397	槔	794	蔽	99	綾	1788	態	1476		
熱	1408	槥	796	蕇	99	緒	1788	隱	1478	〔乛〕	
熭	1410	槌	802	蔿	103	綧	1788	慒	1507		
賣	1411	槸	802	蝨	103	緙	1797	憑	1508	鞘	54
賭	1420	槿	803	萌	105	綸	1797	閒	1630	漀	177
慧	1460	槽	803	蕎	105	緘	1797	閤	1630	遷	201
慭	1472	橄	805	犛	128	綌	1797	閨	1630	屋	208
慹	1475	槫	805	趣	165	緦	1797	閛	1640	邇	226
慭	1508	賣	817	趙	167	緄	1797	閡	1640	皸	373
慹	1510	櫟	822	墼	177	緒	1799	聞	1647	蟬	373
憾	1512	賢	838	遷	203	綽	1800	嫗	1673	鞾	407
憩	1526	飘	850	遊	203	緪	1830	嫥	1688	遁	422
漦	1535	賫	851	殼	308	勞	1882	嫭	1734	隊	435
厲	1596	贊	851	蕒	316	旒	1892	綿	1738	翠	455
震	1602	鄲	879	樊	359	鋆	1910	緒	1742	敵	458
霄	1603	鄭	915	鞏	371	曡	1951	鑑	1747	瞀	473
霆	1607	鄹	915	鞊	371	墜	1960	褧	1748	翠	492
豪	1607	鄉	929	鞎	372	陽	1961	縱	1750	翟	492
槩	1650	槮	1001	鞍	374	險	1962	綾	1757	罷	492
腄	1651	鋦	1125	鞄	374	隤	1966	綠	1759	翠	494
頣	1652	歐	1255	鞊	374	隝	1968	縷	1759	嬰	495
摰	1655	頡	1270	鞠	379	隥	1976	綰	1760	翠	497
撓	1659	賴	1271	豎	412	隧	1982	綟	1762	翟	497
撫	1659	髮	1282	殿	417	綴	1984	緇	1762	劃	589
撟	1660	髯	1282	歐	454	障	2033	綼	1762	劇	603
撢	1662	隸	1283	戯	454			綦	1762	盡	671
播	1663	廛	1315	覩	472	**十五畫**		繩	1764	魑	725
撫	1667	層	1326	毅	474	〔一〕		綏	1765	鉑	736
膠	1706	豬	1340	暮	478			綸	1766	鄴	789
歐	1727	獵	1342	奭	490	璋	30	繒	1766	槃	800
縣	1739	駒	1356	替	509	璜	30	緝	1766	鞈	826
緜	1777	駑	1358	鴈	521	璁	32	縛	1768	賞	863
										鄧	873

十六畫

〔一〕

十七畫

〔一〕

十九畫

〔一〕

黷 1846

〔丿〕

纝 602
灩 1569
鑼 1919

〔丶〕

讜 337
讑 346
灪 1589
竊 1625

〔乛〕

韥 738
纞 1770
鑻 1823

二十七畫

〔一〕

驩 1360
韇 1821
鬙 1930
轣 1948

〔丨〕

齾 260
贜 348
顴 1386
鬤 1654
鼊 1822
黳 1846

〔丿〕

鷽 525
驪 525
籋 627
豷 1429
鱸 1613
鱨 1614
蠱 1822

〔丶〕

讕 346
鷹 503
韢 1853

〔乛〕

闟 1635
鑾 1910

二十八畫

〔一〕

臡 576
鬱 1117
戇 1471
懿 1514

〔丨〕

黷 633
鑿 1903

〔丿〕

爨 518
驤 525
饟 1406
钁 1728
鑲 1919
钃 1942

〔丶〕

韽 346
韘 381
韡 871

〔乛〕

鸞 383
鸞 1935

二十九畫

〔一〕

鬱 809
驪 1357

驐 1369

〔丿〕

钂 1920

〔丶〕

贑 363
韂 379

三十畫

〔丨〕

纍 1763

〔丿〕

爨 369
鄺 915
鱻 1919

三十一畫

〔一〕

驫 1360
靊 1602

〔丨〕

體 548
鼈 1821

〔丿〕

雦 292

〔丶〕

韣 382
韞 382

〔乛〕

韉 738

三十二畫

〔一〕

鱺 1327
醬 1375

〔丨〕

矚 373
鼉 1821

三十三畫

〔一〕

靇 1821

〔丨〕

鼊 1821

〔丿〕

鱻 1612

〔丶〕

麤 1375

三十五畫

〔一〕

龘 1821

三十九畫

〔一〕

韊 373

五十六畫

〔丿〕

龘 1822

三十九畫

〔一〕

韊 373

五十六畫

〔丿〕

龘 1822

後記

二〇〇五年黃德寬老師主持國家社科基金重點課題「漢字理論與漢字發展史研究」，程燕、張振謙和我負責戰國文字部分。二〇一一年黃老師主持國家社科基金重大項目「漢字發展通史」，我們三人仍然是負責戰國文字部分。根據黃老師的統一籌劃，「漢字發展通史」項目要編纂系列字形表，「戰國文字字形表」自然要由我們三人完成。在編纂前，我們做了初步分工：程燕負責三晉、秦印，張振謙負責齊、燕，我負責楚、秦。掃描、剪切、編排完成後，由我最後統稿。二〇一五年陳偉教授主編的《秦簡牘合集》出版，該書獲得各批秦簡牘的早期拍攝的照片或底片，並拍攝了字迹清晰的紅外影像。我們重新掃描，替換了原先的秦簡字形。衆所周知，戰國文字按國别可分爲楚系、晉系、齊系、燕系、秦文字；按書寫材料可分爲銅器銘文、兵器銘文、貨幣文字、璽印文字、封泥文字、陶文、石刻文字、簡牘、帛書等。戰國文字出土資料日益增多，研究成果豐碩。如何吸收最新公布的資料，取舍不同的形體和不同的釋法，是我們面臨的最大難題。好在我們都有編纂字編的經驗（我參編了《戰國文字編》，程燕、張振謙也分别出版了《望山楚簡文字編》和《齊魯文字編》），編纂的過程雖然艱辛，但樂在其中。最終成稿，感慨良多。心静下來，坐住冷板凳，有生之年能做一點自己喜歡做的事，足矣！窗外冬雨濛濛，北方大雪紛飛，我關上窗，書房裏四季如春。

感謝學界師友！我們在字編中引用了衆多師友的釋法、讀法，限於體例，無法一一注明，敬請諒解！

感謝黃德寬老師！他仔細審閱了書稿，指出了許多問題。感謝古籍社的吴長青、顧莉丹老師！

徐在國

二〇一五年十一月二十三日

二〇一七年五月下旬一校校樣出來，五月二十二日我召集安大古文字專業的碩士，分配任務，核對字形、出處，發現了不少問題。核對完成後，六月五日至十二日我又集中部分老師和博士處理核對出來的問題。先後參加工作的有：程燕、李鵬輝、蔣偉男、周翔、管樹强、趙敏、姚道林、王瑩、楊菁、程盼、肖雪晴、陳可紅、余竟穎、張夢楠、邵成山、毛玉靜、趙可可、王園園、肖維艷、張娜、戴曉棠、陳丹蕾，向他們表示感謝！六月初李家浩、吴振武先生來安大講座，我們吸收了他們的最新觀點，如：李家浩先生釋从「隹」的一些字、吴振武先生釋《璽彙》2238「曲邑」、「勻(旬)邑」兩個合文。但由於版式無法調整，我們只能加了一個注。六月二十六至二十九日，又集中部分研究生核对索引，發現了一個字放在兩處的情況，我一一調整了。寫後記時是二〇一五年十一月底，當時窗外冬雨濛濛。如今寫補記時，窗外驕陽似火，内心卻不能平靜如水，感歎時光飛逝，感慨做事不易。

限於學識，錯漏之處請專家指正。

徐在國補記

二〇一七年六月二十九日

圖書在版編目(CIP)數據

戰國文字字形表 / 黃德寬主編；徐在國副主編；徐在國，程燕，张振谦編著. —上海：上海古籍出版社，2017.9（2025.4重印）
（古漢字字形表系列）
ISBN 978-7-5325-8349-2

Ⅰ.①戰… Ⅱ.①黃… ②徐… ③程… ④张… Ⅲ.①漢字—古文字—字形—戰國時代 Ⅳ.①H121

中國版本圖書館 CIP 數據核字(2017)第 034108 號

責任編輯 顧莉丹
封面設計 嚴克勤
技術編輯 富 强

古漢字字形表系列
戰國文字字形表
（全三册）
黃德寬 主 编
徐在國 副主编
徐在國 程 燕 張振謙 编 著
上海古籍出版社 出版發行
（上海市閔行區號景路159弄1-5號A座5F 郵政編碼 201101）
（1）網址：www.guji.com.cn
（2）E-mail：gujil@guji.com.cn
（3）易文網網址：www.ewen.co
上海世紀嘉晋數字信息技術有限公司印刷
開本 787×1092 1/16 印張 139.25 插頁 15
2017年9月第1版 2025年4月第6次印刷
ISBN 978-7-5325-8349-2
H·169 定價：698.00元
如有質量問題，請與承印公司聯繫